# 我国农业数字化发展的经济效应研究

罗浚文 ——— 著

中国言实出版社

**图书在版编目（CIP）数据**

我国农业数字化发展的经济效应研究 / 罗浚文著.
北京：中国言实出版社，2025. 1. -- ISBN 978-7-5171-
5016-9

Ⅰ. F323-39

中国国家版本馆CIP数据核字第2025ZQ6518号

---

**我国农业数字化发展的经济效应研究**

责任编辑：张国旗
责任校对：宫媛媛

出版发行：中国言实出版社
  地  址：北京市朝阳区北苑路180号加利大厦5号楼105室
  邮  编：100101
  编辑部：北京市海淀区花园北路35号院9号楼302室
  邮  编：100083
  电  话：010-64924853（总编室） 010-64924716（发行部）
  网  址：www.zgyscbs.cn 电子邮箱：zgyscbs@263.net

经  销：新华书店
印  刷：北京虎彩文化传播有限公司
版  次：2025年3月第1版  2025年3月第1次印刷
规  格：710毫米×1000毫米  1/16  19.75印张
字  数：300千字

定  价：90.00元
书  号：ISBN 978-7-5171-5016-9

# 前　言

数字经济已成为全球和我国经济发展的大趋势，2019 年 10 月召开的党的十九届四中全会首次把"数据"作为生产要素写进中央文件。农业数字化发展，是通过数字技术的使用，将科技和数据逐渐融入农业生产经营，从而改进农业产业的生产、分配、交换和消费，并影响农业经济发展的一个阶段。《数字农业农村发展规划（2019—2025 年）》提到 2018 年我国农业数字经济占农业增长比重达 7.3%，明确该指标到 2025 年达到 15%，年均增速达 10.8%。

农业数字化发展将会从结构和规模两个方面影响农业经济发展，本书基于此展开理论浅析、模拟预测，结合案例进行论证。本书从农业农村产业视角出发，厘清数字经济发展背后的经济学原理，较为全面地评估农业数字化发展背后的经济效应。首先，从理论分析开始，浅析数字经济发展的经济学和政治经济学理论解释。其次，从微观视角出发，讨论农业数字化发展中结构效应和规模效应形成的微观机制。接下来，从农业生产效率视角出发，检验和评价我国农业数字化发展的结构效应。具体而言，构建基准模型和测算数据要素投入两类生产函数模型，讨论数据要素对其他生产要素、全要素生产率和产值的影响。然后，从农产品市场拓展视角出发，检验和评价我国农业数字化发展的规模效应。具体而言，从农产品市场拓展视角展开对农业数字化发展的规模效应的论证，探讨农业生产者和农产品消费者在市场交易数字化中的均衡解，分析农产品交换数字化对于农产品交易额的影响，解析农业生产者和农产品消费者在其中的中介效应。最后，对未来农业数字化发展的路径和趋势进行预测分析。具体而言，主要模拟不同情景下未来数字技术发展对农业经济的贡献、农业数字化经济规模和数字化发展对未来农业发展的影响（以农业就业人口占比、农业产业结构为指标）。

　　理论创新上，本书浅析了数字经济的经济学原理和政治经济学原理，解释了农业数字化发展的结构效应和规模效应的机制，从生产、分配、交换和消费的逻辑框架切入，浅析数字经济在经济增长理论体系中的边际贡献，初步梳理数据要素加入经济分析框架的理论基础，思考数字经济结构效应和规模效应形成的理论机制；在实证检验上，本书运用系统量化的方法分析农业数字化发展结构效应和规模效应的形成；从生产效率视角，评估农业数字化发展的结构效应；拟使用随机前沿模型对全国农业数字化的结构效应进行检验，测算全国层面的农业数据要素生产率，农业数字化转型驱动因素的有效区间。从市场需求拓展视角，评估农业数字化发展的规模效应；拟采用中介效应模型分析农业数字化对农产品交易额的影响，并对农业数字化发展的规模效应进行检验；在政策模拟上，以农业数字化发展快慢为驱动，通过研究技术、政策、制度等变化影响，模拟了"十四五"时期至 2050 年农业数字化发展的趋势；在情景预测上，采用一般均衡 CGE 模型进一步研究促进未来农业数字化发展和农业经济转型的问题。具体而言，分析制度、政策和技术等驱动因素对未来农业数字化发展的经济效应，并量化分析高质量驱动区间，以财政政策数据为例，预测农业数字化的发展情景和趋势。

　　本书研究农业数字化发展的经济效应，期望在研究过程中可以解析数字经济的理论和系统性评估农业数字化发展。本书探索的是在现有的实践经验、研究数据和研究方法的基础上进行的，所以仍存在局限性。首先，随着数字经济的发展和研究的推进，未来对于数字经济的思考和研究更为深入。其次，本书研究评价的指标体系同样有进步的空间，有待未来进一步发展。最后，数字经济数据量的增加，以及海量数据的整合方法和分析模型，同样有待未来进一步研究拓展。

我国农业数字化发展的经济效应研究

02

# 目　录

# 第一章　绪　论

## 第一节　研究背景

### 一、什么是数字经济

数字经济，亦称信息经济或互联网经济，是指基于数字技术和信息通信技术（ICT）的经济活动总和。它不仅包括电子商务、数字化制造和数字化服务等直接的数字产业，还包括传统产业的数字化转型及其带来的经济增长与创新。数字经济的兴起可以追溯到 20 世纪 90 年代互联网的普及。随着互联网技术的迅猛发展，电子商务和在线服务逐渐成为经济活动的重要组成部分。进入 21 世纪，移动互联网、智能手机的普及以及社交媒体的崛起，进一步推动了数字经济的发展。近年来，云计算、大数据、物联网、区块链和人工智能等新兴技术的广泛应用，标志着数字经济进入了新的发展阶段。

数字经济的重要性主要体现在以下几个方面：一是促进经济增长和创新。数字技术的应用使企业能够更快地响应市场需求，进行产品和服务的创新，从而提升市场竞争力。二是推动生活方式变革。数字经济不仅改变了企业的运营模式，也深刻影响了人们的生活方式和社会结构。三是促进可持续发展。数字经济在促进经济发展的同时，也为可持续发展提供了新的解决方案。通过智能化的资源管理和优化配置，数字技术可以有效减少能源消耗和环境污染。

数字经济的兴起标志着全球经济进入了一个新的发展阶段。作为现代经济的重要组成部分，数字经济不仅为经济增长和创新提供了强劲动力，也为生活方式变革和可持续发展带来了新的机遇。在这一背景下，深入研究数字经济的发展规律及其影响，对于制定科学的经济政策、推动高质量发展具有重要的现实意义。

数据作为一种新型生产要素，具有广泛的应用前景和巨大的潜力，能够深刻改变各个产业的生产方式和商业模式。农业数字化发展，是通过数字技术的使用，将科技和数据逐渐融入农业生产经营全过程中，从而改进农业产业的生产、分配、交换和消费，并影响农业经济财富积累的一个发展阶段。农业数字化不仅包括智能农业设备的使用，还涉及大数据、物联网、人工智能和区块链等技术的应用。这些技术能够实现精准农业管理，提升农作物产量和质量，减少资源浪费和环境污染。例如，通过传感器和卫星遥感技术，农民可以实时监测土壤湿度、温度和植物生长状况，进行精准灌溉、调温、施肥，从而提高农业生产效率。

本书通过对农业数字化发展的影响分析，进一步解释数字经济的发展规律，形成数字化发展的初步评价体系。研究重点关注数字经济在农业领域的具体应用和效果，通过对比传统农业和数字农业的生产效率、成本结构和经济效益，揭示数字化在推动农业现代化过程中的关键作用。

农业数字化发展不仅是数字经济的重要组成部分，更是推动农业现代化和乡村振兴的重要力量。通过数字技术的深入应用，农业生产方式和产业结构将发生深刻变革，农业经济的可持续发展能力将得到显著提升，为实现高质量发展奠定坚实基础。

## 二、数字经济发展背景

全球范围内数字经济发展快速，我国对数字经济的重视程度较高，数据作为一种要素出现在中央文件中。数字经济以数据为核心生产要素，通过数字化技术的应用，促进了生产效率的提升和新业态的涌现。在全球范围内，无论是发达国家还是发展中国家，都在积极推动数字经济的发展，以期在新一轮的全球竞争中占据有利地位。数字经济正在重塑全球政治、经济和社会的新结构和新格局（Boccia et al.，2016），为世界经济增长和可持续发展提供动力（Guo et al.，2017）。我国和美国占据全球数字经济的绝大部分份额，包揽了 75% 的区块链专利、50% 的物联网支出、75% 的云计算市场和 90% 的数字平台市值（联合国，2019）。据 2020 年中国社会科学院《我国数字经济规模测算与"十四五"展望研究报告》测算，从 1993 年到 2019 年，我国国内生产总值年均增长率为 9.1%，而数字经济整体增长率为 16.6%，2019 年我国数字经济占国内生产总值的比重为 17.2%。

我国对数字经济发展的重视程度较高。党的十九届四中全会首次把"数据"作为要素写进中央文件，提出"健全劳动、资本、土地、知识、技术、管理、数据等生产要素由市场评价贡献、按贡献决定报酬的机制"。"数据"被明确列为与土地、资本、劳动力等传统生产要素并列的重要资源。这标志着数据在经济发展中的地位得到了前所未有的提升。数据的收集、处理、分析和应用，已成为推动经济增长的关键因素。通过对数据的有效利用，可以优化资源配置，提高生产效率，促进创新，增强企业的竞争力。2020 年发布的《中共中央 国务院关于构建更加完善的要素市场化配置体制机制的意见》强调，"加快培育数据要素市场，推进政府数据开放共享，提升社会数据资源价值，加强数据资源整合和安全保护"。党的十九届五中全会要求"十四五"时期要素市场化配置改革取得重大进展，其中包括"数据"要素。《中共中央关于制定国民经济和社会发展第十四个五年规划和二〇三五年远景目标的建议》提出，"加快数字化发展。发展数字经济，推进数字产业化和产业数字化，推动数字经济和实体经济深度融合"。党的二十届三中全会审议通过的《中共中央关于进一步全面深化改革、推进中国式现代化的决定》主要内容共 60 条，其中第 9 条就是"健全促进实体经济和数字经济深度融合制度"，对加快构建促进数字经济发展体制机制等作出重要部署。

我国将发展数字经济作为国家战略的重要组成部分。在政策层面，国家出台了一系列支持数字经济发展的政策措施，包括但不限于加强网络基础设施建设、推动产业数字化转型、促进数据资源的开发利用等。这些政策的实施，为数字经济的发展提供了有力的支撑和保障。实践中，我国数字经济的发展已经取得了显著成效。电子商务、移动支付、云计算、人工智能等数字技术的应用日益普及，为人们的生产生活带来了极大的便利。同时，数字经济的发展也催生了一批新兴的产业和商业模式，如共享经济、平台经济等，这些新业态不仅创造了大量就业机会，也推动了经济结构的优化升级。然而，数字经济的发展也面临着一些挑战。数据安全和隐私保护是其中的重要问题。随着数据量的激增，如何确保数据的安全，防止数据泄露和滥用，成为亟待解决的问题。此外，数字鸿沟也是一个不容忽视的问题。在一些地区和群体中，由于基础设施和技术水平的限制，他们无法充分享受到数字经济带来的红利。

为了应对这些挑战，我国正在采取一系列措施。在数据安全方面，加强法律法规建设，明确数据的权属和使用规则，加大对数据滥用行为的打击力度。在缩小数字鸿沟方面，加大基础设施建设投入，提高网络覆盖率和服务质量，推动数字技术在教育、医疗等领域的应用，使更多的人能够享受到数字经济的成果。

### 三、经济发展前景

展望未来，数字经济仍将保持快速发展的势头。随着5G、物联网、区块链等新技术的成熟和应用，数字经济将更加深入地融入经济社会的各个领域，为经济增长注入新的活力。同时，我国也将继续加强政策引导和支持，推动数字经济健康、可持续发展，为实现高质量发展目标做出更大的贡献。

数字经济在社会实践中的创新和模式已充分发展，数字经济理论研究稍滞后于数字经济社会实践，数字经济被划分为产业数字化和数字产业化开展研究。数字经济作为现代经济体系中的重要组成部分，其发展速度和影响力已经远远超出了传统经济模式。它以数字化的知识和信息为关键生产要素，以现代信息网络为载体，通过大数据、云计算、物联网、区块链、人工智能等新一代信息技术的应用，推动了经济活动的新形态和新模式的产生。数字经济的快速发展，不仅改变了生产方式、商业模式和消费习惯，还对全球经济格局产生了深远的影响。

首先，数字经济的创新主要体现在产业数字化上。这一概念指的是传统产业通过引入数字技术，实现生产流程、管理方式、服务模式等方面的数字化转型。例如，制造业通过引入智能制造系统，实现了生产自动化和智能化，提高了生产效率和产品质量；农业通过精准农业技术，实现了作物种植的精准管理和资源的高效利用；服务业通过在线服务平台，为用户提供了更加便捷和个性化的服务。产业数字化不仅提升了传统产业的竞争力，也为经济发展注入了新的活力。其次，数字产业化则是指数字技术本身成为产业发展的新领域，形成了以数字技术为核心的新兴产业。这些产业包括但不限于电子商务、互联网金融、在线教育、数字娱乐等。数字产业化的发展，不仅创造了新的就业机会和经济增长点，还推动了社会资源的优化配置和经济结构的升级。然而，尽管数字经济在社会实践中的创新和模式已经充分发展，但数字经济理论研究相对滞后。这种滞后主要表现在以下几个方面：一是理论研究缺乏系统性和前瞻性，难以全面把握数字经济的发展趋势和内在规律；二是理论研究与实践应用之间存在脱节，理论研究往往难以有效指导实践；三是理论研究在方法论上存在局限，难以适应数字经济的复杂性和多变性。

为了解决这些问题，数字经济理论研究需要从以下几个方面进行加强：一是加强基础理论研究，深入探讨数字经济的本质特征、发展规律和内在机制；二是加强应用理论研究，将理论研究与实践紧密结合，提高理论研究的实用性和指导性；三是创新研究方法，运用跨学科的研究视角和方法，提高理论研究的深度和广度。数字经济作为新时代经济发展的重要驱动力，其理论和实践的结合将为经济社会发展带来新的机遇和挑战。只有不断加强理论研究，深化对数字经济的认识，才能更好地指导实践，推动数字经济的可持续发展。

国家统计局在《数字经济及其核心产业统计分类（2021）》中进一步将数字经济定义为："以数据资源作为关键生产要素、以现代信息网络作为重要载体、以信息通信技术的有效使用作为效率提升和经济结构优化的重要推动力的一系列经济活动。"这一定义强调了数据资源在数字经济中的核心地位，以及信息通信技术在推动经济发展中的重要作用。

全球从战略层面认定科技和数据是数字经济的两大要素。然而，在经济学研究中，数据并不是传统要素的种类。数据作用的发挥需要经过数据生产、数据信息提取和数据使用三个环节。数据在经济发展过程中发挥作用的经济学机制都有待系统性的分析和补充完善。首先，数据生产环节涉及数据的收集、整理和处理。在这一环节中，数据的质量、数量和时效性对后续的数据分析和应用至关重要。数据的产生和收集需要投入大量的资源，包括人力、物力和财力。其次，数据信息提取环节涉及对数据的分析和解读。在这一环节中，研究者需要运用统计学、计算机科学和经济学等知识，从大量数据中提取有价值的信息。数据的分析和解读对于理解经济现象、制定经济政策具有重要意义。再次，数据使用环节涉及将数据信息应用于经济决策和实践。在这一环节中，数据信息可以帮助决策者更准确地预测市场趋势、优化资源配置、提高生产效率，等等。数据的使用对于推动经济发展具有重要作用。

因此，为了更好地理解数字经济的发展和作用，经济学研究需要对数据在经济发展过程中的作用机制进行系统性的分析和补充完善。这包括对数据生产、数据信息提取和数据使用等环节的研究，以及对数据在资源配置、生产效率和经济增长等方面作用的探讨。通过这些研究，可以为数字经济的发展提供理论指导和政策建议，推动经济的数字化转型和升级。

## 四、数字经济的划分

数字经济主要划分为两大部分，即产业数字化和数字产业化，每个部分对于经济发展带来的影响需要区别研究。一方面，产业数字化部分延续传统产业对原有经济进行改进，数据加入原有经济系统后对原有经济结构产生的调整变化。产业数字化通过将大数据、物联网、人工智能等技术应用到农业、制造业、服务业等传统产业中，提升了生产效率和资源利用率，优化了供应链管理，推动了产业升级和转型。例如，在农业领域，智能农业设备和数据分析技术可以提高农作物产量，减少资源浪费，优化农业生产流程。另一方面，数字产业化部分则是新增加入原有经济系统中，调整和增加原有经济规模。数字产业化主要涉及信息技术产业本身的发展，包括软件开发、信息服务、电子商务等新兴产业。这些产业不仅自身发展迅速，而且通过提供技术支持和服务，推动其他行业的数字化转型，形成了经济增长的新动能。例如，电子商务平台的兴起，不仅创造了大量的就业机会和经济价值，还促进了传统零售业的数字化转型，改变了消费者的购物方式和商业模式。

但是产业数字化和数字产业化部分加入原有经济系统，并影响经济发展的机制和规律都有待进一步解释和分析。数字经济涵盖面较广，已经深入经济社会各个领域中，从单一产业进行研究更有利于获取数据，进行实证检验。具体而言，农业数字化的发展研究可以作为数字经济理论的一部分，通过实证数据的分析，探讨数字技术在农业中的应用效果和经济影响。

### 五、农业数字化研究

通过对农业数字化的研究，可以进一步揭示数据要素在农业生产中的作用机制，分析数据生产、数据信息提取和数据使用各环节的具体表现和经济效应。这种研究不仅可以为农业生产提供新的思路和方法，还能为政策制定者和从业者提供科学的决策依据和技术支持。具体而言，研究可以从以下几个方面展开：

（一）数据采集和分析

数据采集和分析在精准农业管理中的应用，是现代农业发展的一个显著趋势。精准农业，也称为智能农业或数字农业，它依托于先进的信息技术，通过收集和分析大量农业数据，实现对农业生产过程的精确控制和管理。这种管理方式能够有效提高农业生产效率，降低资源浪费，提升作物产量和质量，同时对环境的影响也降到最低。

数据采集是精准农业的基础。现代农场通常配备有各种传感器和监测设备，如土壤湿度传感器、气象站、无人机搭载的高分辨率相机等，这些设备能够实时收集关于土壤、气候、作物生长状况等关键信息。例如，通过土壤传感器可以监测土壤的湿度、温度、pH值和营养成分，这些数据对于农作物的生长至关重要。气象站则可以提供温度、湿度、风速、降雨量等气象数据，帮助农民预测天气变化，合理安排农事活动。数据分析是精准农业的核心。收集到的原始数据需要通过专业的软件和算法进行处理和分析，以提取有价值的信息。例如，通过分析作物生长数据，可以预测作物的生长趋势和产量，从而为种植计划提供科学依据。通过对土壤数据的分析，可以确定施肥的最佳时机和用量，以实现精准施肥，避免过量施肥导致的资源浪费和环境污染。此外，数据分析还可以帮助识别病虫害的发生，及时采取措施进行防治。

精准农业的实施，可以带来多方面的效益。首先，它能够提高资源的利用效率。通过精确控制灌溉和施肥，可以减少水资源和肥料的浪费，降低生产成本。其次，精准农业有助于提高作物产量和质量。通过对作物生长环境的精确控制，可以为作物提供最适宜的生长条件，从而提高作物的产量和品质。此外，精准农业还有助于环境保护。通过减少化肥和农药的使用，可以减少对土壤和水体的污染，保护生态环境。然而，精准农业的实施也面临着一些挑战。一是技术挑战，包括数据采集设备的精度、数据分析算法的准确性等。二是经济挑战，精准农业的设备和软件通常成本较高，对于一些小型农场来说可能难以承担。此外，还有人才培养的问题，精准农业需要具备一定信息技术和农业知识的专业人才来进行操作和管理。

精准农业管理是农业数字化的重要内容，其核心在于利用各种传感器、无人机、卫星遥感等技术手段，实时采集农田的土壤湿度、温度、光照强度、病虫害等多种数据。这些数据通过先进的数据分析技术处理后，可以为农民提供详细的农田状况信息和科学的管理建议。精准农业管理的实践，不仅体现在对农田环境的实时监测，更在于将这些数据转化为具体行动的能力。接下来，我们将深入探讨如何通过土壤分析和作物管理，实现对农业生产的精准调控，以及区块链技术如何为农产品的溯源和食品安全提供强有力的支撑。土壤分析与作物管理，通过对土壤数据的实时监测和分析，农民可以了解土壤的养分状况和湿度水平，进而科学地施肥和灌溉，避免过度施肥和水资源浪费，提高作物产量和质量。病虫害预警与控制，利用传感器和大数据技术，可以实时监测农作物的生长状态和病虫害情况，及时发现问题并采取措施，减少病虫害对农作物的影响，保障农业生产的稳定性。

（二）区块链技术

区块链技术作为一种分布式账本技术，以其去中心化、不可篡改、透明可追溯的特性，为农产品溯源提供了一种全新的解决方案。在食品安全日益受到重视的今天，区块链技术的引入，不仅能够增强农产品的溯源能力，还能够提高食品安全水平和消费者的信任度。

区块链技术通过创建一个不可篡改的数字记录链，为农产品的每一个环节都提供了清晰的记录。从种植、收获、加工、运输到销售，每一个环节的信息都被记录在区块链上，形成了一个完整的溯源链条。这种记录方式不仅能够确保信息的真实性和完整性，还能够让消费者随时查询到产品的详细信息，包括产地、种植方式、加工过程、检验结果等。

区块链技术的透明性使得农产品的溯源过程更加公开和可信。由于区块链上的信息是公开的，任何人都可以查看，这大大增强了溯源信息的透明度。消费者可以通过扫描产品上的二维码或者使用专门的应用程序，直接访问区块链上的信息，了解产品的来源和质量。这种透明度不仅能够提高消费者的信任度，还能够促进市场的公平竞争。

区块链技术还能够提高食品安全水平。通过区块链技术，可以实时监控农产品的生产和流通过程，及时发现和处理食品安全问题。例如，如果某个环节出现了问题，可以通过区块链上的记录迅速追溯到问题源头，采取措施进行整改。这种快速反应机制能够有效减少食品安全事故的发生，保障消费者的健康。

区块链技术在农产品溯源中的应用也面临着一些挑战。首先是技术实施的难度，包括区块链平台的搭建、数据的采集和上链等。这些都需要专业的技术支持和大量的资金投入。其次是数据的准确性问题，区块链技术虽然能够确保数据一旦上链就不可篡改，但数据在上链之前的真实性和准确性还需要通过其他方式来保证。此外，还有消费者接受度的问题，一些消费者可能对区块链技术不够了解，需要通过宣传和教育来提高他们的认知度。为了克服这些挑战，需要政府、企业和消费者共同努力。政府可以通过制定政策和提供资金支持，推动区块链技术在农产品溯源中的应用。企业可以加强技术研发，提高区块链平台的性能和易用性，降低技术实施的难度。同时，还需要加强对消费者的宣传和教育，提高他们对区块链技术的认知度和接受度。

区域链技术在农产品溯源中的应用，为提高食品安全水平和消费者信任度提供了一种有效的手段。通过建立一个不可篡改、透明可追溯的数字产业链，确保了农产品信息的真实性和完整性，增强了市场的公平性。随着技术的不断发展，区域链在保障食品安全和提升消费者信任度方面会发挥越来越重要的作用。

（三）农业物联网技术

农业物联网技术作为现代农业发展的重要驱动力，通过将传感器、无线通信技术、云计算等信息技术与农业生产深度融合，实现了农业生产过程的智能化、精准化管理。这种技术的应用，不仅优化了农业资源的配置，降低了生产成本，还显著提升了农业的经济效益。

农业物联网技术通过部署大量传感器，实时监测农田的土壤湿度、温度、pH 值、光照强度等环境参数及作物生长状况。这些传感器收集的数据通过无线网络传输到中央控制系统，系统根据数据分析结果，自动调节灌溉系统、施肥量、通风设施等，实现精准农业管理。这种精准控制不仅减少了水资源和肥料的浪费，还提高了作物的产量和质量。

农业物联网技术通过智能设备和系统的应用，实现了农业生产的自动化和智能化。例如，智能灌溉系统可以根据土壤湿度自动调节灌溉量，智能温室控制系统可以根据室内外温差自动调节通风和加热设备，智能植保无人机可以根据病虫害监测结果自动喷洒农药。这些智能设备的使用，不仅减轻了农民的劳动强度，还提高了农业生产的效率和精度。

农业物联网技术还通过大数据分析和云计算技术，为农业生产提供了科学的决策支持。通过对历史数据和实时数据的分析，可以预测作物的生长趋势、病虫害发生的概率、市场需求的变化等，为种植计划、资源配置、市场销售等提供依据。这种基于数据的决策，更加科学、合理，能够有效降低风险，提高经济效益。

农业物联网技术的应用也面临着一些挑战。首先是技术实施的难度，包括传感器的部署、无线网络的覆盖、数据处理和分析等，都需要专业技术支持和大量资金投入。其次是数据安全和隐私保护的问题，农业物联网技术涉及大量数据收集和传输，如何保障数据的安全和农民的隐私，是一个需要解决的问题。此外，还有技术普及和应用的问题，农业物联网技术在一些地区和群体中的普及率还不够高，需要通过政策引导、技术培训等方式，提高技术的普及率和应用水平。

农业数字化发展已成为战略层面的重要研究问题，同时其影响力在持续增加，但农业数字化带来的经济效应界定尚不清晰、评估尚不完整。农业数字化作为推动农业现代化的关键力量，已经成为全球范围内战略层面的重要研究课题。随着信息技术的快速发展，数字化在农业生产、管理和服务中的渗透日益加深，它的影响力在持续增加，对农业产业的转型升级产生了深远的影响。

农业数字化涉及的领域广泛，包括但不限于精准农业、智能农机、农业物联网、大数据分析、区块链溯源、电子商务等。这些技术的应用，使得农业生产更加智能化、自动化，提高了农业生产效率和作物产量，降低了生产成本，增强了农产品的市场竞争力。例如，通过精准农业技术，可以实现对农田土壤、气候条件的实时监测和精准管理，优化种植结构和施肥灌溉方案，提高资源利用率；智能农机的使用，可以减少人力投入，提高作业精度和作业效率；农业物联网技术可以实现对农业生产环境的全面感知和智能控制，提升农业生产的智能化水平。

然而，农业数字化带来的经济效应界定不清晰，主要表现在以下几个方面：一是数字化技术在不同地区、不同作物、不同规模农场中的应用效果存在差异，难以形成统一的评价标准；二是数字化技术的经济效应具有长期性和间接性，短期内可能难以看到明显的经济效益，需要从长远角度进行评估；三是数字化技术的应用往往伴随着较高的初始投资和运营成本，如何平衡成本和收益，实现可持续发展，是一个需要深入研究的问题。

农业数字化的评估体系不完整还表现在对技术应用效果的评估维度不够全面。农业数字化技术的应用不仅能够提高农业生产效率和降低成本，还能够改善农产品质量、增强市场竞争力、促进农业可持续发展等。然而，现有的评估体系往往只关注技术应用的直接经济效益，忽视了技术应用对农业生产方式、组织模式、市场结构等方面的影响，以及对环境、社会等方面的间接效益。

此外，农业数字化的评估体系不完整还体现在数据收集和分析能力不足。农业数字化技术的应用效果评估需要大量数据支持，包括农业生产数据、市场数据、环境数据等。然而，目前农业数据的收集和整合能力有限，数据的准确性、完整性和实时性难以保证。同时，数据分析能力也有待提高，需要运用更先进的数据分析方法和工具，以更准确地评估数字化技术的应用效果。

（四）解决农业数字化评估体系问题

为了解决农业数字化评估体系不完整的问题，需要从以下几个方面着手：一是建立统一的评价标准和方法，形成科学、合理的评估体系，全面、准确地评估数字化技术的应用效果；二是拓展评估维度，不仅关注技术应用的直接经济效益，还要考虑技术应用对农业生产方式、组织模式、市场结构等方面的影响，以及对环境、社会等方面的间接效益；三是加强数据收集和分析能力，提高数据的准确性、完整性和实时性，运用更先进的数据分析方法和工具，以更准确地评估数字化技术的应用效果；四是加强政策支持和资金投入，鼓励农业数字化技术的推广应用，提高农业数字化水平；五是加强人才培养和技术推广，提高农民和农业企业的数字化应用能力，促进农业数字化的普及和发展。

农业数字化发展已经成为战略层面的重要研究问题，其影响力在持续增加。然而，农业数字化带来的经济效应界定尚不清晰、评估尚不完整，需要从技术研究、评价体系、政策支持、人才培养等多个方面进行深入研究和改进。随着农业数字化技术的不断发展和应用，其在推动农业现代化、提高农业生产效率、增强农产品市场竞争力等方面的潜力将得到更加充分的发挥，为实现农业可持续发展和农村经济社会发展做出更大的贡献。

农业产业的数字化发展，即农业数字化发展，目前已成为我国战略层面的发展规划。《"十三五"全国农业农村信息化发展规划》《"互联网+"现代农业三年行动实施方案》《农业农村大数据发展实施意见》《数字乡村发展战略纲要》和《数字农业农村发展规划（2019—2025年）》等一系列文件都在不断深入和细化农业数字经济的发展。《数字农业农村发展规划（2019—2025年）》提出要加快农业数字经济发展。"十四五"时期我国农业数字化的具体发展方向是种植业信息化、畜牧业智能化、渔业智慧化、种业数字化、新业态多元化（电子商务）、质量安全管控全程化。

农业数字化目前已成为农业经济的一个组成部分，未来数字化发展的影响力仍在持续增加。数字技术与农业生产经营充分融合，数字技术的使用包含智能感知、智能分析和智能控制三个阶段，从获取数据、分析数据和使用数据三个维度融入农业生产经营中。国家层面对农业数字化发展重视程度较高，并进行全国性的发展水平评估。农业农村部信息中心《2019年全国县域数字农业农村发展水平评价报告》显示，2018年我国县域数字农业农村发展总体水平为 33%;《数字农业农村发展规划（2019—2025 年）》中提到 2018 年我国农业数字经济占农业增加值比重为 7.3%，明确该指标到 2025 年达到 15%，年均增速为 10.8%。

在现代农业发展的过程中，数字化技术的应用日益成为提升农业生产效率、优化资源配置、应对气候变化等问题的关键手段。农业数字化发展不仅改变了传统农业的运作模式，还带来了广泛而深远的经济效应和社会效应。然而，尽管农业数字化已经成为国家和区域战略层面的重要研究问题，其经济效应的界定和评估仍然面临诸多挑战，并且尚不清晰完整。

随着全球信息技术的快速发展，数字经济已经成为全球经济增长的重要引擎。在这一背景下，农业数字化作为数字经济的重要组成部分，逐渐受到各国政府和研究机构的高度重视。农业数字化是指利用互联网、物联网、人工智能、大数据、区块链等先进技术，实现农业生产、管理和销售过程的智能化、精细化和高效化。具体来说，农业数字化包括精准农业、智慧农业、数字农业等不同层次和形式。

精准农业是农业数字化的基础，通过传感器、遥感技术、GPS 定位等手段，实时获取农田的土壤、水分、温度、光照等数据，进行科学分析和管理。智慧农业是在精准农业的基础上，进一步结合大数据分析和人工智能技术，实现农业生产全过程的智能化管理。数字农业则更为广泛，涵盖农业生产、加工、销售、服务等全产业链的数字化转型。

## 六、农业数字化技术的实际应用

农业数字化技术在实际应用中涵盖了多个方面，包括但不限于以下几个关键领域：

精准农业：利用传感器、无人机、卫星遥感等技术，实时监测农田的环境条件和农作物生长状态。通过大数据分析，农民可以精确掌握土壤养分、病虫害等信息，进行科学施肥、灌溉和病虫害防治，显著提高农作物的产量和质量，降低农业生产的环境影响。

智能农机：现代农业机械装备了先进的传感器和控制系统，可以实现自动化操作和精准作业。例如，智能拖拉机可以根据地形和作物生长情况自动调整耕作深度和路径，减少土壤压实和能源消耗。无人机可以用于喷洒农药、播种和监测农作物生长，提高作业效率和精准度。

农业物联网：通过物联网技术，将农田中的各种传感器和设备连接起来，形成一个智能监控和管理系统。农民可以通过手机或电脑实时监控农田的环境参数，远程控制灌溉、施肥等农业操作，实现精准管理和高效生产。

农产品溯源：利用区块链技术，可以建立农产品的全程溯源系统。从种植、收获、加工、运输到销售，农产品的每一个环节都可以被记录和追踪，确保产品的质量和安全。消费者可以通过扫描二维码等方式查询农产品的生产信息，增强对产品的信任。

数字农业服务：通过大数据分析和人工智能技术，可以为农民提供精准的农业生产建议和市场信息。例如，基于天气预报、市场行情和农田数据的综合分析，可以为农民提供最佳的播种、施肥和收获时间，帮助他们优化生产计划，降低生产风险，提高经济效益。

农业数字化的发展带来了显著的经济效应，但其具体效应的界定和评估尚存在一些挑战。以下是农业数字化在经济效应方面的几个主要表现：

农业数字化技术的应用显著提高了农业生产的效率。通过精准农业技术，农民可以科学管理农田，提高作物的产量和质量，减少资源浪费。例如，精准施肥和灌溉技术可以减少化肥和水的使用量，提高资源利用效率，降低生产成本。

农业数字化技术的应用可以降低农业生产的成本。例如，智能农机的自动化操作可以减少人力成本；无人机的应用可以提高农药和肥料的投放精度从而降低其使用量；农业物联网技术可以优化农业生产的各个环节，减少不必要的投入和浪费。

农业数字化技术的应用可以帮助农民提高生产效率和产品质量，增加农产品的附加值，提高农民的收入。例如，通过农产品溯源系统，农民可以将优质农产品以更高的价格出售给消费者，增加收入。此外，数字农业服务可以帮助农民更好地把握市场信息，优化生产和销售策略，增加收入。

农业数字化技术的发展推动了传统农业向现代农业的转型升级。通过数字技术的应用，农业生产从粗放型向集约型、智能化方向转变，农业产业链条得到延伸和优化，农业附加值和竞争力显著提升。例如，农业物联网和智能农机的应用推动了农业装备制造业的发展，农产品加工和物流环节的数字化转型提高了整个农业产业链的效率和效益。

农业数字化技术的应用有助于实现农业的可持续发展。例如，通过精准农业技术，可以减少化肥和农药的使用量，降低环境污染和生态破坏。农业物联网技术的应用可以优化资源配置，提高资源利用效率，减少资源浪费。农产品溯源系统可以确保农产品的质量和安全，提高消费者的信任，推动绿色农业的发展。

尽管农业数字化带来了显著的经济效应，但其具体效应的界定和评估仍面临诸多挑战。这主要体现在以下几个方面：

农业数字化的经济效应评估需要大量的数据支持，但在实际操作中，数据的获取和质量问题是一个重大挑战。许多农业生产的数据分散在不同的系统和平台中，数据格式和标准不统一，数据的真实性和可靠性也难以保证。这使得经济效应的评估变得复杂和困难。

农业数字化的经济效应是多维的，既包括直接的经济效益，如生产效率的提高和成本的降低，也包括间接的社会效益和环境效益，如农民收入的增加和生态环境的改善。这些效应之间相互交织和影响，评估时需要综合考虑各个维度的效应，难度较大。

### 七、农业数字化经济效应评估方法和模型

评估农业数字化需要选择合适的评估方法和模型。目前，常用的评估方法包括成本收益分析、投入产出分析、实证分析等。然而，不同的方法各有优缺点，选择合适的方法需要考虑评估的具体目标、数据的可获取性和评估的时间跨度等因素。此外，如何处理评估过程中可能存在的偏差和误差，也是一个需要解决的问题。

长期效应的评估：农业数字化的经济效应不仅表现为短期的经济收益，还包括长期的经济、社会和环境效应。例如，农业数字化技术的推广和应用可能需要一定的时间和投入，其长期效应可能在数年甚至数十年后才能显现。如何有效评估农业数字化的长期效应，特别是其对农业可持续发展和农

村经济社会发展的深远影响，是一个重要的研究课题。

农业数字化的经济效应在不同的区域和个体之间可能存在显著差异。例如，不同地区的自然条件、经济发展水平和政策环境等因素可能影响农业数字化技术的应用效果。同样，个体农户的生产规模、技术水平和管理能力等因素也会影响农业数字化的经济效应。评估时需要考虑这些区域差异和个体差异，采取分区域和分层次的评估方法，以得到更准确和全面的评估结果。综上所述，农业数字化发展已经成为战略层面的重要研究课题，其经济效应的界定和评估仍需进一步深化。通过深入研究农业数字化的发展现状和具体应用，分析其带来的经济效应，可以为农业数字化的健康发展提供理论支持和政策建议。未来的研究应进一步完善评估方法和模型，解决数据获取和质量问题，综合考虑农业数字化的多维效应和长期效应，深入分析区域差异和个体差异，以期全面揭示农业数字化发展的内在规律和机制，推动农业现代化和可持续发展。

在当今全球化和技术迅猛发展的背景下，数字经济正成为驱动经济增长和社会变革的重要力量。数字技术的广泛应用不仅重塑了传统经济模式，还引发了各个产业的深刻变革，其中农业产业作为国民经济的基础性行业，也在数字经济的浪潮中迎来了新的发展机遇和挑战。

数字经济通过提高信息流动性和降低信息不对称性，极大地优化了农业生产决策过程。传统农业生产往往依赖于经验和直觉，信息的不对称导致资源配置效率低下。而在数字经济背景下，大数据、物联网、人工智能等技术的应用，使得农业生产中的各类信息得以实时采集和分析，农民可以根据精准的数据进行决策。例如，精准农业技术利用卫星遥感、无人机等设备对农田进行实时监测，通过分析土壤、水分、天气等多维数据，指导农民进行科学施肥、灌溉和病虫害防治，从而提高产量和质量，降低生产成本。数字经济也促进了农业供应链的高效运作。农业生产具有季节性强、产品易腐的特点，传统供应链中存在着信息不透明、物流成本高、供需不匹配等问题。数字经济通过构建智慧农业平台，实现了农产品从生产、加工、运输到销售的全链条数字化管理。例如，区块链技术的应用可以实现农产品的全程溯源，消费者通过扫描二维码即可了解产品的生产、加工和运输信息，提升了产品的可信度和品牌价值。此外，电子商务平台的兴起也为农产品销售开辟了新渠道，农民可以通过网络平台直接对接消费者，减少中间环节，提高收益。

数字经济推动了农业产业结构的优化升级。在传统农业模式下，农民的收入来源主要依靠种植和养殖，收入结构单一且受市场波动影响较大。数字经济的发展为农业产业链的延伸和增值提供了新的路径。例如，农业旅游、休闲农业、农产品深加工等新兴业态在数字经济的推动下迅速发展。农民通过发展多种经营，提高了收入的多样性和稳定性。同时，数字技术的应用也催生了农业服务业的发展，如农业金融、农业保险、农业咨询等，为农民提供了更多的增值服务，提升了农业产业的整体效益。

数字经济还促进了农业的绿色可持续发展。传统农业生产中大量使用化肥、农药，不仅造成资源浪费，还对环境产生了负面影响。数字技术的应用可以实现对农业生产过程的精准管理，减少资源的过度使用。例如，智能灌溉系统根据土壤湿度和天气情况自动调节灌溉量，有效节约了水资源；智能施肥系统根据土壤养分状况精准施肥，减少了化肥的使用量和土壤污染。通过数字技术的应用，农业生产的资源利用效率得到了显著提升，实现了环境保护和经济效益的双赢。

### 八、数字经济的发展对农业结构的影响

数字经济的发展还带来了农业劳动力结构的变化。传统农业中，农民主要依靠体力劳动，劳动强度大且效率低。数字经济通过自动化、智能化技术的应用，减少了对体力劳动的依赖，提高了劳动生产率。例如，无人驾驶拖拉机、智能播种机、自动化温室等设备的应用，使农业生产的各个环节实现了机械化和智能化，农民可以通过操作智能设备进行生产管理，劳动强度大大降低。同时，数字经济的发展也催生了大量新职业，如农业数据分析师、农机操作员、农业电商运营等，提升了农业劳动力的技能水平和收入水平。

数字经济的快速发展为农业产业带来了深远的影响。通过提高信息流动性和降低信息不对称性，优化了农业生产决策过程；通过构建智慧农业平台和电子商务渠道，促进了农业供应链的高效运作；通过延伸农业产业链和催生新兴业态，推动了农业产业结构的优化升级；通过精准管理和智能化技术

的应用，促进了农业的绿色可持续发展；通过自动化和智能化设备的应用，改变了农业劳动力结构，提升了劳动生产率和技能水平。数字经济不仅提升了农业生产效率和质量，也为农民带来了更多的增收渠道和就业机会，实现了农业产业的转型升级和可持续发展。

在未来，随着数字技术的不断进步和应用的深入，农业数字化发展将进一步释放潜力，为全球农业发展注入新的动力。随着数字经济对农业产业带来的积极影响逐渐显现，我们有必要深入理解这些变革背后的经济学原理和政策因素。数字技术的进步不仅推动了农业生产效率的提升，也为农业产业的转型和升级提供了新的发展路径。

本书将进一步探讨数字经济在农业领域的理论基础和实践效应，以期为未来的农业发展提供更深远的洞见。首先，从理论分析开始，浅析数字经济发展的经济学和政治经济学理论解释。数字经济的发展不仅依赖于技术进步，还需要政策支持和市场机制的优化。探讨数字经济发展过程中涉及的生产要素配置、市场竞争、技术创新等方面的理论基础；其次，从微观视角出发，讨论农业数字化发展中结构效应和规模效应形成的微观机制。农业数字化的发展通过改善生产过程中的信息流通和决策效率，能够显著提升农业生产的组织效率和资源配置效率。通过分析农业数字化在生产、分配、交换和消费环节中的具体应用，揭示其对农业经济结构和规模的影响；接下来从农业生产效率视角出发，检验和评价我国农业数字化发展的结构效应，构建基准模型和测算数据要素投入两类生产函数模型，讨论数据要素对于其他生产要素、全要素生产率和产值的影响。通过实证分析，评估数字技术在提升农业生产效率、降低生产成本、提高产量和质量等方面的实际效果；然后从农产品市场拓展视角出发，检验和评价我国农业数字化发展的规模效应，从农产品市场拓展视角展开对农业数字化发展的规模效应的论证，探讨农业生产者和农产品消费者在市场交易数字化中的均衡解，分析农产品交换数字化对于农产品交易额的影响，解析农业生产者和农产品消费者在其中的中介效应。最后，对未来农业数字化发展的路径和趋势进行预测分析。主要模拟不同情景下未来数字技术发展对农业经济的贡献、农业数字化经济规模和数字化发展对未来农业发展的影响（以农业就业人口占比、农业产业结构为指标）。通过情景分析和预测，提出促进农业数字化发展的政策建议，为实现农业现代化和乡村振兴提供科学依据。

农业数字化发展已成为战略层面的重要研究问题，其影响力在持续增加，但农业数字化带来的经济效应界定尚不清晰、评估尚不完整。本书将通过系统性的理论和实证研究，深入分析农业数字化发展的经济效应，为推动我国农业数字化发展提供理论支持和实践参考。

## 第二节　概念界定和研究视角

### 一、概念界定

（一）"数字化发展"概念界定

基于以上文献综述，本书认为数字经济是充分运用科技和数据，形成和优化生产要素，实现高质量发展的经济形态。数字化发展是指在信息技术和互联网的支撑下，社会经济活动各个领域向数字化、网络化、智能化方向发展的过程。它涉及信息资源的获取、处理、存储、传输和应用等多个方面，以数据为关键要素，通过数字技术的不断创新和应用，推动生产力的提升和社会生产关系的变革。

对于数字化发展的核心是信息通信技术的进步和应用，这是当今全球科技进步的焦点和驱动力。在数字化发展的进程中，互联网、大数据、云计算、人工智能和物联网等关键技术正发挥着越来越重要的作用，它们分别在不同领域提供了技术支持和应用创新，推动了经济、社会和文化的全面变革。第一，互联网作为信息传输和沟通的主要平台，是数字化发展的基础。互联网的普及和快速发展极大地拓展了信息的获取和传播渠道。全球范围内的信息网络使得人们可以随时随地获取各种资讯，实现信息的无缝传递和全球互联。不仅如此，互联网还促进了跨国合作、远程教育、远程医疗等领域的发展，极大地提升了社会各个领域的效率和便利性。第二，大数据技术的兴起彻底改变了数据的处理方式和应用范围。随着互联网的普及，海量数据的产生成为常态，而大数据技术则使得这些数据能够被有效地收集、存储、管理和分析。通过大数据分析，可以从庞大的数据集中提取有价值的信息和趋势，支持决策制定、市场预测、用户行为分析等各种应用。大数据的应用不仅提升了企业和组织的竞争力，还促进了科学研究、公共管理和社会治理的现代化。第三，云计算技术为数据存储和处理提供了新的解决方案。传统的数据存储方式往往面临着成本高昂、扩展性不足等问题，而云计算则通过虚拟化和分布式计算的方式，提供了弹性、高效的计算资源。企业和个人可以通过云计算平台实现按需获取和使用计算资源，不仅降低了 IT 基础设施的投资成本，还提高了数据处理的速度和灵活性。云计算技术的普及和应用，推动了企业的数字化转型和服务的创新，成为推动经济增长和创新的重要引擎之一。第四，人工智能技术的发展为各行各业带来了前所未有的智能化应用。人工智能模拟了人类智能的各个方面，包括语言理解、视觉感知、决策制定等，通过算法和数据训练，使得计算机能够执行复杂的任务和提供智能化服务。在商业领域，人工智能应用于客户服务、市场预测、风险管理等诸多场景，提高了服务效率和质量。在科学研究和医疗健康领域，人工智能的应用也为新药研发、病例分析等提供了新的可能性，推动了医疗技术的进步和人类健康的改善。第五，物联网技术的发展将各种设备和物品连接在一起，构建起一个巨大的智能网络。物联网使得设备可以互相通信、协作，实现自动化控制和智能化管理。在工业生产中，物联网技术实现了设备的远程监控和自动化调节，提高了生产效率和产品质量。在智慧城市建设中，物联网技术实现了城市设施的智能化管理，例如，智能交通系统、智能能源管理系统等，优化了资源利用和城市运行效率。

数字化发展的特征主要包括：

信息化：信息资源成为关键的生产要素，信息技术的应用渗透到经济和社会各个层面，信息交流和处理能力大幅提升。

网络化：全球范围内的信息网络不断扩展，实现了人与人、人与物、物与物的互联互通，形成了全新的网络社会结构。

智能化：通过人工智能等技术的应用，系统和人机之间的交互变得更加智能化，能够自适应地学习和优化行为。

融合化：数字技术与传统产业深度融合，推动了产业升级和新型产业形态的生成，实现了数字经济和实体经济的相互促进。

个性化：在数字化发展的背景下，消费者需求更加多样化，生产和服务更加注重个性化和定制化。

数字化发展不仅改变了生产方式，还深刻影响了人们的生活方式和社会治理模式。它推动了经济结构的优化升级，促进了新兴产业的成长和传统产业的转型，为经济社会发展提供了新的动力。同时，数字化发展也带来了一系列挑战，如数据安全、隐私保护、数字鸿沟等问题，需要我们在推动数字化发展的同时，加强法规建设，完善治理体系，确保数字化发展能够健康、有序进行。数字化发展是迈向数字经济时代的过程，是充分使用数字技术的过程，是数据要素逐渐形成的过程，也是数字产业化和产业数字化充分发展的过程；其中的核心环节是数据要素的形成对传统经济的赋能和扩容。数字经济发展和数据要素可以形成结构效应和规模效应两种影响方式。

（二）"农业数字化发展"概念界定

农业数字化是农业产业的数字化发展，运用科技和数据，形成和优化生产要素，推动农业产业进行结构优化和规模扩张，最终实现农业经济高质量发展的过程，在信息技术和互联网的支撑下，农业生产和经营活动向数字化、网络化、智能化方向发展的过程。它涉及农业生产、管理、服务等方面的数字化，以数据为关键要素，通过数字技术的不断创新和应用，推动农业生产的效率和效益提升，促进农业现代化。

农业数字化是伴随农业数字技术的发展而发展的，各类技术包含大数据、物联网、智联网、区块链、数字孪生、5G、3S 技术、人工智能、移动互联网等。从完整产业链的角度来看，农业数字化包含生产端和市场端的数字化发展。生产端的农业数字化包含农林牧渔业和农林牧渔服务业的数字化发展；市场端的农业数字化主要是农产品电子销售。

农业数字化发展的核心是信息通信技术的进步和应用。这包括互联网、大数据、云计算、人工智能、物联网等技术的创新和普及，它们分别是农业数字化发展的关键技术支撑和应用领域。互联网提供了全球范围内的信息传输网络；大数据技术使得海量数据的收集、处理和分析成为可能；云计算为数据存储和处理提供了弹性、高效的计算能力；人工智能则通过模拟人类的智能行为，提供决策支持和自动化服务；物联网则连接了各种设备和物品，实现了物体与物体、物体与人的互联互通。

农业数字化发展的特征主要包括：

精准化：通过数字化技术，农业生产者可以实时获取农作物生长状况、土壤湿度、气象变化等信息，实现对农业生产过程的精细化管理。

智能化：通过人工智能等技术的应用，实现自动化播种、施肥、喷洒农药等农业生产环节，提高农业生产效率。

网络化：全球范围内的信息网络不断扩展，实现了人与人、人与物、物与物的互联互通，形成了全新的网络农业结构。

数据驱动：数据成为关键的生产要素，通过数据的收集、处理和分析，优化农业生产决策，提高农业生产效益。

融合化：数字技术与农业产业的深度融合，推动了农业产业结构的优化，促进了新兴农业产业的发展。

农业数字化发展不仅改变了农业生产方式，还影响了农民的生活方式和农村社会的发展。它推动了农业结构的优化升级，促进了新兴农业产业的成长，为农业经济社会发展提供了新的动力。

（三）"经济效应"概念界定

经济效应是经济活动中各个主体之间相互作用和影响的综合体现，涵盖了生产、分配、交换和消费等多个环节。这些效应不仅影响着个体和企业的经济行为，也深刻塑造了整个经济体系的结构和运行方式。理解经济效应的本质，需要从不同层面和角度来探讨其具体表现和影响因素。第一，经济效应的核心在于经济活动中的相互作用。在市场经济体系中，各种经济主体如个人、家庭、企业、政府等通过市场机制进行互动和交换。这种互动不仅限于产品和服务的交易，还包括资源的配置、信息的传递以及价值观念的传播。通过市场的自由竞争和价格机制，经济主体在追求自身利益的同时，也不可避免地影响到其他经济主体的行为和利益。例如，企业的价格调整会影响消费者的购买决策，政府的货币政策会影响企业的融资成本和投资决策，这些都是经济效应在市场中的具体体现。第二，经济效应还涉及生产要素的利用和配置。生产要素包括劳动力、资本、土地和创新等，它们的有效组合和利用对经济增长和生产力提升至关重要。劳动力的技能水平和素质影响了生产效率和产出质量，资本的投入和使用决定了生产设备的先进程度和生产效率，土地的利用规划和管理直接影响了农业和城市建设的发展方向。通过优化生产要素的配置，经济主体可以实现资源的最大化利用和生产成本的最小化，从而提高整体经济效益。第三，经济效应还包括资源的分配和再分配过程。在市场经济中，资源的分配由市场价格和供需关系决定，而政府通过税收政策、社会福利和财政支出等手段对资源进行再分配，以实现社会公平和经济调节。资源的分配效应体现在各个行业和地区的资源配置差异与效率不均，例如发达地区相对于欠发达地区的资源密集度和经济活力有所不同，这种差异影响了地区发展的均衡性和可持续性。第四，经济效应还涉及生产过程和产品市场的供应链与价值链的协同作用。供应链包括原材料供应、生产加工、物流配送等环节，价值链则包括生产、销售、售后服务等环节。这些链条的协同作用影响了产品的质量、成本和市场竞争力。通过优化供应链和价值链的管理与运作，企业可以降低生产成本、提高生产效率，进而在市场竞争中获得更大的市场份额和利润空间。第五，经济效应还表现在消费者行为和市场需求的影响上。消费者的购买决策受到多种因素的影响，包括个人偏好、收入水平、市场信息和竞争环境等。市场需求的变化直接影响到企业的生产决策和产品创新方向，也影响到政府的宏观经济政策制定。通过对消费者行为和市场需求的深入分析，经济主体可以更好地把握市场机会，调整产品结构和服务模式，以适应市场变化和消费者的多样化需求。

经济效应贯穿于经济生产、分配、交换和消费的各个环节。通过深入理解和研究经济效应的内在机制与具体表现，可以更好地指导政策制定和经济管理实践，促进经济可持续发展和社会福祉的提升。经济效应的研究不仅限于经济学领域，还涉及管理学、社会学、政治学等多个学科的交叉探讨和理论构建，为应对全球经济挑战和推动全球经济增长提供了理论与实证支持。

经济效应可以分为微观经济效应和宏观经济效应两个层面。微观经济效应关注个体经济单位（如企业、家庭）的行为和决策对经济活动的具体影响；宏观经济效应则研究整体经济运行的规律和相关政策对经济系统的总体作用。

经济效应的概念界定可以从以下几个方面来展开：

生产效应：生产效应是指生产活动中技术创新、资源配置、生产组织等方面的变化对产出和效率的影响。例如，新技术的引入可以提高生产效率，降低生产成本，从而增加产量和利润。此外，生产效应还涉及规模经济、范围经济等现象，即随着生产规模的扩大，单位成本的降低和多样化的产品与服务提供。

分配效应：分配效应是指经济活动成果在不同主体之间的分配过程和结果。它涉及收入分配、财富分布、社会福利等方面的问题。分配效应的关注点包括收入不平等、财富集中、社会公平等议题，以及这些议题对经济社会稳定和发展的影响。

交换效应：交换效应是指市场经济中商品和服务交换活动对经济体系的影响。它涉及价格机制、市场竞争、交易效率等方面。交换效应的关注点包括价格形成、市场结构、交易成本等，以及它们对资源配置效率和整体经济效率的影响。

消费效应：消费效应是指消费者在购买和使用商品与服务过程中的行为和决策对经济体系的影响。它涉及消费者偏好、消费行为、消费结构等方面。消费效应的关注点包括消费者选择、消费趋势、消费需求等，以及它们对生产、投资、就业等环节的反作用。

溢出效应：溢出效应是指一个经济单位的经济活动对其他经济单位产生的非市场性影响。例如，一家企业的技术创新可能会对同行业的其他企业产生竞争压力，促使它们也进行技术创新。溢出效应可以是正面的，如知识共享、技术传播，也可以是负面的，如污染、拥堵等外部成本。

示范效应：示范效应是指消费者或生产者根据他人的行为和选择改变自己的经济行为。例如，当消费者看到他人购买某种新产品或服务时，可能会受到启发而跟随购买。示范效应在时尚产业、新能源汽车等领域尤为明显。

政策效应：政策效应是指政府制定的经济政策对经济体系的影响。政策效应的关注点包括财政政策、货币政策、产业政策等，以及它们对经济增长、价格稳定、就业等宏观经济变量的调控作用。

本书界定的经济效应是指数字经济在产业数字化部分产生的结构效应

和数字产业化部分产生的规模效应。产业数字化，描述数字经济中生产要素的形成优化，是对于原有细分产业的优化和增值。而数字产业化，描述数字经济中科技和数据研发推广运用形成的产业链条，形成原有经济基础上的扩容。数字产业化是数字经济的科技积累和数据平台搭建基础环节，而产业数字化是数字经济的数据运用环节。

## 二、数字经济发展的关键阶段

产业数字化和数字产业化作为数字经济发展的两个关键阶段，通过结构效应和规模效应在经济社会中产生了深远的影响，推动了经济结构的重塑和新型产业的兴起。首先，产业数字化作为数字经济发展的起始阶段，主要体现在如何将信息通信技术（ICT）应用于现有产业中，以提升生产效率、优化资源配置和改善服务质量。

结构效应在这一阶段的体现是通过数据要素的引入和整合，促使产业内部结构的调整和优化。随着互联网、大数据、云计算等技术的快速发展，各行各业都在不同程度上进行着数字化转型，从传统的生产制造到服务业的提升，都逐步采用了数字化技术来提升竞争力和创新能力。

产业数字化的典型案例包括制造业的智能制造、零售业的电子商务、金融业的金融科技等。在制造业中，通过工业互联网和物联网技术，企业可以实现设备联网、生产过程智能化监控，以便提高生产效率和产品质量，降低成本。在零售业和金融业，电子商务平台和数字支付系统的兴起使得消费者与企业之间的交易更加便捷和高效，推动了消费模式和金融服务的创新。例如，互联网金融通过移动支付、P2P借贷等新模式，改变了传统金融服务的格局，提升了金融普惠性和服务效率；人工智能和区块链技术则在各个行业带来了颠覆性的变革，例如智能医疗、智能制造和数字资产交易等。

结构效应不仅仅是技术在单个企业内部的应用，更是整个产业链的重构和升级。以农业为例，农业信息化的发展促进了农业生产过程的智能化管理，例如智能灌溉系统和无人机植保系统的应用，使得农民可以根据土壤条件和作物需求精准施肥和灌溉，从而提高了农产品的质量和产量，降低了生产成本。这种技术在农业领域的应用，不仅提升了农业生产效率，也改善了农业生态环境和可持续发展能力。数字产业化作为数字经济发展的进阶阶段，强调的是通过技术创新和新兴产业的形成，推动整个经济体系的重构和扩展。

规模效应在这一阶段的体现是通过新的数字产业模式的形成和拓展，扩大了经济规模和市场空间，推动了经济的快速增长和国际竞争力的提升。数字产业化不仅仅是现有产业的数字化改造，更是全新产业和商业模式的诞生。例如，我国的电商平台在全球市场上的迅速扩展，以及我国互联网企业在国际市场上的影响力不断增强，都反映了数字产业化在国际经济中的重要作用和影响力。

结构效应和规模效应作为产业数字化与数字产业化的两个核心影响方式，共同推动了数字经济的快速发展和全面普及。结构效应通过优化资源配置和生产流程，提升了生产效率和经济效益，同时也改变了产业链的组织形态和运行模式；规模效应则通过创新和新兴产业的涌现，拓展了经济增长点和市场空间，推动了经济规模的扩展和国际竞争力的提升。随着技术的不断进步和应用场景的扩展，结构效应和规模效应的作用将继续深化与扩展，为全球经济的可持续发展和社会进步注入新的活力与动力。

数字经济目前在实践上已有大发展，特别是新冠疫情期间，数字经济占经济增加值比重大幅上升。但学术研究层面还有较大的提升空间，特别是数字经济系统的定量分析。本书认为数字经济的两大经济效应是结构效应和规模效应。聚焦在农业数字化发展中，经济效应主要指从农业生产效率视角分析的结构效应，以及从农产品市场拓展视角分析的规模效应。因此本书拟从以下三个方面展开研究讨论：

从数字经济社会实践入手，思考数字经济发展理论。在理论分析中，探讨数字经济和数据要素的经济学与政治经济学理论解释。从生产全过程理论的角度思考数字经济的农业数字化发展中经济效应的影响。从经济增长的视角思考数字经济的农业数字化发展带来的结构效应和经济效应的经济学基础。

在数字经济的发展过程中，数据要素的作用日益凸显，它作为一种新的生产要素，正在对农业生产全过程产生深远影响。数据要素的引入，使得农业生产更加精准、高效，从而提高农业生产效率，这是农业数字化发展的结构效应。同时，数据要素的流动性和共享性有助于农产品市场的拓展，从而实现农业规模的扩大，这是农业数字化发展的规模效应。

在传统的农业生产中，农民往往依靠经验和直觉来决定种植什么作物、何时种植、如何管理等，这种方式存在着很大的不确定性和风险。然而，随着数据要素的引入，农民可以通过收集和分析大量数据，如土壤湿度、温度、光照等，来更加准确地了解农田的状况，从而做出更加科学的决策。此外，通过使用物联网技术，农民还可以实现对农田的远程监控和管理，实时了解作物的生长情况，并根据需要自动调节灌溉、施肥等，大大提高了农业生产的自动化和智能化水平。

### 三、数据要素的作用

数据要素的引入不仅提高了农业生产的效率，还改善了农产品的质量。通过收集和分析农产品的生长数据，农民可以更加精准地控制作物的生长环境，从而提高农产品的品质。同时，通过建立农产品追溯系统，农民可以实现对农产品从生产到销售的全程追踪，提高了农产品的安全性和消费者的信任度。这些都有助于提高农产品的市场竞争力，从而提高农民的收入。

数据要素的流动性和共享性也为农产品市场的拓展提供了新的机遇。通过建立农业大数据平台，农民可以更加方便地获取和分享农业信息，如市场需求、价格走势等，从而更好地把握市场动态，制定合理的销售策略。此外，通过电子商务平台，农民还可以将农产品直接销售给消费者，减少了中间环节，提高了农民的收入。

数据要素的引入和应用，不仅提高了农业生产的效率和农产品的质量，还改善了农民的生活质量。通过使用智能化的农业设备和技术，农民可以减轻劳动强度，提高生产效率，从而有更多的时间和精力来享受生活。此外，通过电子商务平台，农民可以更加方便地购买到所需的商品和服务，提高了其生活的便利性和舒适度。

从市场拓展的视角出发，我们可以看到农业数字化发展的规模效应主要表现在农产品市场的拓展和农业规模的扩大上。数据要素的流动性和共享性为农产品市场的拓展提供了新的机遇。通过建立农业大数据平台，农民可以更加方便地获取和分享农业信息，如市场需求、价格走势等，从而更好地把握市场动态，制定合理的销售策略。此外，通过电子商务平台，农民还可以将农产品直接销售给消费者，减少了中间环节，提高了农民的收入。这种市场拓展和规模扩大不仅提高了农业的经济效益，还促进了农村经济的发展。

通过对农业数字化发展的深入案例分析，我们可以清晰地看到农业数字化对农业生产效率的提升具有显著作用。例如，通过引入智能农业设备和技术，农业生产者可以实时获取农作物生长状况、土壤湿度、气象变化等信息，这些信息的获取为农业生产者提供了科学决策的依据，使得农业生产过程变得更加精细化、智能化。在这种精细化的管理下，农业生产者可以根据农作物的实际需求进行精准灌溉、施肥、病虫害防治等操作，大大提高了农业生产的效率。与此同时，农业生产者还可以通过数字化技术实现对农业生产过程的远程监控和管理，节省了大量的人力物力，进一步提高了农业生产效率。

根据这些驱动因素，我们可以预测未来我国农业数字化发展的趋势、规模和方向。首先，农业数字化将在农业生产领域得到更广泛的应用，农业生产将更加智能化、精准化和自动化。其次，农业数字化将在农产品流通领域得到更广泛的应用，农产品的流通将更加高效、便捷和低成本。此外，农业数字化还将在农业管理和服务领域得到更广泛的应用，为农业生产者提供更全面、精准和高效的管理和服务。

为进一步推动农业数字化发展，我们需要从制度、政策和技术等方面提出加快农业数字化发展的政策建议。首先，在制度层面，政府应该加强对农业数字化发展的支持和引导，制定和完善相关政策，为农业数字化发展提供良好的制度环境。其次，在政策层面，政府应该加大对农业数字化技术的研发和推广力度，提供更多的资金和技术支持，鼓励农业生产者使用数字化技术。此外，在技术层面，政府应该加强农业数字化技术的创新和应用，推动农业数字化技术的不断升级和优化。

在未来的农业数字化发展中，制度、政策和技术将成为关键的驱动因素，共同推动农业现代化的进程。首先，制度层面的完善将是农业数字化发展的基石。为了确保数据安全和隐私保护，需要建立起一套完善的法律法规体系，为农业数字化提供法治保障。这些法律法规不仅要规范数据的收集、存储、处理和共享，还要明确数据所有权和使用权，以及数据泄露和滥用的法律责任，从而建立起农业生产者和消费者之间的信任机制。此外，还需要建立健全的数据安全防护体系，采用先进的技术手段，如加密、访问控制等，确保数据在传输和存储过程中的安全性。

其次，政策层面的支持将是农业数字化发展的催化剂。政府应当加大对农业数字化发展的支持力度，通过财政补贴、税收优惠等方式，降低农业生产者的数字化技术应用成本，激励他们采用新技术。同时，政府还应当鼓励和引导社会资本投入农业数字化领域，形成多元化的投资格局，推动农业数字化技术的快速发展和广泛应用。此外，政府还应当制订农业数字化人才培养计划，通过教育培训、人才引进等方式，培养一批既懂农业又懂数字技术的复合型人才，为农业数字化发展提供人才保障。

最后，技术层面的创新将是农业数字化发展的动力源泉。科研机构和企业在农业数字化技术方面的研发和创新将不断推动农业生产向智能化方向发展。例如，通过开发智能农业设备，如无人机、自动化农机等，可以提高农业生产的效率和精度。通过利用大数据、云计算和人工智能等技术，可以实现对农业生产过程的实时监控和智能决策，提高农业生产的智能化水平。同时，通过建立农业数字化平台，可以实现农产品的在线销售和精准营销，提高农产品的市场竞争力。

综合考虑这些驱动因素，我们可以预测未来我国农业数字化发展将呈现以下趋势：一是农业数字化技术不断创新，农业生产更加智能化。随着技术的进步和创新，农业生产将越来越依赖数字化技术，实现从传统农业向现代农业的转变。二是农业数字化市场规模不断扩大，农产品市场更加多元化。随着农业数字化技术的应用和推广，农产品市场将迎来新的增长点，市场规模将持续扩大。三是农业数字化与农村经济深度融合，农村经济发展模式更加创新。农业数字化将推动农村经济的转型升级，促进农村经济的发展和农民收入的增加。

数字经济的发展对农业领域产生了深远影响，农业数字化发展的经济效应主要表现为结构效应和规模效应。通过对农业数字化发展的理论分析、案例研究和未来趋势预测，可以为我国农业数字化发展提供理论指导和政策建议。数字经济和农业数字化发展是我国经济发展的重要方向，通过推动农业数字化发展，可以提高农业生产效率，拓展农产品市场，促进农村经济发展，实现农业现代化的目标。

## 第三节　研究目标和研究思路

### 一、研究目标

本研究旨在探索数字技术使用和数据要素赋能到数字经济高质量发展的实现路径，高效实现农业数字化发展经济效应成果。因此具备理论和实践两个层面的研究意义。

（一）理论层面

已有文献大多描述数字经济规模，较少关注于农业数字化的发展，而本研究专注于讨论农业数字化发展中的理论问题。探究农业数据要素的理论成因、农业数据要素的逻辑构成和农业数字经济的理论范式，解析农业数据要素首先影响了微观农业投入产出，进而影响了全国农业增长的机制路径，为该领域经济学理论的研究丰富了内容和拓展了边界。理论意义包括以下三个方面：

一是提出数据要素凝结了无差别的数字劳动。数据要素作为数字经济时代的一种全新生产要素，它凝结了无差别的数字劳动，成为数字技术创新孵化的经济形态中不可或缺的组成部分。在这个经济形态中，数字技术扮演着至关重要的角色，其中"宏观创新"核心技术更是起到了关键作用。这些核心技术包括人工智能、大数据、云计算等，它们在数字经济的感知、分析和应用过程中发挥着重要作用，与生产过程深度融合，形成了数据要素。数据要素的内涵在于科技与数据的深度融合，以及这种融合在生产过程中的应用。这种融合使得数据要素成为生产过程中不可或缺的一部分，为生产者提供精准的信息和决策支持。劳动者通过收集、处理和分析数据，创造出具有价值的数据要素。这些数据要素在交换过程中体现了其价值，成为数字经济发展的重要驱动力。劳动者作为数据要素的所有者，享有数据要素交换的增量价值。这意味着，在数据要素的交换过程中，劳动者可以通过出售或交换数据要素获得相应的经济回报。这种交换模式为劳动者提供了新的收入来源，激发了劳动者在数据收集和处理方面的积极性。同时，这种交换模式也有助于优化数据资源的配置，提高数据要素的利用效率，推动数字经济的发展。然而，需要注意的是，脱离生产的数据要素交换无法实现经济增值。数据要素的价值在于其在生产过程中的应用，以及为生产者带来的效益。如果数据要素脱离了生产过程，仅仅作为商品进行交换，那么其价值将无法得到充分发挥。因此，在发展数字经济的过程中，我们需要关注数据要素在生产中的应用，确保数据要素的交换与生产过程紧密结合，从而实现数据要素的经济增值。

二是明确数字经济是工业经济的升级，是传统工业经济向更高阶段发展的必然趋势。在这个阶段，数字技术成为了推动经济发展的核心力量，而数据要素则是数字技术衍生的重要产物。数据要素的存在依赖于时间积累，这意味着数据要素的价值随着时间的推移而不断增长。数据要素在广度上的积累，需要通过共享来提升其自身价值。通过共享，数据要素可以被更多的人使用，从而发挥出更大的作用。数据要素强调数字技术的运用，即通过数字技术对数据进行感知、分析和应用，实现数据的价值最大化。在这个过程中，数据要素的价值链条得到了充分的体现。从数据采集、处理、分析到应用，每一步都体现了数据要素的价值。数据要素的存在和发展，使得人类数字劳动对于资本的改进成为可能。通过数字劳动，生产过程中加入了更多的技术含量，提高了生产效率和产品质量。数据要素的存在使得生产目的从追求剩余价值向追求增量价值转变。在传统工业经济中，生产的主要目的是为了获取剩余价值，即通过劳动力的使用，创造出超过劳动力成本的价值。然而，在数字经济时代，生产的主要目的是为了创造增量价值，即通过数字技术的运用，创造出新的价值。这种转变使得劳动者成了增量资本价值的创造者和所有者。在数字经济时代，劳动者通过数字劳动，为生产过程注入了更多的技术含量，提高了生产效率和产品质量。这种劳动不仅是为了创造剩余价值，更是为了创造增量价值。劳动者通过数字劳动，可以参与到生产的全过程中。这种价值不仅仅是体现在经济上，更是体现在对社会的贡献上。

三是提出数字经济具有阶段性特征。数字经济作为一种新的经济形态，具有明显的阶段性特征。它是工业经济发展到一定阶段后的必然产物，标志着经济形态的转型升级。农业数字经济的成型是一个时间推演和程度积累的动态发展过程，涉及生产资料、生产力、生产关系和劳动价值等方面的数字演化。首先，在数字经济的第一阶段，即嵌入化阶段，生产资料开始实现数字化。这意味着农业生产的各个环节开始采用数字技术，如物联网、遥感技术等，对农业生产资料进行数字化改造。例如，通过使用智能传感器，农业生产者可以实时监测土壤湿度、温度、光照等数据，从而更好地管理农田。这一阶段的特点是生产资料的数字化，为后续的数字化发展奠定了基础。接着，数字经济进入第二阶段，即改进化阶段。在这个阶段，生产力开始实现数字化。农业生产者通过使用数字化技术，如自动化农机、智能农业设备等，提高了农业生产效率。此外，农业生产者还可以利用大数据分析技术，对农业生产过程进行优化，实现精细化管理。这一阶段的特点是生产力的数字化，农业生产更加智能化、高效化。然后，数字经济进入第三阶段，即转型化阶段。在这个阶段，生产关系开始实现数字化。随着数字技术的广泛应用，农业生产者之间的合作模式发生了变化。例如，通过建立农业大数据平台，农业生产者可以实现信息的共享和资源的优化配置，形成新的合作关系。此外，数字技术还促进了农业产业链的整合，形成了更加紧密的产业链关系。这一阶段的特点是生产关系的数字化，农业生产者之间的合作更加紧密、高效。最后，数字经济进入第四阶段，即融合化阶段。在这个阶段，劳动价值开始实现数字化。随着数字技术的不断进步，农业生产者的劳动价值得到了更好的体现。例如，通过建立农业电商平台，农业生产者可以直接将农产品销售给消费者，实现了劳动价值的最大化。此外，数字技术还为农业生产者提供了更多的增值服务，如农产品溯源、农业金融服务等。这一阶段的特点是劳动价值的数字化，农业生产者的劳动价值得到了更好的体现和回报。

在农业数字化发展的理论探讨中，数据要素的作用不容忽视。数据要素作为农业生产过程中的关键资源，其价值在于能够提高农业生产效率，促进农业增长。首先，数据要素能够提高农业生产的精细化水平。通过收集和分析农业生产过程中的各项数据，如土壤湿度、气象变化、作物生长状况等，农业生产者可以更精准地掌握农业生产环境，实现对农业生产的精细化管理。这有助于提高农业生产效率，降低生产成本，增加农业产出。其次，数据要素有助于农业生产的智能化发展。随着人工智能、物联网等数字技术的应用，农业生产过程中可以引入自动化设备和技术，减轻农民的劳动强度，提高生产效率。例如，智能灌溉系统可以根据作物需水情况自动调节灌溉水量，无人机植保可以提高农药、肥料的施用效率。再次，数据要素促进了农业市场的拓展和农产品流通的优化。通过电商平台等渠道，农产品可以更快地触达消费者，提高农产品的市场竞争力。同时，数据要素有助于农产品价格的稳定和农业风险的管理。通过大数据分析，可以预测农产品市场的供需变化，帮助农业生产者做出更合理的决策。在农业数字化发展的过程中，数据的收集、处理和应用是关键环节。

（二）实践层面

目前，数字经济研究数据获取上仍然有所不足，缺少具体的研究。本研究通过对微观生产者和全国农业的实证分析，以及未来农业数字化发展的模拟预测，基于一系列经济效应分析，提出了农业数字化发展的具体提措施和政策建议，为未来农业数字化转型发展提供经验事实、模拟预测和政策建议。

一是为政府在农业数字化布局中明确可选方案。路线图需要更加明晰，相关决策落地周期应加快。例如，无人机作为农机补贴的提议到推广，时间跨度较长。研究显示，未来农业数字经济持续转型预期增值，影响未来农业数字经济的因素包括政府制度的阶段特征、政府投资的有效范围和数据共享的实现情况，数据要素发展较快情景相较于数据要素发展较慢情景预期可以促进农业数字化发展、扩大农业数字经济规模和比重、加快农业劳动人口比例转型和农业产业结构转型。研究为政府决策提供基础。为了加快农业数字化布局，政府应当采取以下措施：加强农业数据基础设施建设。建立健全农业数据监测和采集体系，提高农业数据的准确性和实时性。加强农业数据存储和处理能力，保障农业数据的安全和隐私保护。推动农业数字技术的研发和应用。加大对人工智能、物联网、大数据等数字技术的研发投入，推动数字技术在农业生产中的应用，提高农业生产效率和市场竞争力。完善农业数字化发展的政策环境。制定和完善农业数字化发展的政策法规，明确数据要素的所有权和使用权，保护农业生产者的合法权益。加强农业数字化发展的政策宣传和引导，提高社会各界对农业数字化发展的认识和支持。

二是为企业在农业数字化发展中提供盈利思路。现阶段企业积极开展农业数字化发展布局，创造数字化发展的盈利点。大量围绕单项技术的企业逐渐成熟，技术企业形成农业数字经济中的数字产业化部分。目前，农业数字化发展集中在农业企业、大规模农户、合作社以及新型农业主体，大部分停留于智能感知阶段，而智能分析和智能运用的实现方案需要企业自身开发和时间积累。大部分企业的运用场景开发不到位，长期寻求政府补贴和机构合作。尤其是实际运用于广大农户的应用场景创造不到位，没有充分发挥数字经济的效应，数字化发展停留于表面。研究显示，微观农业数字化具有节本增效的经济效应，包括成本减少、生产流程优化、产出增加、品质提高、居民福利提升和可持续发展改善六个方面，数据要素需要经过装备升级、智能感知、智能分析和智能运用的完整过程从资本要素中逐渐形成独立的要素，种植业、设施农业、畜牧业和渔业现阶段已有数据要素的雏形。企业在数字化发展方面仍然具有广阔空间。为了充分利用农业数字化发展的盈利潜力，企业应当采取以下措施：加大研发投入，推动数字技术的创新和应用。企业应当积极投入人工智能、物联网、大数据等数字技术的研发，提高数字技术在农业生产中的应用水平，创造新的盈利点。拓展应用场景，提高数字化发展的实际效果。企业应当深入研究和了解农业生产的具体需求，开发出更加符合实际应用场景的数字化解决方案，提高数字化发展的实际效果。加强合作与交流，提高数字化发展的综合实力。企业应当加强与政府、科研机构、农户等主体的合作与交流，共同推动农业数字化发展，提高企业的综合实力。

三是为较大限度地把握了数字化发展机遇并提供研究支持。现阶段，全国农业数字化程度为16.6%，农业数据要素对农业产值的弹性为0.02，数据要素对于产值的贡献为0.24%，全国各产区中长江中下游产区的农业数字化发展最为突出。数字经济发展存在阶段性特征，把握数字经济的发展规律，充分撬动政府、企业等群体的最大价值，实现数字红利时期最大化经济效益。在未来数字化发展的近期、中期和远期中，实现经济的转型发展，都有赖于政府、企业、个人的有效决策。为了最大限度地把握数字化发展机遇，应当采取以下措施：加强农业数字化发展的顶层设计。政府应当制定和完善农业数字化发展的战略规划与政策体系，明确农业数字化发展的目标、任务和政策措施。促进政府、企业、科研机构、农户等主体的协同合作。通过建立合作机制和平台，促进政府、企业、科研机构、农户等主体的协同合作，共同推动农业数字化发展。加强农业数字化发展的监测和评估。建立农业数字化发展的监测和评估体系，及时掌握农业数字化发展的进展情况和成效，为政府决策提供科学依据。提高农民的数字化素养。加强对农民的数字化培训和教育，提高农民的数字化素养和应用能力，为农业数字化发展提供人才支持。

## 二、研究思路

研究从整体层面上主要分为思考农业数字化发展过程的核心问题，以及通过解决核心问题获得的经济效应两个部分展开（如图1-1所示）。

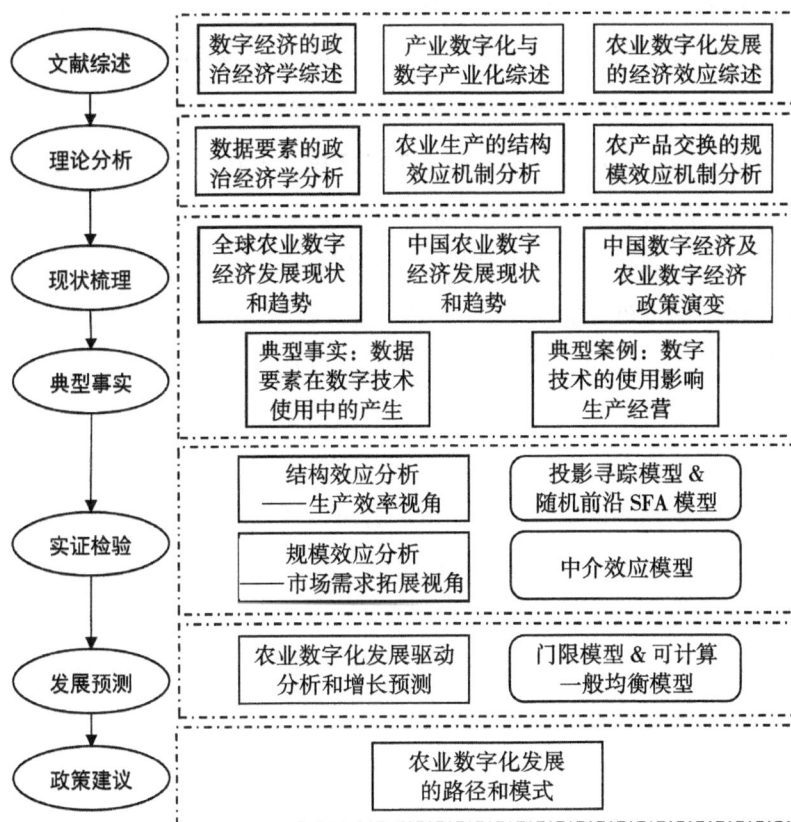

图1-1 总体研究思路

在理论借鉴上，构建农业数字化发展的经济理论框架，形成数据要素的政治经济学理论分析，解析农业数字化发展过程中结构效应和规模经济效应的形成机制。数字经济是充分运用科技和数据，形成和优化生产要素，实现高质量发展的经济形态；数字化发展的目的在于实现数字经济高质量发展的目标。农业数字化发展将科技和数据运用于财富生产、分配、交换和消费的环节，形成结构效应和规模效应影响农业经济。

（一）农业数字化发展的理论思考

构建农业数字化发展的经济理论框架，需要借鉴已有数字经济理论，并结合农业生产的特点，形成一套适合农业数字化发展的理论体系。这一理论框架应包括对数据要素在农业生产中的作用，以及数据要素如何影响农业生产的结构效应和规模效应的分析。

数据要素在农业生产中的作用体现在其作为生产要素的地位和功能。数据要素作为一种新型的生产要素，具有独特的属性和价值。它不仅涵盖了传统的土地、劳动力和资本等生产要素，还包括信息、技术和知识等新型生产要素。数据要素在农业生产中发挥着关键作用，为农业生产者提供了决策支持、资源优化配置和市场预测等方面的帮助。

数据要素在农业生产中的作用主要体现在以下几个方面：一是数据要素作为生产决策的依据，农业生产者可以通过收集和分析大量的数据，如土壤湿度、气候条件、作物生长情况等，来做出更加科学的决策。二是数据要素作为资源优化配置的工具，农业生产者可以根据数据要素提供的信息，对农业生产过程中的资源进行优化配置，如灌溉、施肥、病虫害防治等。三是数据要素作为市场预测的工具，农业生产者可以通过收集和分析市场数据，如市场需求、价格走势等，来预测市场变化，制定合理的销售策略。

数据要素在农业生产中的作用，不仅提高了农业生产的效率和质量，还促进了农业生产的结构效应和规模效应。数据要素的影响主要体现在以下几个方面：一是数据要素对农业生产结构的影响，农业生产者可以根据数据要素提供的信息，调整农业生产结构，如种植结构、养殖结构等，以适应市场需求和资源条件。二是数据要素对农业生产规模的影响，农业生产者可以通过数据要素提供的信息，扩大农业生产规模，以提高经济效益和市场竞争力。

为构建农业数字化发展的经济理论框架，我们需要对数据要素在农业生产中的作用进行深入研究，分析数据要素如何影响农业生产的结构效应和规模效应。这需要我们借鉴已有数字经济理论，结合农业生产的特点，形成一套适合农业数字化发展的理论体系。同时，我们还需要对数据要素在农业生产中的作用进行实证研究，收集和分析大量的数据，验证数据要素在农业生产中的作用和影响。

构建农业数字化发展的经济理论框架，需要我们借鉴已有数字经济理论，并结合农业生产的特点，形成一套适合农业数字化发展的理论体系。同时，我们还需要对数据要素在农业生产中的作用进行深入研究，分析数据要素如何影响农业生产的结构效应和规模效应。通过这些研究，我们可以更好地理解农业数字化发展的经济效应，为农业数字化发展提供理论支持。

从政治经济学的角度，我们可以对数据要素的属性、价值和使用进行深入分析，探讨数据要素在农业数字化发展中的地位和作用。数据要素作为数字经济时代的一种新型生产要素，具有独特的属性和价值，其所有权、使用权和收益分配问题对农业数字化发展具有重要意义。

首先，数据要素的属性表现在其作为生产要素的地位和功能。数据要素具有非物质性、可复制性和非竞争性等特点，它不同于传统的土地、劳动力和资本等生产要素。数据要素通过数字技术采集、处理和分析，为农业生产者提供决策支持、资源优化配置和市场预测等方面的帮助。在农业数字化发展过程中，数据要素成为推动农业生产效率提升、质量改善和市场竞争力增强的关键因素。

其次，数据要素的价值体现在其对农业生产的作用。数据要素通过收集和分析大量的农业数据，为农业生产者提供科学决策的依据，提高农业生产效率。同时，数据要素还可以帮助农业生产者实现资源的优化配置，如精准灌溉、施肥和病虫害防治等。

此外，数据要素还可以帮助农业生产者预测市场变化，制定合理的销售策略，提高农产品的市场竞争力。

在数据要素的使用方面，农业生产者需要掌握一定的数据处理和分析能力，以便充分利用数据要素的价值。同时，农业生产者还需要关注数据的安全和隐私保护，确保数据在使用过程中的安全性和可靠性。此外，农业生产者还需要关注数据共享和合作，通过共享数据，实现资源的优化配置和合作共赢。

在数据要素的所有权、使用权和收益分配问题上，农业生产者作为数据要素的创造者和使用者，应当享有数据要素的所有权和使用权。数据要素的收益分配应当公平合理，确保农业生产者能够获得相应的经济回报。同时，政府和社会各界也应当关注数据要素的收益分配问题，为农业生产者提供政策支持和法律保障，确保数据要素的合理利用和公平分配。

在农业数字化发展的过程中，结构效应和规模经济效应的形成机制是其核心内容。结构效应是指数据要素对农业生产过程中投入产出关系的改变，而规模经济效应则是指数据要素的积累和整合带来的生产规模扩大和成本降低。这两个效应的形成机制紧密相关，共同推动了农业数字化的发展。首先，数据要素在农业生产过程中的应用改变了传统的投入产出关系。传统的农业生产主要依靠土地、劳动力和资本等生产要素，而数据要素的引入使得农业生产更加依赖于信息技术和数字技术。农业生产者通过收集和分析大量的农业数据，如土壤湿度、气候条件、作物生长情况等，可以更加科学地制订农业生产计划，提高农业生产效率。同时，数据要素的应用也使得农业生产者可以更好地掌握市场动态，调整农业生产结构，以适应市场需求。其次，数据要素的积累和整合带来了生产规模的扩大和成本的降低。随着数据要素的不断积累，农业生产者可以更加准确地预测市场需求，制订合理的生产计划，从而扩大生产规模。同时，数据要素的整合也使得农业生产者可以实现资源的优化配置，如精准灌溉、施肥和病虫害防治等，降低生产成本。此外，数据要素的积累和整合还促进了农业产业链的整合，形成了更加紧密的产业链关系，提高了农业生产效率。

农业数字化发展过程中结构效应和规模经济效应的形成机制是其核心内容。数据要素的应用改变了传统的投入产出关系，使得农业生产更加依赖于信息技术和数字技术。同时，数据要素的积累和整合带来了生产规模的扩大和成本的降低。这些变化使得农业生产过程更加高效，农业生产结果更加优质，从而产生了结构效应和规模经济效应。这些效应的形成机制紧密相关，共同推动了农业数字化的发展。

数字化发展的经济效应的分析，包括实证检验和情景预测。在实证检验上，论证农业数字化发展结构效应和规模效应的存在。

本书拟使用随机前沿模型对全国农业数字化的结构效应进行检验，拟采用中介效应模型对农业数字化发展的规模效应进行检验。在情景预测上，促进未来农业数字化发展和农业经济转型的问题。本书分析了制度、政策和技术等驱动因素对未来农业数字化发展的经济效应，并量化分析高质量驱动区间，以财政政策数据为例，进而拟构建可计算一般均衡模型预测农业数字化的发展情景和趋势。

（二）经济效应的研究方法

实证检验：通过收集和整理农业数字化发展的相关数据，使用统计方法和经济学模型对农业数字化发展的结构效应和规模效应进行实证检验。例如，使用随机前沿模型对农业生产效率进行测算，使用中介效应模型分析数据要素对农业生产规模的影响。实证检验是农业数字化发展研究中的关键环节，通过收集和整理相关数据，使用统计方法和经济学模型对农业数字化发展的结构效应和规模效应进行实证检验，有助于验证理论分析的合理性和准确性。实证检验的过程包括数据收集、模型选择、参数估计和结果分析等步骤。

首先，数据收集是实证检验的基础。为了准确评估农业数字化发展的结构效应和规模效应，需要收集与农业生产效率、数据要素使用、农业生产规模等相关的数据。这些数据可以从农业统计年鉴、农业部门调查、农业企业年报、农业电商平台等多渠道获取。在收集数据时，需要注意数据的准确性和完整性，以确保实证检验结果的可靠性。

其次，模型选择是实证检验的核心。根据研究目的和数据特征，可以选择适当的统计方法和经济学模型进行实证检验。例如，可以使用随机前沿模型（SFA）对农业生产效率进行测算，该模型可以有效估计农业生产过程中的技术进步和技术效率。此外，还可以使用中介效应模型分析数据要素对农业生产规模的影响，该模型可以揭示数据要素在农业生产过程中的中介作用。在参数估计过程中，需要对模型参数进行估计和检验。这可以通过最小二乘法、极大似然估计法等方法实现。同时，还需要对模型进行稳健性检验，以验证模型估计结果的稳定性和可靠性。此外，还需要对模型结果进行敏感性分析，以评估模型结果对关键参数变化的敏感程度。

最后，结果分析是实证检验的最终环节。通过对模型结果的分析，可以得出农业数字化发展的结构效应和规模效应的实证结论。例如，如果随机前沿模型结果显示农业生产效率随着数据要素的增加而提高，那么可以得出数据要素对农业生产效率具有正向结构效应的结论。如果中介效应模型结果显示数据要素在农业生产规模扩大过程中起到了中介作用，那么可以得出数据要素对农业生产规模具有正向规模经济效应的结论。

实证检验是农业数字化发展研究中不可或缺的环节。通过收集和整理相关数据，使用统计方法和经济学模型对农业数字化发展的结构效应与规模效应进行实证检验，有助于验证理论分析的合理性和准确性。实证检验的过程包括数据收集、模型选择、参数估计和结果分析等步骤。通过实证检验，我们可以更好地理解农业数字化发展的经济效应，为农业数字化发展提供实证支持。

情景预测：基于对农业数字化发展的理解和实证分析结果，构建情景预测模型，预测未来农业数字化发展的趋势和路径。考虑制度、政策和技术等驱动因素的变化，分析不同情景下的农业数字化发展水平和农业经济增长情况。情景预测是农业数字化发展研究中的重要组成部分，通过对农业数字化发展的理解和实证分析结果，构建情景预测模型，可以预测未来农业数字化发展的趋势和路径。情景预测需要考虑制度、政策和技术等驱动因素的变化，分析不同情景下的农业数字化发展水平和农业经济增长情况。

情景预测模型是基于对农业数字化发展的理解和实证分析结果构建的。这需要对农业数字化发展的理论框架、结构效应和规模经济效应有深入的理解，同时还需要对实证检验结果有清晰的认识。在此基础上，可以通过构建情景预测模型，预测未来农业数字化发展的趋势和路径。首先，情景预测模型可以采用多种方法，如系统动力学模型、灰色预测模型、随机过程模型等。这些模型可以根据不同的情景设定，预测未来农业数字化发展的可能路径。在构建情景预测模型时，需要考虑制度、政策和技术等驱动因素的变化，这些因素对农业数字化发展的影响至关重要。其次，情景预测需要分析不同情景下的农业数字化发展水平和农业经济增长情况。这可以通过设置不同的情景，如政策支持、技术创新、制度完善等，来预测不同情景下的农业数字化发展水平和农业经济增长情况。例如，在政策支持情景下，政府可以加大对农业数字化发展的支持力度，包括财政补贴、税收优惠等，这将促进农业数字化技术的发展和应用。在技术创新情景下，科研机构和企业在农业数字化技术方面的研发和创新将不断推动农业生产向智能化方向发展。在制度完善情景下，政府可以完善农业数字化发展的法律法规，加强数据安全和隐私保护，为农业数字化发展提供法治保障。再次，情景预测结果可以为政策制定者和农业生产者提供参考。政策制定者可以根据情景预测结果，制定相应的政策，推动农业数字化发展。农业生产者可以根据情景预测结果，调整农业生产策略，提高农业生产效率和市场竞争力。

情景预测是农业数字化发展研究中的重要组成部分。通过构建情景预测模型，可以预测未来农业数字化发展的趋势和路径。情景预测需要考虑制度、政策和技术等驱动因素的变化，分析不同情景下的农业数字化发展水平和农业经济增长情况。情景预测结果可以为政策制定者和农业生产者提供参考，推动农业数字化发展。

结合研究文献综述、理论分析、现状梳理、典型特征事实分析、实证检验和情景预测等研究结果，归纳农业数字化发展的政策建议。农业数字化发展是农业现代化的重要方向，对提高农业生产效率、促进农业增长具有重要意义。通过深入研究农业数字化发展的理论问题，可以为农业数字化发展提供理论指导和政策建议，推动农业数字化发展的实践和探索。

## 第四节　研究内容和研究方法

### 一、研究内容

#### （一）理论分析

对农业数字化发展的理论框架及其经济效应进行深入分析。探讨数据要素政治经济学的存在和解释，描述其作为生产资料、生产力和生产关系的理论依据。数据要素在农业数字化发展中具有重要作用，它是农业生产资料的重要组成部分，能够提高农业生产力和生产效率。数据要素的政治经济学分析有助于理解数据要素的所有权、使用权和收益分配问题，为农业数字化发展提供理论支持。理论分析是农业数字化发展研究的基础，主要对农业数字化发展的理论框架及其经济效应进行深入分析。这一部分首先探讨数据要素政治经济学的存在和解释，描述其作为生产资料、生产力和生产关系的理论依据。数据要素在农业数字化发展中具有重要作用，它是农业生产资料的重要组成部分，能够提高农业生产力和生产效率。数据要素的政治经济学分析有助于理解数据要素的所有权、使用权和收益分配问题，为农业数字化发展提供理论支持。

数据要素政治经济学的存在和解释是指数据要素作为一种新的生产要素，其存在和解释是建立在政治经济学理论基础之上的。政治经济学理论认为，生产要素是生产过程中不可或缺的组成部分，包括土地、劳动力和资本等。数据要素作为新型的生产要素，其存在和解释需要从政治经济学理论中找到理论依据。数据要素在农业数字化发展中具有重要作用，是农业生产资料的重要组成部分，能够提高农业生产力和生产效率。数据要素的政治经济学分析有助于理解数据要素的所有权、使用权和收益分配问题，为农业数字化发展提供理论支持。

数据要素在农业数字化发展中的重要作用表现在其作为生产资料、生产力和生产关系的理论依据。数据要素作为生产资料，是指数据要素在农业生产过程中具有实际用途，能够为农业生产提供帮助。数据要素作为生产力，是指数据要素在农业生产过程中能够提高生产效率和质量。数据要素作为生产关系，是指数据要素在农业生产过程中能够改变传统的生产关系，形成新的合作关系。

数据要素的所有权、使用权和收益分配问题在农业数字化发展中具有重要意义。数据要素的所有权是指数据要素的归属问题，即数据要素属于谁的问题。数据要素的使用权是指数据要素的使用权限，即谁有权使用数据要素的问题。数据要素的收益分配是指数据要素所产生的收益如何分配的问题。这些问题在农业数字化发展中具有关键性，需要从政治经济学理论中找到合理的解释和解决方案。

综上所述，理论分析是农业数字化发展研究的基础，主要对农业数字化发展的理论框架及其经济效应进行深入分析。数据要素政治经济学的存在和解释是理论分析的核心内容，数据要素在农业数字化发展中具有重要作用，它是农业生产资料的重要组成部分，能够提高农业生产力和生产效率。数据要素的所有权、使用权和收益分配问题在农业数字化发展中具有重要意义，需要从政治经济学理论中找到合理的解释和解决方案。通过理论分析，我们可以更好地理解农业数字化发展的经济效应，为农业数字化发展提供理论支持。

分析农业生产环节的结构经济效应，讨论数据要素的出现，对各要素的挤占和对全要素生产率的促进。数据要素的出现改变了传统的农业生产模式，提高了农业生产的精细化和智能化水平。数据要素的融入使得农业生产过程中的各个要素得到更有效的配置，提高了全要素生产率。

描述农产品交换环节的规模经济效应，农产品交换环节交易成本的下降，生产者和消费者的最优行为带来的市场份额的增加。数字技术的应用降低了农产品交换环节的交易成本，提高了市场的效率和规模。生产者和消费者的最优行为决策有助于提高农产品的市场竞争力与市场份额。

（二）农业数字化的微观案例分析

描述农业数字经济的发展现状与趋势。首先，分析全球农业数字技术的现状，以及全球农业数字经济的发展趋势。随着全球农业数字技术的快速发展，农业数字经济呈现出快速增长的趋势。其次，探讨我国农业数字经济规模和发展趋势。我国农业数字经济规模逐年扩大，成为农业现代化的重要推动力。最后，梳理我国数字经济及农业数字经济的近年来的相关政策。我国政府高度重视数字经济及农业数字经济发展，制定了一系列政策措施，为农业数字化发展提供了政策支持。

在全球范围内，农业数字技术正在迅速发展，为农业数字经济的发展提供了强大的技术支撑。全球农业数字技术的快速发展主要表现在以下几个方面：一是物联网技术的广泛应用，使得农业生产者可以实时监测和控制农田环境，提高农业生产效率；二是大数据分析技术的应用，使得农业生产者可以对大量的农业数据进行分析,为生产决策提供科学依据;三是云计算技术的应用,使得农业生产者可以共享计算资源,降低生产成本;四是人工智能技术的应用,使得农业生产者可以实现智能化的农业生产管理。这些技术的应用,使得农业数字经济在全球范围内呈现出快速增长的趋势。

在我国,农业数字经济的发展也取得了显著成果。我国农业数字经济规模逐年扩大,成为农业现代化的重要推动力。我国农业数字经济的发展主要表现在以下几个方面:一是农业数字技术的广泛应用,使得农业生产者可以提高农业生产效率和质量;二是农业电商平台的发展,使得农产品可以更加便捷地销售到全国各地,提高农民的收入;三是农业大数据平台的建设,使得农业生产者可以共享农业信息,优化资源配置。这些成果的取得,得益于我国政府对农业数字经济发展的重视和政策支持。

近年来,我国政府高度重视数字经济及农业数字经济发展,制定了一系列政策措施,为农业数字化发展提供了政策支持。这些政策措施主要包括:一是加大对农业数字技术的研发和推广力度,提供资金和技术支持;二是加强对农业数字经济的监管,保障数据安全和隐私保护;三是完善农业数字经济发展的法律法规,为农业数字化发展提供法治保障;四是加强农业数字经济人才培养,提高农业数字技术的应用能力。这些政策措施的实施,为我国农业数字经济的发展提供了有力支持,有助于推动农业现代化进程。

综上所述,农业数字化的微观案例分析揭示了农业数字经济的发展现状与趋势。全球农业数字技术的快速发展,使得农业数字经济呈现出快速增长的趋势。我国农业数字经济规模逐年扩大,成为农业现代化的重要推动力。我国政府高度重视数字经济及农业数字经济发展,制定了一系列政策措施,为农业数字化发展提供了政策支持。这些研究成果有助于我们更好地理解农业数字经济的发展,为农业数字化发展提供理论支持。

(三)农业数字化发展的结构效应分析

分析农业数字化对于农业产值的经济影响。首先,对全国农业数字化程度数据从多维复杂数据拟合成一维数据,描述全国农业数字化发展现状以及分产业分区域现状。其次,分析农业数字化对于全国农业产值的影响情况,分析数据要素的影响弹性,以及有无数据要素投入情况下的技术效率和全要

外，还可以运用系统动力学模型等方法，模拟不同驱动因素变化对农业数字化发展的影响，以便更准确地预测未来发展趋势。最后，对未来农业数字技术的宏观经济影响进行模拟预测，需要考虑农业数字化发展趋势、农业数字经济规模、农业劳动人口和农业产业的发展等方面。通过构建合适的宏观经济模型，可以预测未来农业数字技术的宏观经济影响。例如，可以预测农业数字经济规模的增长速度、农业劳动人口的结构变化、农业产业结构的优化等。这些预测结果可以为农业数字化发展提供科学依据和政策建议。因此，未来数字化发展对农业的研究，需要从影响因素、驱动因素的影响情况和对未来农业数字技术的宏观经济影响进行模拟预测三个方面进行深入分析。通过对这些方面的研究，可以更好地理解未来农业数字化发展的趋势和路径，为农业数字化发展提供科学依据和政策建议。这些研究成果有助于推动农业数字化发展，实现农业现代化和可持续发展。

## 二、研究方法

### （一）文献研究法

本书对数字经济和农业数字化的研究文献进行分析与思考，旨在为论文写作提供有力支撑。在充分掌握有关论文、著作、书信、历史档案等的基础上，根据研究目的和研究对象对文献进行梳理，以便更好地理解相关领域的研究现状和不足之处。

首先，在数字经济领域，本书对相关论文、著作进行了梳理。通过对文献的阅读和分析，本书发现数字经济研究主要集中在以下几个方面：一是数字经济的基本理论，包括数字经济的定义、特征和影响因素等；二是数字经济的应用，包括数字技术在各个领域的应用和数字经济的实际案例分析；三是数字经济的发展趋势，包括全球数字经济的发展现状和未来发展趋势等。然而，目前数字经济研究在农业领域的应用还不够充分，需要进一步探讨农业数字化的相关问题。

其次，在农业数字化领域，本书对相关论文、著作进行了梳理。通过对文献的阅读和分析，本书发现农业数字化研究主要集中在以下几个方面：一是农业数字化的定义和内涵，包括农业数字化的基本概念和农业数字化的特点等；二是农业数字化的影响因素，包括政策、技术和市场等因素对农业数字化发展的影响；三是农业数字化的经济效应，包括农业数字化对农业生产效率、农产品市场和农民收入等方面的影响。然而，目前农业数字化研究在微观层面上的案例分析还不够深入，需要进一步探讨农业数字化的实际应用和影响。

最后，本书在充分掌握有关论文、著作、书信、历史档案等的基础上，根据研究目的和研究对象对文献进行梳理，为论文写作提供有力支撑。通过对数字经济和农业数字化研究文献的分析，本书对相关领域的研究现状和不足之处有了更深入的了解，为论文的撰写提供了有力的理论依据和实证支持。同时，本书也提出了自己的观点和看法，为未来相关领域的研究提供了新的思路和方向。

（二）调研归纳法

本书通过大量调研形成本书的观点和研究思路。调研是对大量一手调研数据的深入分析，全面客观地剖析当前农业数字经济发展的现状和特征，以及数字经济发展中的核心问题，并根据经济学研究的规律和思路，对农业数字经济的发展趋势做出准确分析与预测。

首先，调研是对大量一手调研数据的深入分析。在农业数字经济领域，需要收集大量的数据，如农业生产数据、农业数字经济市场规模、农业数字技术应用情况等。这些数据可以通过实地调研、问卷调查、访谈等方式获取。通过对这些数据的深入分析，可以全面客观地了解农业数字经济发展的现状和特征。

其次，调研要全面客观地剖析当前农业数字经济发展的现状和特征。农业数字经济发展的现状可以从多个维度进行分析，如农业生产数字化程度、农业数字技术应用范围、农业数字经济市场规模等。农业数字经济发展的特征则可以从农业生产效率、农产品市场竞争力、农民收入等方面进行描述。通过全面客观地剖析这些现状和特征，可以更好地理解农业数字经济发展的实际情况。

再次，调研要深入分析数字经济发展中的核心问题。农业数字经济的发展面临诸多挑战，如数据安全、隐私保护、数字化素养等。这些问题直接影响到农业数字经济的发展质量和效益。通过对这些核心问题的深入分析，可以揭示农业数字经济发展的瓶颈和制约因素，为政策制定提供依据。

最后，根据经济学研究的规律和思路，对农业数字经济的发展趋势做出准确分析与预测。经济学研究强调因果关系和规律性，通过对农业数字经济发展的现状和特征进行分析，可以揭示农业数字经济发展的内在规律。在此基础上，结合核心问题的分析，可以对农业数字经济的发展趋势做出准确预测。

（三）案例分析法

采用农牧渔案例进行分析，是实地研究中的一种。这种研究方法通过对农牧渔企业作为研究对象，系统地收集数据和资料，进行深入研究，探讨数字技术在实际农业生产经营中的应用情况。这种方法可以更全面地了解农业数字化的发展现状和规律，以及在使用数字技术的过程中产生的经济效应。

首先，通过选择农牧渔企业作为研究对象，能够更加准确地了解数字技术在农业生产经营中的应用情况。农牧渔企业是农业数字化发展的重要载体，它们在实际生产经营中应用数字技术，可以提高生产效率、降低成本、改善产品质量等。通过对这些企业的深入研究，可以了解数字技术在农业生产经营中的应用情况，以及这些应用对企业经营效益的影响。

其次，通过系统地收集数据和资料，进行深入研究，可以探讨在使用数字技术的过程中产生的经济效应。数字技术在农业生产经营中的应用，可以提高农业生产效率、降低生产成本、改善产品质量等，从而产生经济效应。通过对这些经济效应的研究，可以评估数字技术在农业生产经营中的应用效果，以及这些应用对企业经营效益的影响。

最后通过企业之间的相互对比和归纳，可以总结出微观环境下农业数字化的发展现状和规律。通过对不同企业的案例分析，可以了解农业数字化在不同企业中的发展现状和规律，以及这些规律对企业经营效益的影响。这种研究方法相对于其他研究方法，能够对案例进行厚实的描述和系统的理解，对动态的相互作用过程与所处的情境脉络加以掌握，可以获得一个较全面与整体的观点。

（四）计量经济学方法

农业生产率测算主要采用两种技术实现，投影寻踪模型和随机前沿模型。这两种模型各有优势，可以互相补充，为农业生产率的测算提供更加准确和全面的数据支持。投影寻踪模型（GAPP）是一种基于遗传算法的模型，适用于复杂的拟合过程。在农业数字经济中，数据要素指标的拟合是研究的首要问题。农业数字经济包含了农业生产数字化和农产品销售数字化、农业全产业链质量安全数字化和基础设施数字化四个角度的数字化。其中，农业生产数字化又包含了种植业数字化、林业数字化、畜牧业数字化、渔业数字化以及农林牧渔服务业数字化。本书采用基于遗传算法的投影寻踪模型（GAPP）实现复杂的拟合过程，以更好地反映农业数字经济的整体情况。随机前沿模型（SFA）是一种常用的农业生产率测算模型，可以构建索罗模型，以更好地分析农业生产率的动态变化。在模型中加入了外生影响因素，例如信息化支出、电商服务站点数、村级组织个数、可支配收入、农产品网络交易额等变量，以反映外部环境对农业生产率的影响。最终影响因变量，农业经济效益，可以通过这些模型的分析得出。这两种模型的结合使用，可以更全面地反映农业数字经济的发展状况和农业生产率的动态变化。通过这些模型的分析，可以更好地理解农业数字经济的发展趋势，为政策制定和农业生产提供科学依据。

（五）经济预测法

全球贸易分析项目模型（GTAP）是美国普渡大学开发的一种全球可计算一般均衡模型（CGE），该模型通常被用来预测未来经济、开展农业展望，也常用于评价各类技术发展等的宏观经济影响。因此，采用GTAP模型模拟未来农业数字技术的宏观经济影响是合适的。GTAP模型包括上百个国家和地区，本书选用了其中的我国模块，所以本书将所用模型称为我国可计算一般均衡模型（GTAP-China）。GTAP-China模型是一个基于GTAP全球模型的国家版本，它将GTAP的全球模型与我国的具体情况进行结合，以更好地反映我国的经济状况和政策影响。在GTAP-China模型中，农业部门包括小麦、大米、其他谷物、油料作物、蔬菜、水果、畜产品和水产品等22个农产品。这些农产品覆盖了我国农业的主要生产领域，包括种植业、畜牧业和渔业。本书主要考察农业数字技术对这三大类农业的影响。农业数字技术的发展将对我国农业产生深远的影响。

首先，农业数字技术可以提高农业生产效率，降低生产成本，提高农产品的质量和安全性。例如，通过使用智能农业设备和技术，农业生产者可以实时获取农作物生长状况、土壤湿度、气象变化等信息，实现对农业生产过程的精细化管理，从而提高农业生产效率。

其次，农业数字技术可以促进农产品市场的拓展，提高农产品的市场竞争力。例如，通过建立农业大数据平台，农业生产者可以更加方便地获取和分享农业信息，如市场需求、价格走势等，从而更好地把握市场动态，制定合理的销售策略。此外，通过电子商务平台，农民还可以将农产品直接销售给消费者，减少了中间环节，提高了农民的收入。

最后，农业数字技术可以促进农业产业链的整合，提高农业产业的整体竞争力。例如，通过建立农业电商平台，农业生产者可以实现农产品的在线销售和精准营销，提高农产品的市场竞争力。同时，农业电商平台还可以促进农业产业链的整合，形成更加紧密的产业链关系，提高农业产业的整体竞争力。

### 三、数据来源

（一）微观试验数据和案例数据

农业数字化发展对典型特征事实数据要素形成和经济影响产生的研究，涉及农业生产的微观主体，探讨农业数字化技术的供给和需求的匹配度问题、对农业投入的影响以及对农业产出的影响。本书的数据来源主要包括无人机农业植保的试验数据，以及农牧渔企业的生产案例。

首先，无人机农业植保的试验数据是研究农业数字化技术对农业生产影响的直接来源。无人机农业植保是一种新型的农业数字化技术，通过使用无人机进行农业植保作业，可以提高农业生产效率、降低生产成本、改善产品质量等。通过对无人机农业植保的试验数据进行分析，可以评估农业数字化技术对农业生产的影响。

其次，农牧渔企业的生产案例是研究农业数字化技术对农业生产影响的实际案例。农牧渔企业是农业数字化发展的重要载体，它们在实际生产经营中应用数字技术，可以提高生产效率、降低成本、改善产品质量等。通过对农牧渔企业的生产案例进行分析，可以了解农业数字化技术在实际农业生产中的应用情况，以及这些应用对企业经营效益的影响。

此外，本书还收集了相关的农业统计数据、政策文件、研究报告等资料，以支持对农业数字化技术的供给和需求的匹配度问题、对农业投入的影响以及对农业产出的影响的分析。这些资料可以提供宏观层面的数据支持，帮助理解农业数字化技术对农业生产的影响。

通过对这些数据来源的分析，本书可以全面了解农业数字化技术对农业生产的影响。无人机农业植保的试验数据提供了直接的数据支持，农牧渔企业的生产案例提供了实际的应用案例，相关的农业统计数据、政策文件、研究报告等资料提供了宏观层面的数据支持。这些数据来源的综合运用，可以帮助本书更准确地评估农业数字化技术对农业生产的影响，为政策制定和农业生产提供科学依据。

（二）宏观统计数据

数字农业对全国农业增长的经济效应研究，旨在探讨农业数字化对全国、七大产区和不同产业农业产值的影响。这一部分的数据来源数字农业农村发展水平数据库。

首先，数字农业农村发展水平数据库提供了关于全国农业数字化发展水平的详细数据。该数据库包含了全国各地区、各产业农业数字化发展的基本情况，如数字农业化技术的应用程度、农业数据资源的利用情况、农业数字化政策的实施情况等。通过对这些数据的分析，可以全面了解全国农业数字化的发展现状，为研究农业数字化对全国农业增长的经济效应提供基础数据。

其次，数字农业农村发展水平数据库提供了关于七大产区的农业数字化发展数据。七大产区包括东北地区、华北地区、华东地区、中南地区、西南地区、西北地区和华南地区。这些数据反映了不同地区农业数字化发展的差异，有助于分析农业数字化对不同地区农业增长的经济效应。

此外，数字农业农村发展水平数据库还提供了关于不同产业农业数字化发展的数据。这些数据涵盖了种植业、畜牧业、渔业、林业、农产品加工业等主要农业产业。通过对这些数据的分析，可以评估农业数字化对不同产业农业增长的经济效应，为研究农业数字化对全国农业增长的经济效应提供数据支持。

# 第五节 创新性和不足点

## 一、创新性

### （一）研究主题

在研究主题上，本书以数字经济为主题，探讨农业数字化发展中的经济效应和路径。研究从多方收集研究案例和数据，包括实地调研、专家访谈和机构学习等。在有限的数据基础上，对农业数字化发展的经济效应研究展开理论浅析思考、机制分析、实证检验和模拟预测。研究较早在数据要素中加入经济系统的角度思考数字经济在整个经济系统中的影响情况，并将影响分为结构效应和规模效应两个部分，进行理论论述和实证检验。

首先，本书以数字经济为主题，探讨农业数字化发展中的经济效应和路径。当前，数字经济已成为全球经济增长的新动力，农业数字化作为数字经济的重要组成部分，对于农业经济增长具有重要意义。本书从数字经济的角度出发，研究农业数字化对农业经济增长的影响，力求为农业数字化发展提供理论支持。

其次，本书从多方收集研究案例和数据，包括实地调研、专家访谈和机构学习等。这些数据来源的多样性使得研究结果更加可靠和具有说服力。通过对这些案例和数据的分析，本书对农业数字化发展的经济效应进行了深入研究，力求为农业数字化发展提供实证支持。

再次，本书在有限的数据基础上，对农业数字化发展的经济效应研究展开理论浅析思考、机制分析、实证检验和模拟预测。这使得研究结果更加全面和深入，力求为农业数字化发展提供理论依据和政策建议。

最后，本书较早在数据要素中加入经济系统的角度思考数字经济在整个经济系统中的影响情况，并将影响分为结构效应和规模效应两个部分。这种创新性的理论框架为农业数字化发展提供新的视角，使得研究结果更加具有前瞻性和指导意义。

## （二）理论创新

在理论创新上，本书浅析数字经济的经济学原理和政治经济学原理，解释农业数字化发展的结构效应和规模效应的机制。本书从生产、分配、交换和消费的逻辑框架切入，浅析数字经济在经济增长理论体系中的边际贡献，初步梳理数据要素加入经济分析框架的理论基础，思考数字经济结构效应和规模效应形成的理论机制。

首先，本书从生产、分配、交换和消费的逻辑框架切入，对数字经济在经济增长理论体系中的边际贡献进行了浅析。数字经济作为一种新的经济形态，其发展对经济增长理论体系产生了深远的影响。本书通过对数字经济在生产、分配、交换和消费等方面的作用进行分析，力求揭示数字经济在经济增长理论体系中的边际贡献，为农业数字化发展的理论分析提供了基础。

其次，本书初步梳理了数据要素加入经济分析框架的理论基础。数据要素作为数字经济时代的一种新型生产要素，其加入经济分析框架对农业数字化发展具有重要意义。本书通过对数据要素的属性、价值和使用进行分析，阐述了数据要素加入经济分析框架的理论基础，力求为农业数字化发展的理论分析提供支持。

最后，本书探讨了数字经济结构效应和规模效应形成的理论机制。数字经济结构效应和规模效应的形成机制是农业数字化发展研究的重要内容。本书通过对数字经济结构效应和规模效应的形成机制进行思考，力求揭示数字经济结构效应和规模效应的形成过程，为农业数字化发展的理论分析提供新的视角。

## （三）实证检验

在实证检验上，本书采用系统、量化的方法分析农业数字化发展结构效应和规模效应的形成。

首先，本书从生产效率视角，评估农业数字化发展的结构效应。传统的农业发展研究往往侧重于生产要素的投入和产出，而忽略了生产过程中的效率问题。本书采用随机前沿模型对全国农业数字化的结构效应进行检验，通过测算全国层面的农业数据要素生产率，评估农业数字化对农业生产效率的提升程度。这种方法的创新之处在于将农业数据要素纳入生产效率的考量，可以为农业数字化发展的结构效应提供量化的评估方法。

其次,本书从市场需求拓展视角,评估农业数字化发展的规模效应。传统的农业发展研究往往侧重于生产环节,而忽略了市场需求对农业发展的影响。本书拟采用中介效应模型分析农业数字化对农产品交易额的影响,评估农业数字化对农产品市场需求的拓展程度。这种方法的创新之处在于将市场需求作为中介变量,可以揭示农业数字化对农产品交易额的影响机制,为农业数字化发展的规模效应提供量化的评估方法。

最后,本书在实证检验中采用了系统、量化的方法。这种方法的创新之处在于将农业数字化发展的结构效应和规模效应作为一个整体进行考量,通过系统地收集和分析数据,对农业数字化发展的经济效应进行了相对全面的评估。这种方法有助于揭示农业数字化发展的内在规律,为政策制定和农业生产提供科学依据。

(四)政策模拟

在政策模拟上,本书模拟了"十四五"时期至 2050 年农业数字化发展的趋势。在情景预测上,采用门限模型与一般均衡 CGE 模型进一步研究促进未来农业数字化发展和农业经济转型的问题。本书分析了制度、政策和技术等驱动因素对未来农业数字化发展的经济效应,并量化分析高质量驱动区间,以财政政策数据为例,预测农业数字化的发展情景和趋势。

首先,本书的政策模拟创新之处在于以农业数字化发展快慢为驱动,通过研究技术、政策、制度等变化影响,模拟了"十四五"时期至 2050 年农业数字化发展的趋势。这种模拟方法的创新之处在于将农业数字化发展作为一个动态过程,考虑了不同时间节点和不同政策因素的影响,以期为政策制定者提供更加全面和前瞻性的政策建议。

其次,本书在情景预测上采用门限模型与一般均衡 CGE 模型。可以更准确地预测未来农业数字化发展和农业经济转型的问题。门限模型可以反映农业数字化发展的阶段性特征,而一般均衡 CGE 模型可以考虑农业数字化发展的整体影响。

最后,本书分析了制度、政策和技术等驱动因素对未来农业数字化发展的经济效应,并量化分析高质量驱动区间,以财政政策数据为例,预测农业数字化的发展情景和趋势。这种分析方法的创新之处在于将制度、政策和技术等因素纳入农业数字化发展的经济效应分析，以期可以为政策制定者提供更加全面和深入的政策建议也可以为政策制定者和农业生产者提供更加准确与可靠的未来发展预测。

## 二、不足之处

本研究力求在探讨农业数字化发展的理论框架及其经济效应方面做出一定的贡献，但仍然存在一些不足之处，以下是对这些不足的详细阐述。

（一）研究范围

在研究范围上，本研究主要关注了农业数字化发展的经济效应，而未能全面考虑其他方面的影响，如社会、环境和政策等方面的影响。农业数字化发展不仅仅是一个经济问题，它还涉及社会、环境和政策等多个方面的因素。例如，农业数字化发展可能对农民的生活质量、农村社会结构和农业生态环境产生影响。因此，未来的研究需要更加全面地考虑农业数字化发展的多方面影响，以更好地理解农业数字化发展的全貌。

农业数字化发展对社会的影响可能体现在农民的生活质量改善上。随着农业数字化的发展，农民可以更加便捷地获取农业信息、技术支持和市场机会，从而提高他们的生产效率和收入水平。同时，农业数字化发展还可能促进农村社会结构的变革，如农村信息化建设、农民组织化程度提高等，有助于改善农村社会秩序和提高农民的社会地位。

农业数字化发展对环境的影响主要体现在农业生态环境的改善上。农业数字化发展可以实现农业资源的优化配置和农业生产的精准化，从而减少资源浪费和环境污染。例如，通过精准灌溉、施肥和病虫害防治等技术，可以降低农业生产的化肥、农药使用量，减少对农业生态环境的负面影响。

政策方面的影响则体现在政策支持和引导上。农业数字化发展需要政府制定相应的政策，如财政补贴、税收优惠、土地政策等，以鼓励和引导农业生产者采用数字化技术。同时，政府还需要加强对农业数字化发展的监管，保障数据安全和隐私保护，为农业数字化发展提供法治保障。

（二）研究方法

在研究方法上，本研究主要采用了定量分析和模型构建的方法，而未能充分结合定性分析和对策研究。

定量分析和模型构建可以提供量化的结果和预测，但它们往往无法充分捕捉到农业数字化发展的复杂性和不确定性。而定性分析和对策研究可以提供更深入的理解和对策建议。因此，未来的研究需要更加综合地运用定量分析方法和定性分析方法以及对策研究，以提高研究的实用性和针对性。

定量分析方法在农业数字化发展研究中具有重要作用，它可以提供量化的结果和预测，帮助研究者理解农业数字化发展的经济效应和影响。然而，农业数字化发展是一个复杂的过程，涉及多种因素和不确定性，这些因素和不确定性往往难以通过定量分析方法完全捕捉。例如，农业数字化发展可能受到农民的认知水平、农村基础设施条件、市场环境等多方面因素的影响，这些因素往往难以通过定量分析方法进行准确预测。

定性分析方法可以提供更深入的理解和对策建议。定性分析方法通过深入研究农业数字化发展的具体案例和实际问题，可以更好地揭示农业数字化发展的内在规律和影响因素。同时，定性分析方法还可以提供对策建议，帮助政策制定者和农业生产者解决农业数字化发展中的实际问题。例如，定性分析方法可以帮助研究者了解农民对农业数字化技术的接受程度，从而制定更有效的推广策略。

对策研究方法可以帮助研究者提供针对性的政策建议和解决方案。对策研究方法通过对农业数字化发展中的问题进行深入研究，可以提出针对性的对策建议，帮助政策制定者和农业生产者解决实际问题。例如，对策研究方法可以帮助研究者提出针对性的政策建议，以解决农业数字化发展中数据安全和隐私保护等问题。

（三）数据来源

在数据来源上，本研究主要依赖了公开的数据来源和文献资料，而未能进行实地调查和数据收集。

公开的数据来源和文献资料可以提供一般性的信息和趋势，但它们可能无法充分反映农业数字化发展的地区差异和具体情况。实地调查和数据收集可以提供更具体、更准确的数据，有助于揭示农业数字化发展的实际情况和问题。因此，未来的研究需要更加注重实地调查和数据收集，以提高研究的真实性和可靠性。

公开的数据来源和文献资料是农业数字化发展研究中常用的数据来源，它们可以提供宏观层面的数据支持和一般性的信息和趋势。然而，这些数据来源往往存在一定的局限性。首先，公开数据来源和文献资料的数据可能存在时效性问题，无法反映最新的农业数字化发展情况。其次，这些数据来源的数据可能存在一定的偏差，无法准确反映农业数字化发展的实际情况。最后，这些数据来源的数据可能无法充分反映农业数字化发展的地区差异和具体情况，无法为研究者提供有针对性的政策建议和解决方案。实地调查和数据收集是农业数字化发展研究中不可或缺的数据来源。

实地调查和数据收集可以提供更具体和准确的数据，有助于揭示农业数字化发展的实际情况和问题。首先，实地调查和数据收集可以获取最新的农业数字化发展数据，为研究者提供准确的信息支持。其次，实地调查和数据收集可以获取第一手数据，减少数据偏差，提高研究的真实性和可靠性。最后，实地调查和数据收集可以获取地区差异和具体情况的数据，为研究者提供有针对性的政策建议和解决方案。

（四）可持续性和长期影响

本研究主要关注了农业数字化发展的经济效应，而未能充分考虑农业数字化发展的可持续性和长期影响。

农业数字化发展可能会带来短期的经济效应，但它的可持续性和长期影响是需要深入探讨的问题。例如，农业数字化发展可能会导致对化肥和农药的过度依赖，进而对农业生态环境产生负面影响。因此，未来的研究需要更加关注农业数字化发展的可持续性和长期影响，以促进农业的可持续发展。农业数字化发展的可持续性是指在满足当前农业发展需求的同时，不会损害未来农业发展的能力和资源。农业数字化发展可能会带来短期的经济效应，如提高农业生产效率、降低生产成本等，但这种发展模式是否可持续，需要从长期的角度进行考虑。例如，过度依赖化肥和农药可能会对农业生态环境产生负面影响，导致土地退化、水资源污染等问题，从而影响未来农业的可持续发展。

农业数字化发展的长期影响是指在农业数字化发展过程中，可能出现的长期性问题和挑战。这些长期性问题和挑战可能会对农业的可持续发展产生负面影响。例如，农业数字化发展可能会导致农民的就业问题，如农业劳动力过剩、农村就业机会减少等。这些问题和挑战需要通过深入研究，提出有效的解决方案，以促进农业的可持续发展。

（五）社会责任和伦理问题

本研究主要关注了农业数字化发展的经济效应，而未能充分考虑农业数字化发展的社会责任和伦理问题。

农业数字化发展可能会带来一些社会责任和伦理问题，如农民的隐私保护、数据安全和公平竞争等。这些问题需要从伦理和社会责任的角度进行深入探讨与解决。因此，未来的研究需要更加关注农业数字化发展的社会责任和伦理问题，以确保农业数字化发展的公平性和可持续性。

农业数字化发展的社会责任和伦理问题主要体现在对农民权益的保护上。随着农业数字化的发展，农民在农业生产中的地位和作用可能会发生变化，需要关注农民的权益保护问题。例如，农民的隐私保护、数据安全和公平竞争等，这些问题需要从伦理和社会责任的角度进行深入探讨与解决。

本研究在农业数字化发展的理论框架及其经济效应方面存在一些不足。未来的研究需要更加全面地考虑农业数字化发展的多方面影响，综合运用定量分析方法和定性分析方法，注重实地调查和数据收集，关注农业数字化发展的可持续性和长期影响，以及考虑农业数字化发展的社会责任和伦理问题。通过对这些不足的改进，可以进一步提高农业数字化发展的研究质量和实用性，为农业数字化发展提供更好的理论指导和政策建议。

# 第二章　文献综述

## 第一节　数字经济与数字化发展

### 一、数字经济的定性研究

在全球化和科技快速发展的背景下，数字经济已经成为现代经济体系的重要组成部分，受到广泛关注和深入研究。数字经济的定性研究深入探讨数字经济本质特征、发展规律及其对社会经济影响的学术领域。随着信息技术的快速发展，特别是互联网、大数据、人工智能等技术的广泛应用，数字经济已经成为推动全球经济增长的新引擎，对传统经济模式产生了深刻影响。数字经济的兴起和发展，不仅改变了传统的经济模式，也带来了社会、文化和治理方式的深刻变革。为深入了解这一现象，学者们从不同角度对数字经济进行了广泛的定性研究，以期揭示其内在机制和影响力。

数字经济的定性研究主要围绕其概念界定、特征分析、影响机制和发展路径等方面展开。

（一）概念界定

数字经济的定性研究关注于数字经济的概念界定。数字经济通常被理解为基于数字化技术的经济活动，包括数字产品的生产、分配、交换和消费等环节。它不仅涵盖了数字化的产品和服务，如电子商务、在线娱乐、云计算服务等，还包括传统产业通过数字化改造而形成的新业态和新模式。学者们通过对数字经济的概念内涵进行深入分析，揭示了数字经济的核心要素，包括数据资源、网络基础设施、数字技术、数字平台等。学者们普遍认为其核心在于信息和数据的广泛应用。数字经济是指基于数字技术，尤其是互联网技术和信息通信技术（ICT）的经济活动和现象。它不仅包括传统行业的数字化转型，还涵盖了新兴的互联网产业、平台经济、共享经济等。数字经济的本质在于信息和数据的生成、传播、分析和利用，这些过程显著提升了资源配置效率和经济运行的智能化水平。随着数字技术的不断进步，数字经济的内涵也在不断丰富和扩展。

数字经济的定性研究着重分析了数字经济的发展特征。数字经济具有高度的创新性、融合性和渗透性。创新性体现在数字技术的不断进步和应用，推动了新产业与新业态的涌现；融合性体现在数字经济与传统产业的深度融合，促进了产业升级和转型；渗透性体现在数字经济深入社会各个领域，改变了人们的生产方式和生活方式。此外，数字经济还具有平台化、服务化、个性化等特点，为经济发展提供了新的动力和可能性。

（二）特征分析

普遍认为数字经济具有以下几个显著特征：一是信息化程度高。数字经济以信息和数据为核心，通过数字技术对传统经济活动进行深度改造，提高了信息的传播速度和处理能力。二是网络化结构。数字经济依托互联网和移动通信网络，形成了高度互联互通的经济体系，企业和消费者通过数字平台实现高效互动和交易。三是智能化水平高。数字经济中广泛应用大数据、人工智能、物联网等先进技术，实现了经济活动的智能化管理和决策。四是创新驱动强。数字经济的快速发展依赖于技术创新和模式创新，新技术、新产品、新服务层出不穷，不断推动经济增长和结构升级。

（三）影响机制

数字经济的定性研究探讨了数字经济的影响因素。这些因素包括技术进步、政策支持、市场需求、人才供给等。技术进步是数字经济发展的根本动力，政策支持为数字经济提供了良好的发展环境，市场需求拉动了数字经济的快速发展，人才供给为数字经济提供了智力支持。学者们通过定性研究方法，如案例分析、比较研究等，深入分析了这些因素对数字经济发展的作用机制和影响路径。首先，数字经济通过降低信息不对称和交易成本，提高了市场效率。数字平台通过信息的透明化和实时化，使供需双方能够更快、更准确地匹配，减少了交易环节的摩擦和成本。其次，数字经济通过促进资源的高效配置和利用，提高了生产率和竞争力。

企业通过数字化转型，可以实现生产过程的自动化和智能化，提高生产效率和产品质量。同时，数字经济还催生了大量的新业态和新模式，如电子商务、共享经济、平台经济等，丰富了经济形态，拓展了市场空间。再次，数字经济通过数据的广泛应用和分析，推动了商业模式和管理模式的创新。企业通过大数据分析，可以精准把握市场需求，制定科学的经营策略，提高市场竞争力。

（四）发展路径

数字经济对社会发展和治理方式也产生了深远影响。一方面，数字经济促进了社会的包容性和公平性发展。数字技术的普及和应用，使得信息和资源的获取更加便捷和广泛，缩小了数字鸿沟，提升了社会的整体福利水平。另一方面，数字经济也对社会治理提出了新的挑战和要求。政府需要通过数字化治理手段，提高公共服务的效率和质量，保障信息安全和隐私，维护社会稳定和公平正义。数字经济的定性研究还关注了数字经济带来的社会经济影响。数字经济的发展促进了就业创造、产业升级、创新驱动、区域协调发展等，为经济社会发展注入了新的活力。同时，数字经济也带来了一些挑战，如数字鸿沟、数据安全、隐私保护、平台垄断等问题。学者们通过对这些问题的深入分析，提出了相应的对策和建议，为数字经济的健康发展提供了理论支持。在数字经济的发展路径上，学者们提出了多种理论和观点。

首先，技术创新是推动数字经济发展的关键驱动力。数字经济的发展离不开信息通信技术、互联网技术、大数据技术、人工智能技术等的不断突破和应用。技术创新不仅推动了数字经济的快速增长，也引领了经济结构的深刻变革。

其次，制度创新是数字经济发展的重要保障。数字经济的发展需要良好的政策环境和制度安排，政府应积极制定和实施相关政策，促进数字技术的创新和应用，规范数字市场的运行秩序，保护消费者权益，维护公平竞争。同时，政府还应推动基础设施建设，特别是信息基础设施的建设，提升网络覆盖和接入能力，为数字经济的发展提供坚实的物质基础。

再次，人才培养是数字经济发展的重要支撑。数字经济的发展需要大量高素质的数字化人才，政府和企业应加大对数字化教育和培训的投入，提升劳动者的数字化技能和素养，为数字经济的发展提供人力资源保障。在法律层面，数字经济的定性研究在界定数字资产的法律地位等方面取得显著进展。随着数字经济的发展，数字财产的定性问题日益凸显。数字财产包括数据信息、数字版权、数字商品等，其权利归属、价值评估、交易流转等问题成为学术界和实务界关注的焦点。学者们通过对数字财产的法律属性、权利内容、保护机制等进行深入探讨，为数字财产的法律规制提供了理论基础。

数字经济的定性研究为政策制定提供了理论依据。地方政府在推动数字经济政策制定时，需要结合地区资源禀赋，选择合适的驱动路径，实现发展与合规、竞争与创新、效率与公平、安全与开放的平衡。学者们通过对不同地区数字经济发展的比较研究，提出了有针对性的政策建议，为地方政府的数字经济政策制定提供了理论参考和思路借鉴。

数字经济是指在数字技术的基础上，通过网络和互联网进行的经济活动。随着信息技术的迅速发展，数字经济已经成为全球经济的重要组成部分。本书将对数字经济的定性研究进行综述，主要包括数字经济的概念和范围、增长和影响、创新和应用、政策和法规以及社会挑战等方面。这个概念最早可追溯到 20 世纪 90 年代中期。当时，全球最具影响力 50 位思想家之一的美国经济学家唐·塔普斯科特出版了一本著作，书名即为《数字经济》。塔普斯科特在书中首次提出了"数字经济"这一概念，描述了互联网和信息技术对经济与社会的深刻影响，并预言数字技术将会改变全球经济的运行方式和商业模式。

曼纽尔·卡斯特的《信息时代：经济、社会与文化》是一部深刻剖析信息技术革命对社会结构、经济模式和文化形态产生深远影响的著作。在 20 世纪 90 年代，数字技术的发展达到了一个新的高潮，这一时期的技术进步不仅推动了信息产业的蓬勃发展，更在社会各个层面引发了广泛而深刻的变革。卡斯特的分析指出，信息技术的革命性影响，并非仅限于经济领域，它更是重塑了社会关系和组织形式，成为新型社会结构的核心力量。

### （五）社会问题

信息技术的发展还带来了一系列社会问题和挑战。例如，数字鸿沟问题凸显了信息技术获取和应用的不平等性，这不仅加剧了社会的不平等，也对教育和社会机会公平产生了负面影响。此外，信息安全和隐私保护问题也随着信息技术的广泛应用而日益突出，如何在保障信息自由流动的同时保护个人隐私，成为信息社会亟待解决的问题。

卡斯特的著作不仅深入分析了信息技术对社会各个方面的影响，也提出了对未来社会发展的思考。他认为，信息技术的发展为社会提供了新的可能性和机遇，但同时也带来了新的挑战和问题。因此，社会需要在积极拥抱信息技术带来的变革的同时，也要对可能出现的问题保持警觉，并采取有效的措施进行应对。

麻省理工学院的尼葛洛庞帝在其著作《数字化生存》中探讨了数字技术对日常生活和人类行为的影响。尼葛洛庞帝通过生动的语言和丰富的实例，描绘了一个被数字化彻底改变的未来社会，强调了数字技术在各个领域的广泛应用和深远影响。尼葛洛庞帝的《数字化生存》是一部极具前瞻性的著作，它深入探讨了数字技术对人类社会日常生活和行为模式的深刻影响。尼葛洛庞帝运用生动的语言和丰富的实例，向我们展示了一个数字化彻底改变的未来社会图景，其中数字技术的应用不仅广泛，而且影响深远。

尼葛洛庞帝认为数字化技术的发展极大地扩展了人类的交流方式。传统的交流模式被电子邮件、即时通信、社交媒体等数字工具所取代，这些工具打破了地理空间的限制，使得人们可以实时地与世界各地的人进行交流和分享。这种交流方式的变革不仅加快了信息的传播速度，也促进了全球文化的交流与融合。

数字化技术对教育领域产生了革命性的影响。尼葛洛庞帝指出，数字技术使得教育资源可以更加便捷地获取和分享，远程教育和在线学习成为可能，这为传统教育模式带来了新的挑战和机遇。数字化教材、在线课程、虚拟实验室等教育工具的出现，为个性化学习和终身学习提供了条件，极大地丰富了教育的形式和内容。在娱乐领域，尼葛洛庞帝同样看到了数字化技术的巨大潜力。数字技术的发展推动了电子游戏、数字电影、在线音乐等娱乐形式的兴起，这些新型娱乐方式不仅为人们提供了更加丰富多彩的文化生活，也改变了传统娱乐产业的运作模式。数字化娱乐的互动性和参与性，使得消费者不再仅仅是被动接受者，而是可以成为内容的创造者和传播者。尼葛洛庞帝还强调了数字化技术在商业领域的应用。电子商务的兴起改变了传统的购物方式，使得消费者可以更加便捷地购买到全球各地的商品。

数字化技术也为企业提供了一个全新的营销平台，通过大数据分析、精准营销等手段，企业可以更好地了解消费者需求，提供个性化的服务。在工作领域，数字化技术同样带来了深刻的变革。远程办公、数字化协作工具等使得工作不再受地理位置的限制，提高了工作效率。同时，数字化技术也推动了新职业的产生，如网络设计师、数据分析师等，这些新兴职业为劳动力市场带来了新的发展机遇。尼葛洛庞帝还关注了数字化技术对社会结构和治理的影响。数字化技术的发展促进了信息的透明化和公开化，提高了政府治理的效率和透明度。

数字化技术也为公民参与社会治理提供了新的途径，如电子投票、在线政策咨询等，增强了公民的社会参与度。然而，尼葛洛庞帝也指出了数字化带来的挑战。数字鸿沟问题凸显了不同社会群体在获取和使用数字技术方面的差距，这可能加剧社会的不平等。此外，数字化技术的发展也带来了隐私保护、网络安全等问题，这些问题需要社会各界共同努力，寻求有效的解决方案。

这些著作的问世和畅销，使得"数字经济"这一概念在全球范围内逐渐被广泛使用和接受。数字经济的概念涵盖了电子商务、大数据、人工智能、物联网等众多领域。研究者们对数字经济的定义和范围有不同的观点。一些研究者认为，数字经济是指通过互联网和数字技术进行的经济活动，包括电子商务、在线支付、数字营销等（Mckinsey Global Institute，2018）。另一些研究者则认为，数字经济还包括大数据、人工智能、物联网等 technologies（Brynjolfsson & McAfee，2014）。数字经济不仅成为学术界和产业界讨论的热门话题，也引发了政府和政策制定者的关注。数字经济被认为是继农业经济、工业经济之后的第三次经济形态变革，标志着人类社会进入了一个全新的发展阶段。

## 二、数字经济兴起的作用

数字经济的兴起标志着人类社会经济发展的一个重要转折点，它作为继农业经济、工业经济之后的第三次经济形态变革，在全球范围内逐渐被广泛使用和接受。这一概念的流行和深入，得益于众多学者和研究机构的探讨与研究，它们从不同的角度对数字经济进行了定义和范围的界定。

一些研究者将数字经济定义为通过互联网和数字技术进行的经济活动，这包括电子商务、在线支付、数字营销等多种形式。例如，麦肯锡全球研究院（Mckinsey Global Institute，2018）在其研究中强调了互联网平台在连接消费者和商家、提高交易效率方面的关键作用。电子商务平台使得商品和服务的买卖跨越了地理界限，在线支付方式则为交易提供了便捷性，而数字营销则利用数据分析来精准定位消费者需求，这些因素共同推动了经济活动的数字化转型。

另一些研究者则认为数字经济的范围更为广泛，它不仅包括基于互联网的经济活动，还涵盖了大数据、人工智能、物联网等前沿技术。布伦乔尔森（Brynjolfsson）和麦卡菲（McAfee，2014）在其著作中提出，这些技术是数字经济的核心组成部分，它们正在重塑生产方式、管理流程和商业模式。大数据技术通过分析海量信息来揭示潜在的商业趋向，人工智能技术则在自动化和智能化方面展现出巨大潜力，物联网技术则通过连接物理世界和虚拟世界，推动了智能化生产和智慧城市的发展。

数字经济的兴起引发了学术界和产业界的热烈讨论。学者们从经济学、管理学、社会学等多个学科视角出发，探讨了数字经济对就业、创新、竞争等多方面的影响。产业界则积极探索如何利用数字技术来优化业务流程、提升服务质量、创造新的商业模式。数字经济的快速发展，也促使政府和政策制定者开始关注这一新兴经济形态，他们试图通过制定相应的政策和法规来引导和促进数字经济的健康成长。数字经济被认为是人类社会进入一个全新发展阶段的标志。与农业经济和工业经济相比，数字经济具有更加开放、共享、互联的特点。它打破了传统产业的界限，促进了不同行业之间的融合与创新。数字经济的发展不仅提高了生产效率和经济效益，也带来了更加个性化、灵活化的就业机会，为社会创造了更多的价值。然而，数字经济的发展也带来了一系列挑战。例如，数字鸿沟问题可能加剧社会不平等，网络安全问题威胁着个人隐私和企业安全，人工智能的伦理问题也引起了人们的担忧。这些问题的出现要求我们在享受数字经济带来的便利和机遇的同时，也要积极寻求解决方案，以确保数字经济的健康、可持续和包容性发展。

数字经济作为第三次经济形态变革，正在深刻地改变着人类的生产方式、生活方式和思维方式。它不仅涵盖了电子商务、在线支付、数字营销等基于互联网的经济活动，还包括大数据、人工智能、物联网等前沿技术的应用。数字经济的发展为经济增长提供了新的动力，为社会创新提供了广阔的空间，同时也对政策制定、社会治理提出了新的要求。面对数字经济带来的机遇和挑战，我们需要不断探索适应数字时代的新理念、新策略和新方法，以实现更加繁荣、公正和可持续的社会发展。在这个阶段中，数据作为新的生产要素，成为驱动经济增长的重要力量。信息通信技术的发展，使得信息的获取、处理、存储和传输变得更加高效，催生了大量的新兴产业和商业模式。电子商务、社交媒体、云计算、大数据、物联网等新技术的应用，正在深刻改变着传统产业的运作方式和市场结构，推动着经济向数字化、智能化方向发展。数字经济在全球范围内呈现出快速增长的趋势。根据全球统计数据库（Statista）的数据，2019 年全球数字经济的规模达到了 25.8 万亿美元，占全球 GDP 的 16.4%（Statista，2020）。数字经济的增长对经济增长、就业、市场需求和产业竞争力产生了重要影响。

电子商务作为数字经济的重要组成部分，通过在线平台连接全球消费者和商家，打破了空间和时间的限制，极大地拓宽了市场范围。消费者可以轻松访问和购买来自世界各地的商品和服务，而商家则可以通过电子商务平台以更低的成本进入更广阔的市场。这种新型的商业模式不仅提高了交易效率，降低了交易成本，也促进了市场竞争，推动了产品和服务的创新。另外，社交媒体的兴起改变了人们获取信息和进行社交的方式。社交媒体平台通过大数据分析用户行为，为用户提供个性化的内容推荐，同时也为企业提供了一个有效的市场营销渠道。企业可以通过社交媒体与消费者建立直接的联系，了解消费者的需求和反馈，从而更好地调整产品和服务策略。云计算作为一种提供计算资源和服务的模式，通过互联网按需提供各种计算资源，包括服务器、存储、数据库、网络、软件等。企业无须投资昂贵的硬件设施，就可以根据需要快速扩展或缩减计算资源，这极大地降低了企业的运营成本，提高了资源的使用效率。

大数据技术通过对海量数据的收集、存储、分析和挖掘，帮助企业发现潜在的市场机会和风险，优化决策过程。大数据的应用涉及金融、医疗、教育、交通等多个领域，为企业提供了深入洞察市场和客户的能力，推动了基于数据驱动的创新。物联网技术通过将物理设备连接到互联网，实现了设备和系统之间的智能互联和数据交换。物联网的应用正在改变制造业、农业、物流、能源等多个行业，提高了生产效率，降低了运营成本，增强了企业的竞争力。

数字经济的快速增长已经成为全球经济的一个重要特征。根据全球统计数据库的数据，2019 年全球数字经济的规模达到了 25.8 万亿美元，占全球GDP 的 16.4%。这一趋势表明，数字经济正在成为推动经济增长的关键因素。数字经济对经济增长的影响主要体现在提高了生产效率、降低了交易成本和创造了新的商业模式。电子商务的兴起使得企业能够更便捷地开展业务，拓展市场。大数据和人工智能的应用则帮助企业更好地理解市场需求，提高产品和服务的个性化程度（Brynjolfsson & McAfee，2014）。数字经济对就业的影响主要体现在创造了新的就业机会，特别是电子商务、在线教育和远程办公等领域。同时，数字经济也带来了一定的就业挑战，如对传统行业的冲击和技能需求的变化（Ngai & Png，2016）。数字经济对市场需求和产业竞争力的影响主要体现在消费者行为的改变和产业的转型升级。消费者可以通过电子商务平台更加便捷地购买到个性化的产品和服务，提高了消费者福利。同时，数字经济也推动了产业的转型升级，促使企业更加注重创新和技术进步（Mckinsey Global Institute，2018）。

数字经济对就业市场的影响同样显著。它创造了大量新的就业机会，尤其是在电子商务、在线教育、远程办公等新兴领域。这些领域的发展，不仅为劳动者提供了更多样化的就业选择，还促进了劳动力市场的灵活性和流动性。然而，数字经济的发展也带来了一定的就业挑战。传统行业面临着数字化转型的压力，部分岗位因自动化和智能化而消失，劳动者需要更新技能以适应新的职业要求。这种技能的转变和升级，对教育体系和职业培训提出了新的要求。

数字经济对市场需求和产业竞争力的影响也不容忽视。消费者行为的改变，尤其是对便捷性、个性化和高质量的追求，促使企业不断创新和改进，以满足市场需求的变化。电子商务平台的普及，使得消费者能够更加方便地获取信息、比较价格和选择产品，这不仅提高了消费者福利，也加剧了市场竞争，推动了产品和服务质量的提升。同时，数字经济还推动了产业的转型升级。企业为了在激烈的市场竞争中获得优势，越来越注重创新和技术进步。数字化技术的应用，不仅提高了生产效率和产品质量，还促进了新业态和新模式的发展。例如，智能制造、绿色能源、共享经济等新兴领域，都是数字经济推动产业创新和技术进步的典型代表。然而，数字经济的发展也带来了一些挑战。数据安全和隐私保护成为社会关注的焦点，企业需要在利用数据的同时，加强对个人隐私的保护。数字鸿沟问题也日益凸显，不同地区和群体在获取和使用数字技术方面存在差异，这可能加剧社会不平等。此外，数字经济的发展还对税收、监管等政策提出了新的要求，政府需要更新政策工具，以适应数字经济的特点。

数字技术的应用还推动了共享经济的兴起。共享经济平台如 Uber 和 Airbnb，利用数字技术将闲置资源与需求方有效匹配，创造了新的商业模式。这种模式不仅提高了资源的利用效率，也为消费者提供了更多样化的选择，并为资源所有者创造了额外的收入来源。此外，数字技术在金融领域的应用也引发了金融科技（FinTech）的革命。数字支付、区块链、加密货币等创新技术正在改变传统的金融服务模式，提供更快捷、更安全、更低成本的金融服务。金融科技的发展促进了金融包容性，使更多的人能够获得金融服务，同时也推动了金融产品的创新和多样化。数字技术还对教育、医疗、政府服务等社会服务领域产生了深远的影响。在线教育平台使得知识传播不再受地理限制，人们可以随时随地接受教育和培训。远程医疗服务通过数字技术使得患者能够接受异地专家的诊断和治疗，提高了医疗服务的可及性和质量。

数字政府服务通过提供在线办事平台，简化了行政流程，提高了政府服务的效率和透明度。

数字技术的应用案例广泛存在于各个领域，它们正在改变传统的业务模式，提高生产和运营效率，创造新的就业机会，推动经济增长和社会进步。同时，我们也需要关注数字技术带来的挑战，通过合作和创新来寻求解决方案，确保数字技术的健康发展和广泛受益。随着技术的不断进步和应用，数字经济的潜力将得到进一步的挖掘和实现，为人类社会带来更多的可能性和机遇。

### 三、我国对数字经济的重视

我国的"数字经济"概念在官方层面得到了明确的定义和重视，可以从2016年G20杭州峰会上发布的《二十国集团数字经济发展与合作倡议》体现出来。该倡议将数字经济描述为一种以数字化知识和信息作为关键生产要素、以现代信息网络作为重要载体、以信息通信技术的有效使用作为提升效率和优化经济结构的重要推动力的经济活动。这一定义不仅凸显了数字经济在全球化时代的重要性，而且为我国数字经济的发展提供了清晰的框架和方向。之后，2021年国家统计局对数字经济的概念进行了细化，将其定义为"以数据资源作为关键生产要素、以现代信息网络作为重要载体、以信息通信技术的有效使用作为效率提升和经济结构优化的重要推动力的一系列经济活动"。这一定义进一步强调了数据资源的核心地位，明确了现代信息网络和信息通信技术在促进经济发展中的关键作用。

党的十九届四中全会的决策更是体现了对数据要素的高度重视，首次将"数据"与劳动、资本、土地、知识、技术、管理等传统要素并列，写入中央文件，并提出要建立一个市场评价贡献、按贡献决定报酬的机制。这标志着数据作为一种新型生产要素，其价值和潜力得到了高度认可和重视。在《中共中央关于制定国民经济和社会发展第十四个五年规划和二〇三五年远景目标的建议》中，明确提出要"加快数字化发展。发展数字经济，推进数字产业化和产业数字化，推动数字经济和实体经济深度融合"。根据2020年中国社会科学院发布的《中国数字经济规模测算与"十四五"展望研究报告》，从1993年到2019年，我国的国内生产总值增长率为9.1%，而数字经济的整体增长率达到了16.6%；2019年数字经济占国内生产总值的比重为17.2%。这一数据显示，数字经济的增长速度远超传统经济，其在国民经济中的占比逐年提高，已经成为推动我国经济增长的重要力量。

数字经济的快速发展，得益于我国党和政府在政策层面的大力支持和引导。所出台的一系列政策措施，包括加大信息基础设施建设、推动产业数字化转型、促进数据资源开放共享、加强网络信息安全保护等，为数字经济的发展创造了良好的环境。同时，我国在5G、人工智能、云计算、物联网等新兴技术领域取得了显著进展，为数字经济的发展提供了强大的技术支撑。数字经济的发展也带动了相关产业的繁荣，包括电子商务、在线教育、远程医疗、智能制造、智慧城市等。这些产业不仅为消费者提供了更加便捷和个性化的服务，也为传统产业的转型升级提供了新的动力和路径。数字经济还促进了创新创业，激发了市场活力和社会创造力，为经济发展注入了新的动能。

我国对数字经济的高度重视和积极推动，为经济的高质量发展提供了新的动力和方向。随着数字技术的不断创新和应用，数字经济必将在我国经济发展中发挥越来越重要的作用，推动我国经济实现质量变革、效率变革和动力变革，为全面建设社会主义现代化强国，实现第二个百年奋斗目标，以中国式现代化全面推进中华民族伟大复兴奠定坚实的基础。

我国对数字经济进行了详细的概念划分。数字经济目前已有统计标准，由国家统计局出台，分为产业数字化和数字产业化部分。产业数字化部分是数字经济对于原有产业赋能的一个过程，而数字产业化部分主要是数字经济在原有经济系统中增值的部分。根据国家统计局发布的《数字经济及其核心产业统计分类（2021）》，数字经济产业包括数字产品制造业、数字产品服务业、数字技术应用业、数据要素驱动业、数字化效率提升业等五大类。前四类为数字经济核心产业，即"数字产业化部分"；第五类为"产业数字化部分"，指应用数字技术和数据资源为传统产业带来的产出增加和效率提升，是数字技术与实体经济的融合。

国家统计局的这一统计分类，不仅明确了数字经济的范畴和边界，也为政策制定、产业规划和资源配置提供了科学依据。通过这种分类，可以更清晰地识别数字经济的发展重点和潜在增长点，更有针对性地制定促进数字经济发展的政策措施。

同时，这种概念划分也体现了我国对数字经济发展战略的深刻认识。数字经济的发展不仅是技术层面的革新，更是经济结构和产业生态的全面升级。通过推动数字产业化和产业数字化的协同发展，可以促进数字技术与实体经济的深度融合，实现经济的高质量发展。

我国对数字经济的概念划分和统计分类，为理解和把握数字经济的发展提供了重要视角和工具。通过推动产业数字化和数字产业化的协调发展，可以充分发挥数字经济在促进经济结构优化、提升产业竞争力、推动社会进步等方面的重要作用，为实现经济高质量发展和构建现代化经济体系提供有力支撑。随着数字技术的不断创新和应用，数字经济必将迎来更加广阔的发展前景，为我国经济的持续健康发展贡献更大的力量。

### 四、其他国家相关规定

数字经济的发展需要相应的政策和法规支持。政府需要制定合适的政策来促进数字经济的增长，同时保障公民的隐私权、数据安全和伦理问题。一些国家已经制定了数字经济相关的政策和法规。例如，欧盟发布了《通用数据保护条例》（GDPR），保障了公民的个人数据权益。美国则通过了一系列的法律，促进了数字经济的创新和发展（Ngai & Png，2016）。

数字经济的蓬勃发展在全球范围内引起了广泛关注，它不仅改变了传统的生产和消费模式，还对就业、创新、竞争等多个方面产生了深远影响。然而，数字经济的健康和可持续发展，离不开相应的政策和法规的支持。政府在这一过程中扮演着至关重要的角色，需要通过制定和实施有效的政策来促进数字经济的增长，同时确保公民的隐私权、数据安全和伦理问题得到妥善处理。

首先，政策和法规的制定是确保数字经济有序发展的基础。政府需要通过立法来明确数字经济的发展方向、基本原则和操作规范，为数字经济的参与者提供清晰的指引。这些政策和法规应当涵盖数据的收集、存储、处理、传输和使用等各个环节，确保数据的合法合规流动，防止数据滥用和泄露。

其次，保护公民的隐私权和数据安全是数字经济政策和法规的重要内容。随着数字技术的应用日益广泛，个人数据的保护成为一个亟待解决的问题。政府需要通过立法来确立个人数据保护的基本原则和要求，如数据最小化、目的限制、数据主体权利等，以保障公民的隐私权益不受侵犯。欧盟发布的《通用数据保护条例》（GDPR）就是一个典型的例子，它为个人数据保护提供了全面的法律框架，对全球数字经济的发展产生了重要影响。

再次，促进数字经济的创新和发展也是政策和法规的重要目标。政府需要通过制定激励措施，如税收优惠、资金支持、人才培养等，来鼓励企业和个人投身于数字经济领域的创新活动。同时，政府还需要通过建立公平竞争的市场环境、加强知识产权保护等措施，来激发数字经济的活力和创造力。美国通过的一系列法律，如《数字千年版权法》（DMCA）、《云计算法》等，就在保护知识产权、促进技术创新等方面发挥了积极作用。

此外，数字经济的发展还涉及伦理问题，如算法偏见、人工智能的道德责任等。政府需要通过政策和法规来引导和规范数字技术的伦理应用，防止技术滥用对社会造成负面影响。这需要政府、企业、学术界和公众等各方的共同努力，通过对话和合作来形成共识，建立数字技术的伦理规范。

在实施数字经济政策和法规的过程中，政府还需要考虑到政策的适应性和灵活性。数字经济的发展日新月异，政府需要不断更新和完善政策，以适应数字经济的新趋势和新需求。同时，政府还需要加强与国际社会的合作，推动形成全球统一的数据治理规则，以促进数字经济的全球发展。

然而，数字经济政策和法规的制定和实施也面临着一些挑战。例如，如何在保护个人隐私和促进创新发展之间找到平衡点，如何在不同国家和地区之间协调政策和法规的差异等。这些问题需要政府在制定政策时进行综合考虑，通过科学决策和民主参与来寻求最佳解决方案。

企业作为数字经济的主体，需要加强自身的数据安全管理，保护用户隐私，防止数据泄露和滥用。此外，企业还需要积极履行社会责任，通过技术创新和业务模式创新，为社会创造更多就业机会，缓解数字经济带来的就业压力。社会各界也需要提高对数字经济社会挑战的认识，积极参与到数字经济的治理中来。通过公共讨论、社会监督等方式，推动数字经济的健康发展，保护消费者权益，促进社会公平。

综上所述，数字经济的发展虽然带来了诸多利益和便利，但同时也伴随着一系列社会挑战。面对这些挑战，需要政府、企业和社会各界的共同努力，通过加强立法、完善监管、提升技能、遵守伦理等措施，促进数字经济的健康发展，实现经济社会的全面进步。随着对这些问题认识的深入和应对策略的完善，我们有理由相信，数字经济将能够更好地服务于人类社会，为创造更加美好的未来做出更大的贡献。

数字经济的定性研究涵盖了许多重要议题，包括数字经济的概念和范围、增长和影响、创新和应用、政策和法规以及社会挑战。通过定性研究，我们可以更好地理解数字经济的本质、影响和未来发展。政策制定者、企业和个人需要积极应对数字经济的挑战，抓住数字经济的机遇，推动经济的可持续发展。

## 五、数字经济的划分

从概念视角出发，国家统计局在发布的《数字经济及其核心产业统计分类（2021）》中将数字经济划分为数字产业化部分和产业数字化部分，并对其中的具体内容部分进行细分。该统计分类将数字经济产业分为五大类：数字产品制造业、数字产品服务业、数字技术应用业、数据要素驱动业、数字化效率提升业。其中，前四类属于数字产业化部分，即直接以数字技术产品、服务为生产手段的产业；第五类属于产业数字化部分，即传统产业通过应用数字技术和数据资源实现优化升级的产业。

数字产业化是指以数字技术创新为核心，通过研发、推广和构建数字科技与数据资源，形成的产业链条。这一过程在原有经济基础上实现了扩容，推动了数字产品和数字服务的生产与供给。数字产业化涵盖了数字产品制造业、数字产品服务业、数字技术应用业等，包括但不限于计算机、通信设备、互联网平台服务、软件开发等。这些产业直接以数字化技术为生产手段，提供数字化的产品和服务，是数字经济增长的直接动力。数字产业化的发展，不仅推动了数字技术的创新和应用，还促进了数字产品和服务的多样化与个性化。数字产业化的产业链条不断延伸和完善，为经济增长提供了新的动力和空间。同时，数字产业化的发展也为产业数字化提供了技术基础和支撑，推动了数字技术在更广泛领域的应用。

产业数字化则是指在传统产业中应用数字技术，优化生产要素的配置，提高生产效率和产品质量，实现产业的转型升级。产业数字化是对原有细分产业的优化和增值，通过数字化手段改造和提升传统产业，使其更加智能、高效和环保。这一部分包括数据要素驱动业、数字化效率提升业等，涉及农业生产、工业制造、建筑业、服务业等多个领域，通过数字技术的应用，推动了这些行业的数字化转型。产业数字化的推进，使得传统产业能够更好地适应市场变化，满足消费者需求，提高竞争力。通过数字化改造，传统产业能够实现更高效的资源配置、更精准的市场定位、更灵活的生产方式。产业数字化不仅提升了产业的生产效率和产品质量，还促进了新业态、新模式的发展，为经济创新提供了广阔的平台。

国家统计局在《数字经济及其核心产业统计分类（2021）》中，对数字经济进行了明确界定和细分。总之，数字经济划分为数字产业化和产业数字化，体现了数字技术与经济活动的深度融合，推动了经济的创新和发展。国家统计局的统计分类为理解和分析数字经济提供了重要依据，有助于更好地把握数字经济的发展态势和内在逻辑。

一是数字产业化，描述数字经济中科技和数据研发推广形成的产业链条，形成原有经济基础上的扩容。数字产业化围绕物联网、大数据、人工智能等数字技术的研发和推广形成一条完整的产业链条。其中，数字技术，相较于传统科技，是以信息为基础、以网络为载体和以智能为导向的数字经济技术种类，是科技和数据集合成的新兴技术。因此，数字技术是整个数字经济的基础纽带，其水平的高低直接影响数字经济效果的呈现。数字产业化部分构建的数字产业链条涵盖多产业类别，完整实现科技和数据的研发推广。数字产品制造业是数字产业化的基础，包括计算机、通信设备、电子元件等数字硬件的生产。这些硬件产品是数字经济运行的物质载体，为数字技术的应用提供了必要的物质条件。随着技术的不断进步和创新，数字产品制造业也在不断地更新换代，推动了数字经济的发展。数字产品服务业是数字产业化的重要组成部分，包括软件开发、信息技术服务、互联网平台服务等。这些服务业通过提供软件产品、网络服务、技术支持等，满足了社会对数字内容和数字服务的需求。数字产品服务业的发展，不仅丰富了数字经济的内容，也为传统产业的数字化转型提供了支持。

数字技术应用业是数字产业化的关键环节，它涉及将数字技术应用于各个行业，如智能制造、智慧农业、智能交通等。通过数字技术的应用，传统产业可以实现生产过程的自动化、智能化，提高生产效率和产品质量。数字技术应用业的发展，推动了产业的数字化转型，促进了经济的创新和发展。数据要素驱动业是数字产业化的新兴领域，它以数据为关键要素，通过数据的收集、处理、分析和应用，为经济活动提供了决策支持。在数据要素驱动业中，数据被视为一种重要的生产要素，其价值和潜力得到了充分的挖掘和利用。数据要素驱动业的发展，不仅提高了经济活动的效率和精准度，也为数字经济的创新和发展提供了新的动力。

数字产业化的发展，为数字经济的繁荣提供了坚实的基础。然而，这一过程也面临着一些挑战，如技术创新的不确定性、市场竞争的激烈性、数据安全和隐私保护的问题等。为了应对这些挑战，需要政府、企业和社会各方面的共同努力，通过加强政策支持、促进技术创新、完善法律法规等措施，推动数字产业化的健康发展。

二是产业数字化，描述数字经济中生产要素的形成和优化，是对于原有细分产业的优化和增值。各类产业的数字化过程中，通过最大化和优化资源配置，实现经济社会各方面的整体赋能，涵盖农业、制造业和服务业的各个方面。产业数字化的核心是在产业链条中通过科技和数据的形成与优化要素生产和交换中的要素配置，最终实现高质量发展的目标。数字技术在数字产业化部分研发推广，在产业数字化部分主要讨论其与原有经济社会的充分融合。产业数字化部分涵盖了经济和社会各方面的赋能，特别是在经济领域，通过科技和数据的投入，充分优化原有产业的资源配置。

## 六、数字经济的定量研究

数字化研究在探讨数据要素与劳动要素之间的关系时，呈现出复杂多变的态势。目前，学界对于数据要素与劳动要素之间是互补还是替代的关系尚未达成共识。这种关系的不确定性，反映了数字化进程中劳动力市场和技术应用的动态变化，以及这些变化对就业结构和工资水平的深远影响。

王文（2020）的研究基于我国 30 个省份 2009—2017 年的面板数据，探讨了工业智能化水平提升对就业结构的影响。研究发现，随着工业智能化水平的提高，制造业的就业份额显著降低，而服务业特别是知识和技术密集型的现代服务业就业份额则有所增加。这一现象表明，数字化进程中，数据要素与劳动要素之间可能存在替代效应，即数据要素的应用减少了对传统制造业劳动力的需求，而增加了对服务业劳动力的需求。这种就业结构的转变，促进了行业就业的高级化，有助于实现更高质量的就业，这可能意味着劳动者需要更高的技能和知识水平来适应新的就业环境。

戚聿东等（2020）的研究基于 2010 年、2013 年、2015 年的我国综合社会调查（CGSS）数据，分析了互联网使用对工资水平的影响。研究结果显示，互联网使用对总体工资水平有显著的正向影响，但随着时间的推移，这种影响程度逐渐减小。这可能表明，随着互联网技术的普及和应用，其对工资水平的边际效应在递减。此外，该研究还发现互联网使用显著缩小了性别工资差异，这可能意味着数字化为缩小就业市场中的性别不平等提供了机会。

这两种研究视角提供了对数据要素与劳动要素关系的不同理解。一方面，工业智能化水平的提高可能减少了对某些传统劳动技能的需求，导致劳动力市场的结构性变化；另一方面，互联网使用的普及可能增加了对新技能的需求，促进了劳动力市场的灵活性和包容性。

然而，这些研究结果并不意味着数字化对所有劳动要素都具有替代效应。实际上，数字化也可能创造新的就业机会和职业类型，特别是在数据分析、软件开发、网络安全等领域。此外，数字化还可以通过提高生产效率和创新能力，为劳动者提供更多的职业发展机会。

政府和企业在推动数字化进程中，需要关注这些变化对劳动力市场的影响，并采取相应的政策和措施来应对挑战。例如，加强职业教育和培训，提高劳动者的数字技能和适应能力；促进劳动力市场的灵活性，帮助劳动者顺利过渡到新的就业领域；加强劳动保护和社会保障，减少数字化可能带来的就业不稳定性。同时，数字化对劳动力市场的替代效应和互补效应可能因地区、行业和职业的不同而有所差异。因此，政策制定者需要根据具体情况，制定差异化的策略，以确保数字化进程中的社会公平和包容性。

数据要素与劳动要素之间的关系是一个多维度、多层次的问题，需要从不同角度和层面进行综合分析。随着数字化研究的不断深入，我们对这一关系的理解将更加全面和深入，为制定有效的政策和措施提供科学依据。通过合理引导和积极应对，我们可以最大限度地发挥数字化的潜力，促进劳动力市场的健康发展和社会的全面进步。数字化发展对产业组织效率的提高具有促进作用。数字化变革显著提升了实体企业经济效益，通过降低成本费用，提高资产使用效率以及增强创新能力，推动实体企业数字化变革的经济效益提升（何帆等，2019）。在我国珠江三角洲地区和东南亚，互联网和网络平台对于年轻企业家数量和创业活动发挥相关作用（Peris et al.，2020）。数字化发展随之而来的是线上市场的新赛道竞争，进一步带来在线消费者技能、在线消费者意识、在线消费者参与和可持续购买决策等新的消费挑战，要求在线提供商要重新审视其产品的可持续性标准，以保持竞争优势（Gazzola et al.，2017）。

数字化技术的引入，使得企业能够更加精准地预测市场需求，优化生产流程，减少资源浪费。通过大数据分析，企业可以更好地理解消费者行为，实现个性化定制和柔性生产，从而提高产品和服务的附加值。同时，数字化工具的应用也提高了企业的管理效率，降低了运营成本，如通过云计算服务减少 IT 基础设施的投资，通过电子商务平台拓宽销售渠道等。

在地域层面，数字化的影响同样显著。例如，在我国珠江三角洲地区、海外东南亚地区，互联网和网络平台对年轻企业家的数量和创业活动都起到了积极的推动作用（Peris et al.，2020）。数字化平台为年轻企业家提供了更多的信息资源和市场机会，降低了创业门槛，激发了创业热情。这些平台也为企业家提供了交流和合作的空间，促进了创新和知识的传播。

然而，数字化发展也带来了新的挑战，尤其是在消费市场。随着线上市场的不断扩张，消费者面临更多的选择和信息，这对他们的消费技能、消费意识和参与度提出了新的要求。Gazzola 等（2017）的研究指出，数字化发展带来的新赛道竞争，要求消费者具备更高的在线消费技能，包括搜索、评估和比较不同产品和服务的能力。同时，消费者的消费意识也在发生变化，越来越多的消费者开始关注产品的可持续性，这不仅包括产品的质量和价格，还包括产品的环境和社会影响。

### 七、促进可持续发展

有学者利用动态能力和市场导向理论，为行业利用数字创新来实现其可持续的业务增长进行了探讨（Sultana et al., 2021）。同时，还有学者研究了海尔数字双平台网络的动态机制的数字化转型过程，以此提出了面向企业创新数字化转型建议和可持续商业模式（Li et al., 2020）。数字化发展作为推动现代社会经济转型的关键力量，不仅极大地提高了生产效率和经济效益，还为产业的可持续发展提供了新的路径和可能。随着数字技术的不断进步和应用，越来越多的学者开始关注数字化与产业可持续发展之间的关系，并从不同角度进行了深入探讨。Sultana 等（2021）的研究利用动态能力和市场导向理论，探讨了行业如何利用数字创新来实现可持续的业务增长。动态能力理论强调企业通过不断学习和创新，获取和维持竞争优势的能力。市场导向理论则认为企业应该密切关注市场需求和变化，以市场为导向进行决策和创新。结合这两个理论，研究指出，企业可以通过发展数字能力，如数据分析、云计算、人工智能等，来更好地理解市场需求，提高产品和服务的创新性，实现业务的可持续增长。

数字化转型对于企业实现可持续发展具有重要意义。首先，数字化技术可以帮助企业提高资源利用效率，降低生产成本，实现经济效益和环境效益的双重提升。例如，通过物联网技术实现智能生产和能源管理，可以减少能源浪费和污染物排放。其次，数字化技术可以促进企业的创新能力，通过数据分析和人工智能等手段，企业可以更快地响应市场变化，开发新产品和新服务，提高市场竞争力。此外，数字化技术还可以帮助企业加强与消费者、供应商和其他利益相关者的联系，建立更加透明和负责任的供应链，提高企业的社会形象和品牌价值。然而，数字化转型也面临着一些挑战和风险。例如，企业在数字化过程中可能会遇到技术选择、数据安全、人才培养等问题。此外，数字化转型可能会对传统业务和就业产生冲击，需要企业进行相应的管理和调整。因此，企业在进行数字化转型时，需要综合考虑各种因素，制定合理的转型策略和计划。

政府和社会各界也需要为数字化转型提供支持和帮助。政府可以通过制定政策、提供资金支持、加强人才培养等措施，推动数字化技术的研发和应用。同时，政府还需要加强数字基础设施建设，提高数字服务的普及率和便利性。社会各界可以通过研究、交流和合作，共同探讨数字化转型的最佳实践和经验，促进数字化转型的健康发展。总之，数字化发展为产业可持续发展提供了新的机遇和动力。通过利用数字创新，企业可以实现业务的可持续增长，提高经济效益和环境效益。同时，数字化转型也需要企业、政府和社会各界的共同努力，克服挑战，实现数字化与可持续发展的有机结合。随着数字技术的不断发展和应用，我们有理由相信，数字化将为产业的可持续发展提供更加强大的支持，推动经济、社会和环境的和谐发展。同时，数字化加强了各产业间的关联。比如，信息服务业的产业关联范围广泛（冯居易等，2020）。有学者指出应全面推动数字经济量质齐升，各区域应立足自身实际精准施策，在推进新型基础设施建设的同时，主攻新型数字技术与当地制造业的融合，缩小地区发展差异，最终建设"创新型国家"（温珺等，2020）。数字化作为一种全新的经济形态，正在全球范围内重塑产业结构和经济地理。其影响力不仅体现在提升单一产业的效率和竞争力，更重要的是加强了各产业间的内在联系和协同效应。冯居易等（2020）的研究指出，信息服务业因其产业关联范围广泛，成为数字化进程中的关键枢纽。这一行业不仅自身迅速发展，还通过与其他产业的深度融合，推动了整个经济体系的数字化转型。

数字化的这种关联效应，首先表现在信息服务业对其他产业的渗透和改造上。通过提供云计算、大数据分析、人工智能等数字技术，信息服务业帮助传统产业实现智能化升级，提高了生产效率和产品质量。同时，信息服务业还通过网络平台和电子商务等模式，拓宽了企业的市场渠道，增加了消费者的选择，促进了供需双方的有效对接。温珺等（2020）的研究则从宏观政策的角度，提出了推动数字经济量质齐升的策略。他们认为，各地区应根据自身的实际情况，制定精准的数字经济发展策略。这包括推进新型基础设施建设，如5G网络、数据中心等，为数字经济的发展提供坚实的物质基础。同时，更重要的是主攻新型数字技术与当地制造业的融合，通过技术创新和产业升级，提升区域经济的核心竞争力。这种融合策略的实施，有助于缩小地区之间的发展差异。通过数字化转型，落后地区可以利用数字技术的普惠性，快速提升自身的产业水平，实现跨越式发展。而发达地区则可以通过深化数字化应用，进一步巩固和扩大其竞争优势。最终，通过各地区的协调发展，形成全国范围内的数字经济协同发展格局，为建设"创新型国家"奠定坚实基础。

然而，实现这一目标并非易事，需要政府、企业和社会各界的共同努力。政府需要加强顶层设计，出台相关政策和规划，引导和支持数字经济的发展。同时，政府还应加大对数字技术研发和人才培养的投入，为数字经济的发展提供人才和技术支持。

企业作为数字化转型的主体，需要积极拥抱数字技术，探索与自身产业特点相适应的数字化路径。这可能涉及生产流程的智能化改造、商业模式的创新、组织结构的调整等。同时，企业还需要加强与政府、高校、科研机构等的合作，共同推动数字技术的研发和应用。社会各界也应积极参与到数字经济的发展中来。高校和科研机构可以加强数字技术的基础研究，培养更多的数字人才；金融机构可以提供资金支持，降低企业数字化转型的风险；消费者可以通过改变消费习惯，支持数字化产品和服务的发展。

数字化发展加强了各产业间的关联，为经济的全面升级和转型提供了新的动力。通过全面推动数字经济量质齐升，各地区立足自身实际精准施策，主攻新型数字技术与当地制造业的融合，可以缩小地区发展差异，推动经济的协调发展。虽然面临诸多挑战，但只要各方共同努力，充分发挥数字化的潜力，就一定能够实现建设"创新型国家"的目标，为社会经济的可持续发展做出更大贡献。数字经济可以通过三条路径促进农业转型，即新的投入要素，新的资源配置效率和新的全要素生产率提高，数字经济还具有一种类似亚当·斯密提出的自增长模式（荆文君等，2019）。数字技术通用性的提升是改善生产效率的关键，具体表现为数字经济基础设施建设的不断推进，数字技术与传统经济融合广度与深度的不断扩展，数字经济催生新产业新业态新商业模式的不断完善（王开科等，2020）。数字经济作为现代经济发展的新引擎，正以其独特的方式深刻影响着各个行业，包括传统农业的转型与升级。荆文君等（2019）在其研究中指出，数字经济能够通过三条关键路径促进农业转型：引入新的投入要素、提高资源配置效率以及提升全要素生产率。这三条路径共同构成了数字经济推动农业转型的框架，为农业现代化提供了新的动力和方向。

## 八、引入新的投入要素

数字经济通过引入新的投入要素，为农业带来了前所未有的变革。这些新要素包括大数据、人工智能、物联网等现代信息技术，它们作为农业生产的新工具和新资源，极大地丰富了农业生产的内涵和外延。例如，通过物联网技术，农业生产者可以实时监控作物生长状况和环境变化，及时调整种植策略；利用大数据分析，可以预测市场趋势，优化种植结构和产品分配。

数字经济通过提高资源配置效率，优化了农业生产和经营过程。数字化工具和平台的应用，提高了农业生产的精准度和效率，降低了资源浪费。例如，通过精准农业技术，可以根据土地条件和作物需求，精确施肥和灌溉，提高土地产出率；通过供应链管理平台，可以优化农产品的流通和分销，减少物流成本和时间。

数字经济通过提升全要素生产率，增强了农业的综合竞争力。全要素生产率是指在各种生产要素投入量不变的情况下，生产效率的提升。数字技术的引入，使得农业生产过程中的各个环节更加智能化和自动化，提高了劳动生产率和资本回报率。数字经济还具有一种类似亚当·斯密提出的自增长模式，即通过规模经济和范围经济，实现生产效率的持续提升和成本的持续降低。

王开科等（2020）的研究进一步强调了数字技术通用性提升在改善生产效率中的关键作用。数字经济基础设施的建设，如宽带网络、数据中心、智能物流等，为数字技术的应用提供了坚实的基础。随着这些基础设施的不断完善，数字技术与传统经济的融合也在不断加深，推动了农业生产方式的根本变革。

同时，数字经济还催生了新产业、新业态、新商业模式的不断完善。例如，电子商务平台的兴起，使得农产品可以直达消费者，拓宽了销售渠道；共享经济模式的应用，促进了农业资源的优化配置和利用效率的提升；基于区块链技术的质量追溯系统，提高了农产品的透明度和消费者的信任度。

然而，数字经济在推动农业转型的过程中，也面临着一些挑战和问题。例如，数字技术的普及和应用需要相应的资金与人才支持，这对于许多农业企业和生产者来说是一项挑战。此外，数据安全和隐私保护也是数字经济在农业领域应用时需要关注的问题。因此，政府、企业和社会各界需要共同努力，加强数字技术的研发和推广，提高农业从业者的数字素养，建立健全的数据安全管理体系。

总之，数字经济通过引入新的投入要素、提高资源配置效率和提升全要素生产率，为农业转型提供了新的动力和方向。随着数字技术通用性的提升和数字经济基础设施的不断完善，数字经济将更加深入地融入农业生产和经营的各个环节，推动农业向智能化、精准化、高效化的方向发展。虽然面临诸多挑战，但只要各方共同努力，充分发挥数字经济的潜力，就一定能够实现农业的现代化和可持续发展，为经济社会的全面发展做出更大贡献。

数字经济的发展现状可以通过各种指标来衡量。根据全球统计数据库的数据，2019 年全球数字经济的规模达到了 25.8 万亿美元，占全球 GDP 的 16.4%（Statista，2020）。电子商务、在线支付、数字营销等领域的快速发展，大数据、人工智能、物联网等技术的广泛应用，都推动了数字经济的增长。对数字经济的测量和评估是定量研究的重要方面。数字经济可以通过多种指标来衡量，包括电子商务交易额、在线支付交易额、数字产业增加值等。这些指标可以反映数字经济的发展规模和增长速度。数字经济的发展受到多种因素的影响。

根据相关研究和实证分析，以下几个因素对数字经济的发展影响较大：

信息技术基础设施：信息技术基础设施的建设和完善是数字经济发展的基础。高速互联网的普及率、移动通信网络的覆盖范围、数据中心的建设等都是影响数字经济发展的关键因素。

人力资源：数字经济的发展需要高素质的劳动力。人力资本的培养和提升，特别是信息技术和互联网相关的专业人才，对数字经济的发展起到重要作用。

政策和法规：政府的政策与法规对数字经济的发展有着重要的影响。政府对数字经济的扶持政策、数据保护法规、网络安全政策等都会对数字经济的发展产生积极或消极的影响。

数字经济的定量研究对于理解和评估数字经济的发展具有重要意义。通过定量研究，我们可以更好地了解数字经济的发展现状、影响因素和发展趋势，为政策制定者和企业提供科学的决策依据。未来的研究可以进一步探索数字经济的长期影响和发展潜力，为数字经济的发展提供更多的理论支持和实践指导。

# 第二节　农业数字化的经济效应

## 一、农业数字化的研究范围

农业数字化是农业产业的数字化发展，运用科技和数据，形成和优化生产要素，实现农业经济高质量发展的过程。农业数字化是伴随农业数字技术的发展而发展的。各类技术包含大数据、物联网、智联网、区块链、数字孪生、5G、3S技术、人工智能、移动互联网等。从细分产业的角度来看，农业数字化包含了农林牧渔业和农林牧渔服务业的数字化发展。从完整产业链的角度来看，农业数字化包含产业链上游和产业链下游的数字化发展。农业产业上游生产端的数字化发展又被称为智慧农业。我国始终重视数据农业的发展，"十三五"时期强调农业农村"信息化"，逐渐强调"互联网＋农业"，直到近来重视"农业数字化"的发展。近年来，智能感知、智能分析、智能控制等数字技术加快向农业农村渗透。"十四五"农业数字经济发展方向：种植业信息化、畜牧业智能化、渔业智慧化、种业数字化、新业态多元化（电子商务）、质量安全管控全程化。整体而言，未来农业数字化呈现快速发展态势。

（一）农业数字化划分

农业数字化可以划分为种植业信息化、养殖业智能化、渔业智慧化以及农业产业链下游数字化四大类。一是种植业数字化，包含数字农情检测、数字植保防御体系以及数字田园和无人农场。二是养殖业数字化，包含数字养殖牧场、个体体征智能检测技术和生产动态数据库。三是渔业数字化，包含数字渔场、海洋牧场信息系统和远洋渔业资源系统。四是农业产业链下游数字化，包含农副产品加工数字化平台和物流销售数字化平台。

应用场景和市场企业可以在农业数字化划分的四大类基础上进一步细化讨论。经典的农业数字化应用场景包括如下种类。种植业数字化对应的需求包括土壤墒情、作物长势等种植业生产管理信息化，重大病虫害智能化识别和数字化防控，环境控制、水肥药精准施用、精准植保、农机智能作业；养殖业数字化对应的需求包括圈舍设备智能化改造、集成应用、精准检测，动物疫病疫情精准诊断、预警和防控，养殖场数据直联；渔业数字化对应需求包括水体环境实时监控、饵料精准投喂、病害检测预警，渔船智能化航行、集成应用，渔船动态监控；农业产业链下游数字化包括农副产品云平台，"互联网＋农产品"、农产品线上线下营销渠道、农业服务业大数据。我国农业数字化的快速发展已经催生了一大批专注于不同应用场景的创新企业，这些企业通过将先进的数字技术应用于农业生产、管理和销售的各个环节，极大地推动了农业现代化进程。在种植业领域，数字化技术的应用已经相当广泛，典型企业如极飞、大疆、麦飞、久保田、洋马、沃得等，它们通过研发和推广无人机、智能监测系统、精准农业设备等，提高了作物种植的效率和精准度。例如，无人机技术的应用不仅提高了播种、施肥和喷洒农药的效率，还降低了对环境的影响和生产成本。

养殖业数字化方面，省饲儿农牧科技等企业通过开发智能养殖管理系统、饲料配方优化软件、疾病监测预警系统等，提升了畜禽养殖的智能化水平。这些数字化解决方案有助于实现精准饲养、疾病预防和生产管理，从而提高了养殖效率和产品质量，同时也降低了养殖风险和成本。在渔业领域，数字化技术同样发挥着重要作用。武汉中易天地物联科技、浙江庆渔堂农业科技、海南智渔可持续科技发展研究中心等企业通过应用物联网、大数据、人工智能等技术，实现了对水产养殖环境的实时监控、水质管理和病害防治。这些技术的应用不仅提高了渔业生产的可持续性，还有助于保护生态环境和提高水产品的市场竞争力。

农业产业链下游的数字化转型同样不容忽视。智云农、拓普云农等企业通过提供农业大数据服务、供应链管理、农产品溯源等解决方案，加强了农产品从田间到餐桌的全过程管理。而拼多多、淘宝等电商平台则通过构建线上销售渠道，拓宽了农产品的市场销售范围，提高了农产品的销售效率和农民的收入水平。

这些企业的涌现和发展，不仅体现了我国农业数字化的广阔前景，也反映了市场对高效、智能、可持续农业解决方案的迫切需求。随着技术的不断进步和创新，农业数字化企业将继续推动农业生产方式的变革，提高农业生产的智能化、精准化水平，促进农业资源的合理配置和高效利用，增强农业的抗风险能力和市场竞争力。

然而，农业数字化的发展也面临着一些挑战，如技术应用成本、数据安全和隐私保护、技术更新速度、农民数字技能培训等问题。为了应对这些挑战，需要政府、企业、科研机构和农民等多方共同努力。政府可以出台相关政策和措施，支持农业数字化技术的研发和推广，加强农业数据安全和隐私保护，提供技术培训和资金支持。企业需要不断创新和优化数字化产品和服务，降低技术应用门槛和成本，提高技术的适用性和易用性。科研机构可以加强农业数字化技术的基础研究和应用研究，提供技术支持和解决方案。农民则需要积极学习和掌握数字技术，提高自身的数字素养和应用能力。

（二）数字乡村

数字乡村是一个包含农业数字化的一个概念，它涵盖了农村和农民的数字化生产和生活，具有更广泛的意义。《数字农业农村发展规划（2019—2025 年）》指出，生物体及环境等农业要素、生产经营管理等农业过程及乡村治理的数字化，是一场深刻革命。数字乡村作为数字经济的重要组成部分，其内涵远超农业数字化的范畴，它涵盖了农业生产、农村生活和乡民福祉的全方位数字化转型。《数字农业农村发展规划（2019—2025 年）》的发布，标志着我国对农业农村数字化转型的高度重视和全面规划，旨在通过数字化手段推动农业农村的现代化进程。

数字乡村的核心在于农业要素的数字化。这包括生物体，如作物、畜禽等的生长状况监测，以及环境因素，如土壤、气候、水源等的数据采集与分析。通过安装传感器、使用无人机巡查、部署智能监控系统等手段，农业生产者能够实时获取作物生长和环境变化的精确数据，进而实现精准农业管理。这种基于数据的决策模式，不仅提高了农业生产的效率和质量，还有助于实现农业资源的可持续利用。

农业过程的数字化是数字乡村发展的另一重要方面。这涉及农业生产经营的各个环节，包括种植、养殖、收割、加工、物流等。数字化技术的应用，如智能农机、自动化控制系统、供应链管理系统等，能够显著提高农业生产的自动化和智能化水平。此外，通过大数据分析和人工智能算法，农业生产者可以更好地预测市场趋势，优化生产计划和资源配置，提高经济效益。

乡村治理的数字化同样是数字乡村战略的关键组成部分。通过建立数字化的乡村治理平台，可以实现对乡村公共资源、基础设施、环境状况等的有效监管和管理。这不仅提高了乡村治理的透明度和效率，还有助于提升乡民的参与度和满意度。例如，通过数字化平台，乡民可以更方便地获取政策信息、参与决策过程、反馈问题和建议，从而促进乡村治理的民主化和科学化。

数字乡村的发展还意味着农村生活和乡民福祉的数字化转型。随着互联网和智能设备的普及，农村居民可以享受到更加便捷的信息服务，如在线教育、远程医疗、电子商务等。这些服务的数字化，不仅提高了农村居民的生活质量，还有助于缩小城乡之间的数字鸿沟，促进社会公平和均衡发展。

然而，数字乡村的建设也面临着一系列挑战。技术基础设施的不足、资金投入的有限、农民数字素养的缺乏等问题，都是制约数字乡村发展的重要因素。为了解决这些问题，需要政府、企业、社会组织和乡民等多方的共同努力。政府需要加大对农村信息基础设施建设的投入，出台相关政策和措施，鼓励和支持数字乡村的发展；企业需要发挥自身技术优势，开发适合农村市场的产品和解决方案；社会组织可以通过培训和教育，提高农民的数字素养和应用能力；农民则需要积极参与数字乡村建设，充分利用数字化带来的机遇和便利。

数字乡村的建设是一场深刻革命，它不仅涉及农业生产的数字化转型，还包括乡村治理和农村生活的全面升级。通过《数字农业农村发展规划（2019—2025年）》的实施，我们有理由相信，数字乡村将为我国农业农村的现代化发展注入新的活力，为实现乡村振兴战略目标提供有力支撑。随着数字技术的不断进步和应用，数字乡村将展现出更加广阔的发展前景，为农村经济社会发展和乡民福祉提升做出更大贡献。

农业产业是国民经济的第一产业，随着数字技术的扩散，主要通过生产环节的结构效应与交换环节的规模经济效应来呈现农业产业数字化的发展趋势。农业数字经济在数字经济时代下被赋予了新的内涵。从农业生产与信息通信技术结合的传统定义，拓展为农业生产销售全产业链的数字化改造，其改造过程呈现网络化、数字化和智能化的发展趋势。农业数字化改造是一场全方位的技术革新，它涉及农业生产、销售、管理和服务等多个环节的数字化应用。这一改造不仅关乎技术层面的更新换代，更是农业生产方式和产业模式的深刻变革。在生产端，数字化技术的使用极大地提高了农业生产的智能化和精准化水平。数字智能植保技术通过精准施药减少了农药的使用，降低了对环境的影响；数字气象预警系统能够及时向农户提供天气变化信息，帮助他们做好防灾减灾工作；产量智能预测技术则通过分析历史数据和实时数据，预测作物产量，为农户的市场决策提供依据。这些技术的应用，不仅提高了农业生产效率，还有助于实现农业的可持续发展。销售端的数字化改造则主要体现在网络平台和大数据的运用上。B2B、B2C、C2C和O2O等模式的农产品网络销售平台，为农产品打开了更广阔的市场，缩短了农产品从田间到餐桌的距离。这些平台通过大数据分析消费者需求和市场趋势，帮助农户和企业更精准地定位市场与客户，提高销售效率和效益。农业公共基础设施的数字化建设也是农业数字化改造的重要组成部分。通信设备的普及和升级，为农业信息化提供了基础支撑；开放性数据库的建立，为农业数据的收集、存储和共享提供了平台；地方性大数据平台的建设，则为地方政府和农业部门提供了决策支持，提高了农业管理的科学性和精准性。全产业链的产品质量安全控制的自动化、数据化和可视化，是农业数字化改造的另一重要方面。通过在生产、加工、运输、销售等各个环节应用数字化技术，可以实现对农产品质量安全的全程监控和管理，提高农产品的质量安全水平，增强消费者对农产品的信心。尽管我国农业数字化改造取得了一定的进展，但仍处于早期快速发展阶段，整体上发展推广难度大、增长规模较为有限。这主要受到技术基础设施不足、资金投入有限、农民数字素养不高、政策支持不够等因素的制约。

（三）农业数字技术的发展

农业数字技术的发展可以追溯到 20 世纪 70 年代，各国在不同的发展阶段侧重点各有不同。我国主要发展处理科学计算，致力于提升基础科学计算能力，为农业数字化奠定基础。而此时，美国和欧洲则在扩展数据库和信息系统，开始构建早期的农业信息管理体系。这一时期，日本、韩国和印度的发展相对停滞，尚未在农业数字技术领域取得显著进展；全球范围内信息技术正处于快速发展和变革的时期，不同国家和地区在这一领域的发展方向和重点各有侧重。在我国，这一时期信息技术的发展主要集中在科学计算领域，致力于提升基础科学计算能力。这一战略选择主要是为了满足国家在科学研究、工程设计、资源勘探等方面的计算需求，同时也为后续的农业数字化转型奠定了基础。

科学计算作为信息技术的一个重要分支，其核心在于利用计算机进行大规模数值计算和数据处理，以解决科学研究中的复杂数学问题。在 20 世纪 70 年代，我国在这一领域的投入和努力，不仅推动了计算机硬件技术的进步，也促进了相关软件和算法的发展。这些技术进步为后来的农业数字化提供了重要的技术储备和人才基础。与此同时，美国和欧洲在信息技术的应用方面则更加注重数据库和信息系统的扩展。这些国家和地区在早期就开始构建农业信息管理体系，通过整合农业生产、市场、政策等各方面的数据，为农业生产者和决策者提供信息服务与决策支持。这些早期的农业信息管理体系，虽然在技术和功能上与今天的农业数字化相比还有很大差距，但它们为后来的农业信息技术发展奠定了基础。与此相比，日本、韩国和印度在 20 世纪 70 年代的农业数字技术领域的发展则相对滞后。这些国家在这一时期虽然也有一定的信息技术研究和应用，但整体上尚未在农业数字化方面取得显著进展。这主要是由于这些国家在经济发展、技术引进、人才培养等方面的制约，导致其在农业信息技术领域的投入和应用相对有限。然而，随着全球化进程的加快和信息技术的不断进步，这些国家在后来的发展中逐渐认识到农业数字化的重要性，并开始加大在这一领域的投入和研发。通过引进先进的信息技术和管理经验，结合本国的农业特点和发展需求，这些国家在农业数字化方面取得了一定的成果。

全球范围来看，20世纪70年代的信息技术发展为后来的农业数字化转型奠定了基础。不同国家和地区在这一过程中的侧重点与进展情况各有不同，但它们共同推动了农业信息技术的发展和应用。随着数字技术的不断创新和农业领域的深度融合，农业数字化已经成为推动农业现代化、提高农业生产效率、促进农业可持续发展的重要力量。

当前，随着大数据、人工智能、物联网等新一代信息技术的发展，农业数字化正迎来新的机遇和挑战。各国需要加强在农业数字化领域的研发和应用，提高农业生产的智能化、精准化水平，增强农业的可持续发展能力。同时，也需要关注农业数字化过程中可能出现的问题，如数据安全、隐私保护、技术普及等，以确保农业数字化的健康、有序发展。

进入20世纪80年代，我国逐步建立起数据库和信息系统，开始构建农业信息化的基础设施。与此同时，欧美国家着重发展模拟模型、决策支持系统（DSS）和专家系统（ES），这些技术为农业决策提供了科学依据。印度也开始构建科学计算和数据库，逐步走上农业信息化的道路。日本、韩国则开展了决策支持、信息系统和数据库的建设，开始探索农业数字技术的应用。进入20世纪80年代，随着信息技术的不断进步和应用领域的拓展，全球范围内的农业信息化建设开始加速发展。在我国，这一时期标志着农业信息化基础设施建设的重要起点。我国逐步建立起数据库和信息系统，这不仅为农业生产、管理、决策提供了重要的数据支持，也为后续的农业数字化转型奠定了坚实的基础。数据库和信息系统的建立，使得农业信息的收集、存储、处理和分析变得更加系统化与规范化。这些系统能够整合来自不同来源和类型的农业数据，包括土壤、气候、作物生长、市场供需等信息，为农业管理者和生产者提供全面、准确的决策依据。同时，信息系统的应用也提高了农业生产的效率和管理的透明度，促进了农业资源的合理配置和利用。与此同时，在欧美国家，20世纪80年代的农业信息化建设更加注重模拟模型、决策支持系统（DSS）和专家系统（ES）的发展。模拟模型通过模拟农业生产过程中的各种因素和条件，预测作物生长和产量变化，为农业生产提供科学的指导。决策支持系统则通过分析和处理大量数据，为农业决策者提供多种备选方案和评估结果，帮助他们做出最优决策。专家系统则模拟农业专家的决策过程，为农业生产提供专业的建议和解决方案。

这些技术的应用大大提高了农业决策的科学性和准确性，降低了农业生产的风险，提高了农业生产的效率和效益。同时，它们也为农业信息化的发展提供了新的方向和动力，推动了农业信息技术的不断创新和完善。印度在20世纪80年代也开始构建科学计算和数据库，逐步走上农业信息化的道路。虽然相对于欧美国家，印度在农业信息化方面的起步较晚，但通过政府的推动和国际合作的支持，印度在科学计算和数据库建设方面取得了一定的进展。这些基础设施的建立为印度农业信息化的发展提供了基础支撑，也为印度农业的现代化和可持续发展奠定了重要基础。日本、韩国在20世纪80年代则开展了决策支持、信息系统和数据库的建设，开始探索农业数字技术的应用。这些国家通过引进和吸收国外的先进技术与管理经验，结合本国的农业特点和发展需求，逐步建立起适应本国国情的农业信息化体系。这些体系不仅提高了农业生产的效率和管理的水平，也增强了农业的竞争力和可持续发展能力。

20世纪80年代是全球农业信息化建设的重要时期，不同国家和地区根据自身的发展阶段与特点，采取了不同的发展策略和重点。我国逐步建立起数据库和信息系统，为农业信息化基础设施奠定了基础；欧美国家着重发展模拟模型、决策支持系统和专家系统，为农业决策提供了科学依据；印度开始构建科学计算和数据库，逐步走上农业信息化的道路；日本、韩国则开展了决策支持、信息系统和数据库的建设，探索农业数字技术的应用。这些努力共同推动了全球农业信息化的发展，为农业现代化和可持续发展提供了重要支撑。随着信息技术的不断创新和应用，农业信息化将为农业发展带来更多的机遇和挑战，需要各国进一步加强合作和交流，共同推动农业信息化的发展和进步。

20世纪90年代，我国在农业数字技术方面取得了显著进展，发展出模型系统、决策支持、互联网和专家系统等多种技术。美国在此时侧重于互联网、智能控制、精准农业和3S技术（遥感、地理信息系统和全球定位系统），这些技术的应用极大地提升了农业生产效率。印度也发展了模型系统、数据库和信息系统，逐步完善农业数字化体系。日本、韩国则在互联网、智能控制、精准管理和3S技术方面取得了显著进展，为农业生产提供了新的技术支持。全球信息技术迎来了飞速发展的黄金时期，这一时期的技术进步对农业领域产生了深远的影响。在我国，农业数字技术的发展取得了显著进展，一系列新技术的应用开始改变传统的农业生产和管理方式。在这一时期，我国农业数字技术的发展主要集中在模型系统、决策支持、互联网和专家系统等多个方面。模型系统的开发使得农业科研和生产决策更加科学化，通过模拟不同的农业生产条件和过程，预测作物生长和产量，为农业生产提供了重要的参考依据。决策支持系统的应用则帮助农业生产者和管理者在复杂的信息中做出更加合理的决策，提高了农业生产的效率和管理的科学性。互联网技术的发展为农业信息的传播和交流提供了新的渠道，农民可以通过网络获取市场信息、新技术、新方法等，提高了农业生产的信息化水平。专家系统则通过集成农业专家的知识和经验，为农业生产提供专业的指导和建议。与此同时，美国在20世纪90年代的农业数字技术发展中，侧重于互联网、智能控制、精准农业和3S技术的应用。互联网的普及为农业信息的获取和传播提供了更加便捷的途径，智能控制技术的应用提高了农业生产的自动化水平，精准农业的发展则通过精确施肥、精确灌溉等手段提高了农业生产的效率和质量。3S技术的综合应用，为农业生产提供了更加精确的地理信息和资源管理方案，极大地提升了农业生产效率。

印度在20世纪90年代也开始注重农业数字化体系的建设，发展了模型系统、数据库和信息系统等关键技术。这些技术的应用为印度农业提供了更加科学的决策支持和信息管理，推动了印度农业的现代化进程。通过模型系统，印度农业科研人员能够更好地模拟和预测农业生产过程，为农业生产提供科学依据。数据库和信息系统的建设则为农业信息的收集、存储和分析提供了重要平台，提高了农业管理的效率和透明度。

日本、韩国在20世纪90年代的农业数字技术发展中，同样在互联网、智能控制、精准管理和3S技术方面取得了显著进展。这些技术的应用为日本、韩国农业生产提供了新的技术支持，推动了农业生产方式的变革。互联网技术的普及使得农业信息的获取和交流更加便捷，智能控制技术的应用提高了农业生产的自动化和智能化水平。精准管理技术的发展则通过精确控制农业生产过程，提高了农业生产的效率和质量。3S技术的应用则为农业资源的管理和利用提供了更加精确的地理信息与决策支持。

20世纪90年代全球农业数字技术的发展，不仅推动了农业生产方式的变革，也为农业信息化、现代化和可持续发展提供了重要支撑。随着信息技术的不断创新和应用，农业数字技术将继续为农业生产带来更多的机遇和挑战。未来，各国需要进一步加强农业数字技术的研发和应用，提高农业生产的智能化、精准化和可持续性，为全球粮食安全和农业发展做出更大的贡献。

进入21世纪之后，我国在农业数字技术领域继续发力，发展了物联网、智能装备、农业数字化、精准农业和3S技术，进一步推动了农业现代化。欧美国家在这一时期发展了物联网、智能农机和自动化农场，农业生产实现了高度自动化和智能化。印度开始发展互联网、信息服务和模型系统，逐步缩小与发达国家在农业数字技术方面的差距。日本、韩国则专注于物联网、设施机器人和植物工厂，探索新的农业生产模式。智慧农业在技术不断成熟的过程中逐步发展成型，成为全球农业发展的新方向。

物联网技术的应用，使得农业生产过程中的监控和管理更加智能化。通过在农田中部署各种传感器，实时收集作物生长、土壤状况、气候条件等数据，农业生产者能够及时准确地掌握作物生长状况，实现精准灌溉、施肥等农业活动。智能装备的使用，如无人驾驶拖拉机、智能喷洒设备等，提高了农业生产的自动化水平，降低了人力成本，提高了作业效率。

农业数字化和精准农业的发展，进一步推动了农业生产的智能化和精准化。通过大数据分析、人工智能算法等技术，农业生产者能够更科学地进行种植规划、病虫害防治、作物收获等决策。3S技术的应用，为农业生产提供了精确的地理信息，有助于实现土地资源的合理利用和农业生产的精确管理。

（四）世界各国的相关发展

在欧美国家，21 世纪初的农业数字技术发展同样取得了显著成就。物联网、智能农机和自动化农场等技术的应用，使得农业生产实现了高度自动化和智能化。智能农机能够根据土壤状况自动调整作业参数，自动化农场则通过集成各种智能设备和系统，实现农业生产全过程的自动化控制和管理。这些技术的应用不仅提高了农业生产效率，也有助于实现农业可持续发展。

印度在这一时期也开始大力发展农业数字技术，互联网、信息服务和模型系统等成为印度农业数字化的关键领域。通过互联网和信息服务，印度农民能够获取更多的市场信息和技术指导，提高了农业生产的信息化水平。模型系统的应用则为印度农业生产提供了科学的决策支持，帮助农民更好地应对气候变化、病虫害等挑战。这些技术的发展和应用，一定程度上逐步缩小了印度与发达国家在农业数字技术方面的差距。

日本、韩国在 21 世纪初的农业数字技术发展中，专注于物联网、设施机器人和植物工厂等前沿技术。物联网技术的应用，使得日本、韩国农业生产的监控和管理更加智能化与精准化。设施机器人的使用，提高了农业生产的自动化水平，降低了人力成本。植物工厂则通过模拟植物生长的最佳环境，实现了作物的全年生产，提高了农业生产的稳定性和可预测性。

21 世纪农业发展的新方向，在技术不断成熟的过程中逐步发展成型。智慧农业集成了物联网、大数据、人工智能、3S 技术等多种数字技术，实现了农业生产的全面智能化和精准化。智慧农业不仅能够提高农业生产效率，还能够保障农产品质量安全，促进农业可持续发展。

然而，农业数字技术的发展也面临着一些挑战，如技术成本、技术普及、数据安全等问题。为了应对这些挑战，需要政府、企业、科研机构和农民等多方的共同努力。政府需要加大对农业数字技术的政策支持和资金投入，加强农业数字技术的研发和推广。企业需要发挥自身的技术优势和市场优势，开发适合农业应用的数字技术和产品。科研机构需要加强农业数字技术的基础研究和应用研究，为农业数字化提供技术支撑。农民则需要积极学习和掌握数字技术，提高自身的数字素养和应用能力。

美国作为世界上最大的农业国之一，其农业生产模式以高效率和高技术含量著称。美国农业的一个显著特点是地多人少，即拥有广阔的耕地资源而农业人口相对较少。这种国情促使美国农业高度依赖机械化和数字化技术，以提升整体生产率和保持其在全球农业领域的领先地位。

美国农业地多人少，通过农机装备的数字化提升农业整体生产率。美国是农业粮食的主要出口国家，在农业生产中以较高的效率一直处于行业领先水平。其劳动力主要为农场主和季节性雇员，通过先进的农机和农业信息系统实现高效的农业生产管理。例如，美国的约翰迪尔公司开发的智能农机，通过 GPS 和传感器技术，实现精准播种、施肥和收获，大幅提高了农业生产效率。

美国农业的高效率得益于其先进的农机装备和农业信息系统。这些技术和系统的应用，使得美国农业能够在较少的人力投入下实现大规模生产。美国的农场主和季节性雇员通过使用这些先进的农机和信息系统，实现了高效的农业生产管理。

美国的农业机械化起步较早，经过多年的发展，已经形成了一套成熟的农业机械体系。这些机械不仅在动力和功能上不断优化，而且在智能化和精准化方面也取得了显著进展。智能农机的应用，如约翰迪尔公司开发的农机，通过集成 GPS 和传感器技术，能够实现精准播种、施肥和收获。这种精准农业技术的应用，不仅提高了农业生产的效率，还有助于减少资源浪费，提高土地利用率。

GPS 技术的应用，使得农机能够实现精确的定位和导航，从而在田间作业中保持直线行驶，减少重复作业和遗漏区域。传感器技术的应用，如土壤湿度传感器、作物生长传感器等，能够实时监测土壤和作物的生长状况，为农业生产提供科学依据。通过这些数据，农业生产者可以更准确地判断作物的需水量、施肥量等，实现精准灌溉和施肥。

此外，美国的农业信息系统也高度发达。这些系统通过收集和分析农业生产过程中的各种数据，为农业生产者提供决策支持。例如，通过分析气象数据、土壤数据、作物生长数据等，农业生产者可以更好地预测作物生长趋势，制订合理的种植计划。通过分析市场数据、价格数据等，农业生产者可以及时了解市场需求变化，调整生产结构和销售策略。

美国农业的数字化不仅体现在生产过程中，还体现在农产品的流通和销售环节。通过建立农产品电子商务平台，美国农业生产者可以更便捷地将产品销售到全球各地。这些平台通过整合供应链、物流、支付等环节，为农业生产者和消费者提供了一站式服务。

然而，美国农业的数字化也面临着一定的挑战。例如，随着技术的不断更新，农业生产者需要不断学习和掌握新的技术。此外，数据安全和隐私保护也是农业数字化过程中需要关注的问题。农业生产过程中产生的大量数据需要得到妥善管理和保护，防止数据泄露和滥用。

总之，美国农业通过农机装备的数字化提升农业整体生产率，实现了高效率的农业生产管理。智能农机和农业信息系统的应用，使得美国农业在粮食生产和出口方面一直处于行业领先水平。未来，随着技术的不断创新和应用，美国农业有望在全球农业领域继续保持领先地位。

日本作为一个土地资源相对有限的国家则专注于精准农业，通过农作物和生产管理的持续完善提升农作物价值。日本农业数字化主要围绕提高劳作效率和增加产品附加值展开。由于土地面积较小，日本通常通过较高密度的资本和劳动投入增加农业产值，进一步提高农产品单价。"合作社＋农户＋协会"是日本农业的主要模式，通过合作社的统一管理和技术支持，提高农业生产的效率和质量。例如，日本的"智能农业"项目，通过无人机、传感器和数据分析技术，实现了农作物的精准管理和高效生产，长期以来一直致力于通过技术创新来提升农业的生产效率和产品价值。在这一过程中，精准农业的概念在日本得到了广泛的认可和深入的实践，成为推动日本农业数字化发展的核心。精准农业是一种基于信息技术的现代农业生产方式，它通过精确的数据收集和分析，对农业生产过程进行精细管理，以达到提高效率、降低成本、提升产品质量的目的。日本农业数字化的发展，正是围绕提高劳作效率和增加产品附加值这两个关键点展开的。

由于土地面积较小，日本农业的一个显著特点是高密度的资本和劳动投入。这种模式下，通过增加农业产值来提高农产品的单价，成为日本农业发展的重要策略。为了实现这一目标，日本农业大量采用先进的农业机械和数字化技术，以提高单位面积的产出。"合作社＋农户＋协会"是日本农业的主要模式。在这一模式下，农户通过加入合作社，可以获得统一的管理和技术支持。合作社不仅为农户提供生产资料、市场信息、金融服务等，还通过集中采购、统一销售等方式，降低农户的生产成本，提高农产品的市场竞争力。此外，协会在技术推广、教育培训、政策倡导等方面也发挥着重要作用，为农户提供全方位的支持。

日本的"智能农业"项目是精准农业实践的一个典型例子。该项目通过运用无人机、传感器和数据分析等技术，实现了对农作物生长状况的实时监测和精确管理。无人机技术的应用，可以快速获取农田的高清图像和数据，帮助农户及时发现和处理病虫害等问题。传感器技术则可以实时监测土壤湿度、温度、营养成分等指标，为精准灌溉和施肥提供依据。数据分析技术则通过对收集到的数据进行深入分析，为农户提供科学的种植建议和管理方案。这些技术的应用，不仅提高了农业生产的效率和质量，也为农产品的附加值提升创造了条件。通过精准管理和科学种植，日本农业能够生产出品质更高、口感更好的农产品，满足消费者对健康、安全、美味食品的需求。同时，数字化技术的应用还有助于提升农产品的可追溯性，增强消费者对农产品的信任和认可。日本农业数字化的发展也面临着一些挑战。例如，随着技术的不断更新，农户需要不断学习和掌握新的技术，这对农户的知识和技能提出了更高的要求。此外，农业数字化的推广和应用也需要相应的政策支持和资金投入，以降低农户的技术应用门槛。

以色列农业发展要面临恶劣的生产环境，但在发展过程中，以色列成了农业的出口国。以色列农业数字化围绕农业生产进一步优化和提高单产率展开。以色列同样具有类似于合作社的机构存在于农业生产过程中。这些机构通过统一的管理和技术支持，帮助农民提高生产效率和产品质量。以色列是没有政府补贴农业，依然实现农业出口的国家，这与其先进的农业技术和高效的管理模式密不可分。例如，以色列的滴灌技术，通过精准控制水资源，提高了农业用水效率，实现了在干旱条件下的高效农业生产。

以色列，一个位于中东地区的国家，以其在农业领域的创新和成就而闻名。尽管面临恶劣的生产环境，如干旱的气候和有限的水资源，以色列却成功地将自己转变为一个农业出口国，这一转变与其在农业数字化方面的持续努力和发展密不可分。

以色列农业数字化的核心目标是进一步优化农业生产过程，并提高单产率。这一目标的实现，得益于以色列在精准农业技术方面的深入研究和广泛应用。以色列的农业技术创新，特别是在水资源管理和作物栽培系统方面的突破，为提高农业生产效率和作物产量提供了有力支撑。

以色列的农业发展模式中，类似于合作社的机构发挥着至关重要的作用。这些机构通过统一管理和技术支持，帮助农民克服资源限制，提高生产效率和产品质量。这些组织通常负责协调农业服务、提供市场信息、推广新技术，以及为农民提供培训和咨询服务，从而确保农业生产的现代化和高效化。

以色列政府虽然不直接补贴农业，但通过投资研发、提供技术培训和支持农业创新等措施，为农业发展创造了有利条件。这种政策导向鼓励了以色列农民和企业采用先进的农业技术和高效的管理模式，以适应和克服自然条件的挑战。

以色列的滴灌技术是其农业技术创新的一个突出代表。这种技术通过精准控制水资源的分配，显著提高了农业用水效率。滴灌系统能够将水直接输送到植物根部，减少水分蒸发和浪费，同时降低土壤侵蚀和结构破坏的风险。这使得以色列在干旱条件下也能实现高效农业生产，最大限度地利用有限的水资源。

此外，以色列农业数字化还包括智能监测和数据分析技术的应用。通过安装土壤湿度传感器、气象站和卫星遥感设备，以色列农民能够实时监测作物生长条件和环境变化，及时调整灌溉和施肥计划。这种基于数据驱动的决策模式，不仅提高了农业生产的精确性，也增强了对气候变化和市场波动的适应能力。

以色列农业的另一项创新是水肥一体化技术。这种技术结合了滴灌系统和精准施肥，确保作物在生长过程中获得适量的水分和营养。通过精确控制肥料的类型和用量，以色列农民能够提高作物的营养价值和口感，同时减少化肥的使用，降低对环境的影响。

以色列农业的可持续发展还得益于其对生物技术的研究和应用。以色列的研究机构和企业在开发抗旱、抗病和高产作物品种方面取得了显著进展。这些新品种的培育和推广，提高了以色列农业的竞争力和自给自足能力。

以色列农业的数字化转型也推动了农产品的多样化和市场化。通过采用先进的栽培技术，如温室栽培和垂直农业，以色列能够生产出多样化的农产品，满足国内外市场的需求。这些技术的应用不仅提高了土地利用率，还为以色列农业创造了新的增长点。

以色列农业数字化的发展也面临一些挑战，如技术成本、市场风险和气候变化等。为了应对这些挑战，以色列政府、企业和农民需要继续加强合作，加大研发投入，提高农业技术的创新性和适应性。同时，以色列还需要加强与国际社会的交流和合作，共享农业创新成果，共同应对全球性的农业和环境问题。

以色列农业的成功转型为全球农业发展提供了宝贵的经验。通过农业数字化，以色列不仅克服了恶劣的生产环境，还实现了农业生产的优化和单产率的提高。以色列的滴灌技术、智能监测系统、水肥一体化技术和生物技术等创新成果，为提高农业生产效率和产品质量提供了有力支撑。未来，以色列农业有望继续在全球农业领域发挥引领作用，为实现全球粮食安全和可持续发展做出更大的贡献。

未来，随着科技的不断进步和农业需求的不断变化，农业数字化将继续深化和扩展。物联网、人工智能、大数据等技术将在农业生产中发挥越来越重要的作用，推动农业生产向更加智能化、高效化和可持续化方向发展。各国应根据自身实际情况，借鉴全球先进经验，制定适合本国国情的农业数字化发展战略，继续加强在物联网、智能装备和大数据分析等领域的研发投入，提升农业生产的智能化水平。同时，应推动农业信息化基础设施的建设，提升农业信息服务的覆盖面和服务质量。此外，还应加强国际合作，积极引进和吸收国外先进的农业数字技术和管理经验，为我国农业数字化发展提供有力支持。通过这些措施，我国农业数字化发展将不断取得新进展，助力农业现代化和乡村振兴战略的实施。

## 二、农业数字化发展的经济效应研究

### （一）农业数字化发展对生产效率的影响研究

农业作为国民经济的基础产业，其发展水平直接关系到国家经济实力和人民生活水平的提升。随着科技的不断进步，数字化技术逐渐渗透到农业领域，引发了农业生产方式的变革。农业数字化发展不仅有助于提高农业生产效率，还对农业产业升级、乡村振兴具有重要意义。农业数字化是指利用数字技术对农业生产的各个环节进行改造，实现农业生产、管理、服务等方面的智能化，提高农业生产效率和农产品质量。农业数字化涵盖了农业生产数字化、农业管理数字化、农业服务数字化等多个方面。近年来，我国农业数字化发展取得了显著成果。一方面，农业基础设施和生产工具的数字化水平不断提高，如智能农机、无人机、智能温室等；另一方面，农业管理和服务的数字化水平也在逐步提升，如农业大数据、物联网、人工智能等技术的应用。未来，农业数字化发展将朝着更加智能化、精准化、网络化的方向发展。农业数字化的发展是现代农业转型升级的重要方向，也是提升农业生产效率的关键手段。数字技术在农业中的应用，不仅改变了传统农业的生产方式和管理模式，也显著提高了农业生产的效率。本书将从农业数字化的具体技术应用、生产效率的提升路径、经济效益的表现及其对农业可持续发展的影响等方面，系统探讨农业数字化发展对生产效率的深远影响。

农业数字化涵盖了多种先进的数字技术，如物联网、人工智能、大数据、区块链和5G通信等。这些技术在农业生产中的具体应用，构成了农业数字化的核心内容。首先，物联网技术通过在农田中布置传感器网络，实时监测土壤湿度、温度、光照、风速等环境参数，帮助农民精确掌握农田状况，进行科学决策。其次，人工智能技术可以分析和处理大量农业数据，提供精准的种植、施肥、灌溉和病虫害防治方案，提高农业生产的精细化管理水平。此外，大数据技术通过对农业生产全过程的数据收集和分析，发现影响作物生长和产量的关键因素，优化生产流程和管理策略。区块链技术则在农产品溯源和供应链管理中发挥重要作用，确保农产品的质量和安全，增强消费者信任。5G通信技术提供高速、低延迟的网络连接，支持远程监控和操作，实现农业生产的智能化和自动化。

农业数字化通过多种路径提升生产效率。首先，数字技术实现了农业生产的精准化和智能化管理。例如，精准农业技术利用GPS、遥感和地理信息系统（GIS）等技术，精确定位农田区域，实现精确播种、施肥和灌溉，减少资源浪费，提高资源利用效率。智能农机装备了先进的传感器和控制系统，可以自动调整作业参数，进行智能化作业，减少人力投入和能耗。其次，数字技术促进了农业生产的自动化和机械化。无人机、自动驾驶农机等智能设备的应用，大幅度提高了作业效率和精度，降低了劳动强度和生产成本。例如，无人机可以高效进行农药喷洒和田间监测，自动驾驶农机可以实现精准耕作和收获，提高生产效率。此外，农业物联网技术通过将农田中的传感器、智能设备和管理系统连接起来，形成一个完整的智能监控和管理系统，实现农业生产的远程监控和实时调控。农民可以通过手机或电脑实时监测农田环境参数，远程控制农业设备，优化生产过程，提高生产效率。

农业数字化对农业可持续发展具有重要意义。首先，数字技术的应用有助于减少农业生产对环境的负面影响。例如，精准农业技术通过科学管理土壤、肥料和水资源，减少了化肥和农药的使用量，降低了农业生产对土壤、水体和生态系统的污染。智能农机和无人机的应用，提高了作业效率和精度，减少了能源消耗和碳排放。其次，数字技术促进了农业生产的循环经济发展。例如，通过物联网和大数据技术，农民可以实现农业生产废弃物的循环利用，如将农作物秸秆和畜禽粪便加工成有机肥料，减少农业废弃物的环境污染，实现资源的循环利用。此外，数字技术有助于提高农业生产的抗风险能力和适应性。例如，通过大数据分析和人工智能预测，农民可以提前应对气候变化、病虫害和市场波动等风险，优化生产和管理策略，提高农业生产的稳定性和抗风险能力。

农业数字化带来了显著的生产效率提升和经济效益，但其具体效应的评估仍然面临挑战。首先，农业数字化的经济效应是多维的，既包括直接的经济效益，如生产效率的提高和成本的降低，也包括间接的社会效益和环境效益，如农民收入的增加和生态环境的改善。评估时需要综合考虑各个维度的效应，采用科学合理的评估方法和模型。其次，农业数字化的长期效应尚需进一步研究和评估。例如，数字技术的推广和应用可能需要一定的时间和投入，其长期效应可能在数年甚至数十年后才能显现。未来的研究应进一步探索农业数字化的长期效应，特别是其对农业可持续发展和农村经济社会发展的深远影响。此外，农业数字化的效应在不同区域和个体之间可能存在显著差异。例如，不同地区的自然条件、经济发展水平和政策环境等因素可能影响数字技术的应用效果。个体农户的生产规模、技术水平和管理能力等因素也会影响数字技术的经济效应。评估时需要考虑这些区域差异和个体差异，采取分区域和分层次的评估方法，以得到更准确和全面的评估结果。

总体而言，农业数字化的发展对生产效率的提升具有重要意义。通过数字技术的广泛应用，农业生产方式和管理模式发生了根本性的变革，生产效率和经济效益显著提高，为农业现代化和可持续发展提供了强有力的支撑。然而，农业数字化的发展也面临一些挑战，需要进一步深化理论研究和实践探索，解决数据获取和质量问题，完善评估方法和模型，综合考虑多维效应和长期效应，深入分析区域差异和个体差异，以期全面揭示农业数字化发展的内在规律和机制，推动农业现代化和可持续发展。

农业数字化发展对生产效率的影响具有显著性。通过提高农业生产要素的利用效率、优化农业生产结构、提升农业产业链的协同水平、促进农业科技创新与应用等途径，农业数字化发展可以有效提高农业生产效率。因此，未来我国应进一步加强农业数字化发展，以促进农业现代化进程，实现农业可持续发展。

数字技术的应用大大提高了信息的获取和处理效率，推动了生产和管理方式的变革。以大数据和人工智能为例，大数据技术可以收集和分析海量的生产和市场信息，为企业提供精准的决策支持。通过对生产过程中的数据进行实时监控和分析，企业可以及时发现和解决生产中的瓶颈和问题，优化生产流程，提高生产效率。人工智能技术通过机器学习和深度学习等算法，能够进行复杂的数据分析和模式识别，优化生产管理，提高生产效率。例如，制造业中的智能制造系统可以通过人工智能技术实现设备的自动化控制和生产线的智能化管理，减少人工干预和错误率，提高生产效率和产品质量。

数字技术的应用促进了资源配置的优化，提高了资源利用效率。传统的资源配置方式往往依赖于经验和人为判断，存在信息不对称和资源浪费的问题。而数字技术的应用，通过构建高效的数字化平台，可以实现资源的精准配置和优化利用。例如，共享经济模式通过数字平台，将闲置资源进行有效利用，提高资源的利用率。物流行业通过大数据和物联网技术，实现运输路线的优化和仓储管理的智能化，减少运输成本和能源消耗，提高物流效率。此外，数字金融技术通过大数据和区块链技术，构建高效、安全的金融服务平台，提高资金流通效率，降低融资成本，促进资本的高效配置和利用。

数字技术的应用推动了创新创业和新兴产业的发展，带动了经济的活力和增长。数字经济的发展为创新创业提供了广阔的空间和平台，降低了创新创业的门槛和成本。例如，电子商务平台和社交媒体为中小企业和个体创业者提供了便捷的市场渠道和营销工具，促进了新兴商业模式和业态的发展。数字技术的应用还催生了诸如互联网金融、数字娱乐、智能制造等新兴产业，带动了经济的结构优化和升级。此外，数字技术的应用促进了产业融合和跨界合作，形成了新的产业生态和价值链，提高了经济的整体竞争力和创新能力。

数字技术的应用提升了劳动生产率和劳动者的技能水平。数字技术不仅改变了生产方式和管理模式，也改变了劳动者的工作方式和技能需求。例如，智能制造系统和自动化设备的应用，减少了传统的体力劳动和简单重复劳动，转向需要更高技能和知识的操作和管理工作。这要求劳动者不断提升自己的技能和知识水平，适应新的工作环境和要求。数字技术的发展还推动了教育和培训的数字化和智能化，通过在线教育平台和智能学习系统，提供个性化、灵活化的教育和培训服务，提高劳动者的技能水平和就业能力。此外，数字技术的应用促进了劳动者的灵活就业和创业，提高了劳动力市场的流动性和活力。

数字技术的应用推动了政府管理和公共服务的数字化与智能化，提高了政府效率和公共服务水平。数字技术的发展使得政府能够更加高效地管理公共资源和提供公共服务。例如，智慧城市建设通过物联网、大数据和人工智能技术，实现城市管理的智能化和精细化，提高城市运行效率和居民生活质量。数字政府建设通过电子政务平台和数字化管理系统，实现政府服务的在线化和便捷化，减少行政成本和提高服务效率。数字技术的应用还推动了政府决策的科学化和透明化，通过数据分析和智能决策支持系统，提供精准的决策支持，提高政府决策的科学性和透明度。

数字技术的应用促进了国际贸易和全球经济的融合与发展，提升了全球经济的活力和效率。数字技术的发展使得信息和商品的跨国流通更加便捷和高效，推动了国际贸易的发展。例如，跨境电商平台通过数字技术实现了全球商品的在线交易和跨境物流，降低了国际贸易的成本和风险，提高了贸易效率。数字技术的应用还推动了全球供应链的优化和重构，通过全球化的数字平台和智能化的供应链管理系统，实现了供应链的协同优化和高效运作。此外，数字技术的发展促进了国际合作和跨国投资，为全球经济的融合与发展提供了新的动力和机遇。

（二）数字化发展对市场拓展的影响

基于市场需求拓展，本书从微观效应农业数字化发展中的结构效应探讨农业产业规模效应的实现以及农业产业链下游数字化对于个人收入的影响分析，在微观经济学中得到进一步的探析。农业信息化是农业数字化改造的前身，强调信息通信技术（ICT）与农业的结合。国内学者对此进行了大量的定量研究，例如内蒙古自治区平均每一单位农业信息化水平的投入增幅会拉动42.8%的农业经济增长（林海英等，2018），吉林省每一单位的变化可以拉动0.83%的农业产值增长（丁孟春等，2016）。农业信息化是农业数字化改造的前身，强调信息通信技术（ICT）与农业的结合。这些研究结果表明，农业信息化对于经济增长具有显著推动作用，是实现农业现代化和可持续发展的重要途径。

农业信息化指的是通过信息通信技术的应用，提升农业生产、管理和服务的效率和质量，从而推动农业的现代化进程。信息通信技术包括计算机技术、互联网技术、移动通信技术、遥感技术、地理信息系统（GIS）等，这些技术在农业中的应用，使得农业生产的各个环节实现了信息化、智能化和网络化，极大地提高了农业生产的效率和效益。

农业信息化不仅提高了农业生产效率和产值，还带来了显著的社会和经济效益。首先，农业信息化促进了农民收入的增加。通过信息通信技术的应用，农民可以获取更多的市场信息和技术支持，提高了生产和经营的科学性和有效性，增加了农产品的产量和质量，提高了市场竞争力和销售收入。其次，农业信息化提高了农业生产的可持续性。通过精细化管理和科学决策，农业信息化减少了资源浪费和环境污染，促进了农业生产的绿色发展和可持续发展。此外，农业信息化还促进了农村经济的发展和农民生活水平的提高。通过信息通信技术的普及和应用，农村地区的基础设施和公共服务得到了改善，农民的生活条件和生活质量得到了提高，农村经济和社会发展呈现出良好的态势。

然而，农业信息化的发展也面临一些挑战和问题。首先，农业信息化的基础设施建设需要大量的投入，特别是在农村偏远地区，信息通信技术的普及和应用仍存在较大的困难。其次，农民的信息素养和技术水平普遍较低，限制了信息通信技术在农业中的广泛应用。再次，农业信息化的发展需要完善的政策支持和制度保障，政府应加大对农业信息化的政策扶持和资金投入，建立健全农业信息化的技术标准和服务体系，推动农业信息化的健康发展。

为应对这些挑战，政府和相关部门应采取有效措施，推动农业信息化的深入发展。首先，加大对农业信息化基础设施建设的投入，特别是加强农村偏远地区的信息通信网络建设，确保信息通信技术的普及和应用。其次，加强农民的信息素养和技术培训，提高农民的信息技术应用能力和水平。通过开展信息技术培训和技术推广活动，帮助农民掌握现代农业技术和管理方法，提高农业生产的科学性和有效性。此外，政府应加大对农业信息化的政策扶持和资金投入，建立健全农业信息化的技术标准和服务体系，推动农业信息化的健康发展。

在未来，随着信息通信技术的不断进步和发展，农业信息化将进一步深入和普及，推动农业生产方式和管理模式的变革，提高农业生产效率和效益，促进农业现代化和可持续发展。例如，物联网、大数据、人工智能等技术的应用，将使得农业生产更加智能化和精准化，提高资源利用效率和作物产量。遥感技术和 GIS 技术的应用，将使得农民能够更加科学地管理土地和作物，减少资源浪费和环境污染，促进农业的绿色发展和可持续发展。此外，移动通信技术和互联网技术的应用，将使得农民能够实时获取农业生产和市场信息，提高生产和经营的科学性和有效性，增加农产品的产量和质量，提高市场竞争力和销售收入。

农业信息化作为农业数字化改造的前身，通过信息通信技术的应用，提高了农业生产的效率和效益，促进了农业现代化和可持续发展。国内学者的研究结果表明，农业信息化对于农业经济增长具有显著的推动作用，是实现农业现代化和可持续发展的重要途径。未来，随着信息通信技术的不断进步和发展，农业信息化将进一步深入和普及，推动农业生产方式和管理模式的变革，提高农业生产效率和效益，促进农业现代化和可持续发展，为实现农业农村现代化和乡村振兴提供强有力的支撑。

在农业数字化的早期快速起步阶段，我国政府部门为统筹和发展农业数字化改造，做了大量的调研和统计工作。为了科学评价和指导农业数字化的推进，农业农村部信息中心于2018年发布了《全国县域数字农业农村发展水平评价报告》，这份报告深入测度了农业数字化农村发展水平，指出该水平已经达到33%。报告采用了包括发展环境、基础支撑、信息消费、生产信息化、经营信息化、乡村治理信息化和服务信息化在内的七级指标体系，为全面了解和推动农业数字化提供了翔实的数据和科学的分析。《全国县域数字农业农村发展水平评价报告》（以下简称《报告》）首先明确了农业数字化的重要性。农业数字化是指通过信息通信技术（ICT）的应用，实现农业生产、管理、经营和服务的智能化和信息化，从而提高农业生产效率、增加农民收入和促进农村经济发展的过程。《报告》指出，农业数字化不仅是实现农业现代化的重要途径，也是推动乡村振兴和城乡融合发展的关键环节。在数字经济时代，信息技术的应用已成为推动经济社会发展的重要力量，农业数字化的推进有助于提升农业竞争力和可持续发展能力。

（三）农业数字化农村发展水平指标体系

发展环境是第一个重要指标，主要包括政策支持、基础设施建设和市场环境等方面。《报告》指出，政府的政策支持和投入是推动农业数字化的关键因素，通过制定和实施相关政策，提供资金和技术支持，为农业数字化创造良好的发展环境。此外，信息通信基础设施的建设，如宽带网络的普及和信息通信设备的配备，也是推动农业数字化的重要基础。市场环境方面，《报告》强调了市场需求和市场机制的重要性，通过构建良好的市场环境，促进数字技术在农业中的广泛应用和推广。

基础支撑是第二个重要指标，主要包括技术支持、人才培养和科研创新等方面。《报告》指出，农业数字化的发展需要强大的技术支持，特别是大数据、物联网、人工智能和区块链等新一代信息技术的应用。此外，人才是推动农业数字化的重要力量，《报告》强调了人才培养和引进的重要性，通过加强农业信息化人才的培养和引进，为农业数字化提供智力支持。科研创新方面，报告指出，农业数字化的发展需要依靠科研创新，不断研发和应用新技术，提高农业生产的效率和效益。

信息消费是第三个指标，主要包括农民的信息获取和信息消费能力。《报告》指出，农民的信息获取和信息消费能力是推动农业数字化的重要因素。通过提高农民的信息获取和信息消费能力，农民可以更好地获取农业生产和市场信息，提高生产决策的科学性和有效性。《报告》还指出，通过发展农村电商和信息服务业，提高农民的信息消费水平，促进农村经济的发展和农民收入的增加。

生产信息化是第四个指标，主要包括农业生产过程中的信息化应用和技术应用。《报告》指出，农业生产信息化是农业数字化的重要内容，通过应用信息技术，实现农业生产的智能化和信息化，提高农业生产的效率和效益。例如，应用物联网技术，可以实现对农田环境的实时监测和管理，提高资源利用效率和作物产量；应用大数据技术，可以进行农业生产数据的分析和处理，为农业生产提供科学的决策支持。

经营信息化是第五个指标，主要包括农业经营过程中的信息化应用和技术应用。《报告》指出，农业经营信息化是提高农业生产效益和市场竞争力的重要手段。通过应用信息技术，实现农业经营的智能化和信息化，提高农业经营的科学性和有效性。例如，应用电子商务平台，可以拓宽农产品的销售渠道，提高农产品的市场竞争力；应用信息管理系统，可以提高农业企业的管理效率和服务水平。

乡村治理信息化是第六个指标，主要包括农村公共服务和社会管理的数字化和信息化。《报告》指出，乡村治理信息化是提高农村治理能力和公共服务水平的重要手段。通过应用信息技术，实现农村公共服务和社会管理的智能化和信息化，提高农村治理的效率和水平。例如，应用电子政务平台，可以提高农村公共服务的便捷性和透明度；应用智能监控系统，可以提高农村治安管理的效率和水平。

服务信息化是第七个指标，主要包括农业技术服务、农产品质量安全服务和农村金融服务等方面的数字化和信息化。《报告》指出，服务信息化是提高农业服务水平和保障农产品质量安全的重要手段。通过应用信息技术，实现农业技术服务、农产品质量安全服务和农村金融服务的智能化和信息化，提高农业服务的效率和水平。例如，应用农业技术服务平台，可以提高农业技术推广和应用的效率和水平；应用农产品质量安全追溯系统，可以提高农产品质量安全管理的效率和水平；应用农村金融服务平台，可以提高农村金融服务的便捷性和可获得性。

（四）农业数字化发展对产品品质的影响

农业生产中的智能灌溉系统是一项重要的数字化技术。智能灌溉系统通过传感器实时监测土壤湿度、气温、降雨量等环境因素，结合作物的生长需求，自动调节灌溉水量，确保作物获得适量的水分。这种精准灌溉不仅提高了水资源的利用效率，减少了不必要的浪费，还有效避免了过度灌溉导致的土壤盐渍化和水资源浪费问题。智能灌溉系统的应用，使得农业生产更加科学和高效，显著提高了农产品的品质。

通过物联网、大数据和区块链等技术，农业生产过程中的各个环节可以实现全程监控和追溯。物联网技术通过在农田中布设传感器，实时监测环境数据和作物生长数据，确保农产品在安全、适宜的环境中生长。大数据技术可以对采集的海量数据进行分析和处理，帮助农民优化种植方案和管理措施，提高生产效率和产品质量。区块链技术则通过分布式账本记录每一批农产品的生产、加工、运输和销售等全过程数据，确保数据的透明和不可篡改，实现农产品的全程溯源和质量追踪。

满足市场对绿色、有机农产品的需求是农业数字化的重要目标之一。随着消费者健康意识的增强，对绿色、有机农产品的需求不断增长。通过数字化技术，可以有效监控和管理农业生产过程，确保农产品符合绿色、有机标准。智能灌溉系统、无人机植保技术和物联网监控技术等的应用，可以减少农药、化肥的使用，降低农业生产对环境的污染，生产出更加安全、健康的农产品。此外，区块链技术的应用，可以为消费者提供详细的农产品溯源信息，增加消费者对农产品安全性的信任，提升农产品的市场竞争力。

农业数字化的发展不仅有助于提高农产品的品质和安全性，还可以拓展农业市场，促进农业经济的发展。通过数字化技术，农业生产变得更加高效和精准，农产品质量得到显著提升，市场需求得到了更好满足。消费者对高品质、安全的农产品需求不断增加，数字化农业的产品能够更好地满足这一需求，提升了农产品的市场竞争力和附加值。此外，数字化技术的应用，能够提高农产品的供应链管理水平，优化农产品的物流和配送，确保农产品能够快速、安全地到达消费者手中，进一步拓展农业市场。

农业数字化发展有助于提高农产品品质与安全性，从而拓展农业市场。通过智能灌溉系统、无人机植保技术、物联网监控技术和区块链技术等数字化手段，实现农业生产的精准监控和管理，提升农产品的质量和安全性，满足市场对高品质、安全农产品的需求。农业数字化的发展，不仅提高了农业生产效率和农产品质量，还促进了农业市场的拓展和农业经济的发展。政府和市场的共同推动，使得农业数字化在未来将继续深化和普及，成为推动农业现代化和可持续发展的重要力量，为实现农业农村现代化和乡村振兴提供强有力的支撑。

农业数字化发展有助于优化农业产业链与供应链，提高市场竞争力。通过数字化技术，可以实现农业产业链的整合，实现农业产业链的高效运转。例如，农业大数据可以实时监控农产品市场动态，为农业生产提供决策依据；智能物流系统可以实现农产品的快速配送，提高农产品流通效率。农业数字化技术在生产、加工、物流和销售等各个环节的应用，不仅提高了农业生产效率和农产品质量，还优化了农业产业链和供应链，提升了农业市场的整体竞争力。

农业产业链包括从生产、加工、运输到销售的各个环节，每一个环节的优化都能显著提高农业生产的整体效益。农业大数据技术在农业生产中的应用，通过实时监控和分析市场动态，为农民和农业企业提供科学的决策依据。大数据技术能够收集和分析大量的市场信息，包括农产品的供需情况、价格走势、消费者偏好等，为农业生产提供精准的市场预测和分析。通过大数据分析，农民和农业企业可以根据市场需求调整种植计划与生产策略，避免盲目生产和市场供需失衡，提高农产品的市场竞争力和经济效益。

在农产品加工环节，数字化技术的应用同样具有重要意义。通过物联网和智能传感器技术，可以实现对农产品加工过程的全程监控和管理，确保加工过程的高效和规范。例如，在农产品的加工过程中，可以通过传感器实时监测温度、湿度等环境参数，确保农产品在最佳条件下进行加工，避免因环境不适导致的产品质量下降。此外，通过智能控制系统，可以优化加工流程，提高加工效率和产品质量。数字化技术在农产品加工中的应用，不仅提高了加工效率，还确保了产品质量的稳定性和一致性，提高了农产品的市场竞争力。

智能物流系统是农业数字化技术在农产品运输和流通环节的重要应用。传统的农产品物流方式效率低下，容易造成运输过程中的损耗和浪费。智能物流系统通过物联网技术，实现对物流全过程的实时监控和管理，提高物流效率和准确性。例如，通过在物流车辆和仓库中安装传感器和GPS定位系统，可以实时监测物流车辆的位置、速度和温度等参数，确保农产品在运输过程中的安全和质量。智能物流系统还可以根据物流数据进行智能调度和优化路径规划，提高物流效率，减少运输成本和时间。智能物流系统的应用，使得农产品能够快速、安全地到达市场，提高了农产品的流通效率和市场竞争力。

农业数字化技术在农产品销售环节的应用，也为农业产业链的优化提供了重要支持。电子商务平台和在线销售系统的发展，使得农产品的销售渠道更加多样化和便捷化。通过电子商务平台，农民和农业企业可以直接面向消费者销售农产品，减少中间环节，提高销售效率和利润。电子商务平台还可以根据消费者的购买行为和偏好，进行精准营销和定制化服务，提升消费者满意度和忠诚度。此外，通过在线销售系统，农民和农业企业可以实时获取市场反馈和消费者评价，及时调整销售策略和产品品质，提高市场竞争力。在政策支持和市场需求的推动下，农业数字化的发展不断加快，数字化技术在农业产业链和供应链中的应用不断深化。政府通过制定和实施一系列政策措施，鼓励和支持农业数字化的推进，加大对农业信息化基础设施建设的投入，提升农业信息化水平。市场方面，消费者对高品质、安全农产品的需求不断增长，为农业数字化的发展提供了广阔的市场空间。农业企业和农民积极采用数字化技术，提高生产效率和产品质量，增强市场竞争力，推动农业经济的发展。

未来，随着信息技术的不断进步和应用的深入，农业数字化将进一步发展和普及。大数据、物联网、人工智能、区块链等新一代信息技术将在农业生产中得到更加广泛和深入的应用，推动农业生产方式和管理模式的变革，提高农业生产效率和农产品质量。智能灌溉系统、无人机植保技术、物联网监控技术等将进一步优化和完善，实现更加精准和高效的农业生产管理。区块链技术的应用，将进一步提升农产品的溯源和质量追踪能力，提高消费者对农产品安全性的信任，促进农业市场的健康发展。

农业数字化发展有助于优化农业产业链与供应链，提高市场竞争力。通过大数据技术实现农业生产的精准监控和决策支持，通过物联网和智能传感器技术优化农产品加工过程，通过智能物流系统提高农产品的流通效率，通过电子商务平台和在线销售系统拓展农产品的销售渠道，农业数字化技术在各个环节的应用，显著提升了农业生产效率和农产品质量，优化了农业产业链和供应链，增强了农业市场的整体竞争力。政策支持和市场需求的共同推动，使得农业数字化在未来将继续深化和普及，成为推动农业现代化和可持续发展的重要力量，为实现农业农村现代化和乡村振兴提供强有力的支撑。

## 第三节　文献评述

### 一、数字经济研究评述

数字经济作为一个新兴的研究领域，近年来受到了越来越多的学术关注和研究。数字经济的研究涉及多个学科领域，包括经济学、信息技术、管理学、社会学等。随着信息技术的迅猛发展，数字经济已成为现代经济的重要组成部分，对全球经济增长、产业结构调整和社会发展产生了深远影响。学术界对数字经济的研究日益深入和广泛，形成了多学科交叉、理论与实践并重的研究格局。

经济学是研究数字经济的重要学科之一。从经济学的角度来看，数字经济的本质是通过信息技术的应用，提高资源配置效率，促进经济增长和社会福利的提升。数字经济的发展打破了传统经济活动的时空限制，极大地降低了信息传递和交易的成本，提高了市场的透明度和效率。经济学家们通过构建理论模型和实证分析，研究数字经济对宏观经济、产业结构、劳动力市场、收入分配等方面的影响。例如，有研究表明，数字经济的发展可以显著提高全要素生产率，推动经济增长；同时，数字技术的广泛应用也可能导致劳动力市场结构的变化，出现新的就业机会和职业类型，但也可能加剧收入不平等。

信息技术是推动数字经济发展的核心动力，研究数字经济离不开对信息技术的深入探讨。信息技术的迅猛发展和广泛应用，改变了传统的生产方式、商业模式和社会交往方式。学者们从技术创新、应用场景、技术标准等方面，研究信息技术在数字经济中的作用。例如，人工智能、云计算、大数据、物联网等新一代信息技术的应用，推动了数字经济的快速发展。人工智能技术在各个行业的应用，提升了生产效率和决策水平；云计算和大数据技术的结合，使得海量数据的存储、处理和分析变得更加高效，为数字经济提供了坚实的数据基础；物联网技术的应用，实现了物与物、物与人之间的互联互通，推动了智能制造和智慧城市的发展。

管理学是研究数字经济的重要领域之一。在数字经济时代，企业的经营管理方式发生了深刻变化，传统的管理理论和方法面临新的挑战与机遇。管理学者们从组织管理、战略管理、市场营销、人力资源管理等方面，研究数字经济对企业管理的影响。例如，在组织管理方面，数字技术的应用使得企业组织结构更加扁平化，信息传递更加高效，决策更加科学。在战略管理方面，数字经济时代的竞争环境更加复杂和动态，企业需要不断创新商业模式，提升核心竞争力。在市场营销方面，数字技术的应用使得企业能够更加精准地了解和满足消费者需求，通过大数据分析进行个性化营销，提高市场响应速度。在人力资源管理方面，数字经济的发展带来了新的工作方式和就业形态，企业需要不断提升员工的数字技能，激发员工的创新潜力。

社会学是研究数字经济对社会结构和社会关系影响的重要学科。数字经济的发展不仅改变了经济活动的方式，也深刻影响了人们的生活方式和社会交往方式。社会学者们从社会结构、社会资本、社会网络、社会文化等方面，研究数字经济对社会的影响。例如，数字技术的应用促进了社会资本的积累和社会网络的扩展，人们通过社交媒体、在线社区等平台进行广泛的社交互动，形成了新的社会关系网络。数字经济的发展还推动了社会文化的多样化和全球化，不同文化背景的人们通过互联网进行文化交流和融合，形成了全球化的文化生态。

数字经济作为一个新兴的研究领域，涉及多个学科领域，包括经济学、信息技术、管理学、社会学等。各学科从不同的视角和方法，对数字经济进行深入研究，揭示其发展规律和影响机制，为数字经济的理论研究和实践应用提供了重要支撑。数字经济的研究不仅具有重要的学术价值，也具有重要的现实意义。通过对数字经济的研究，可以为政府、企业和社会提供科学的决策依据和政策建议，推动数字经济的健康发展，促进经济社会的全面进步。在经济学方面，研究数字经济对宏观经济和产业结构的影响，有助于制定合理的经济政策，促进经济增长和结构优化。在信息技术方面，研究数字技术的创新和应用，有助于推动技术进步和产业升级，提升国家的科技竞争力。在管理学方面，研究数字经济对企业管理的影响，有助于提升企业的管理水平和竞争力，推动企业的持续发展。在社会学方面，研究数字经济对社会结构和社会关系的影响，有助于促进社会的和谐和进步，提升人们的生活质量和幸福感。

未来，随着信息技术的不断进步和数字经济的深入发展，各学科对数字经济的研究将更加深入和广泛。经济学、信息技术、管理学、社会学等学科的交叉融合，将推动数字经济研究的理论创新和实践应用，为数字经济的发展提供更加坚实的学术基础和理论支撑。政府、企业和社会各界也将更加重视数字经济的研究和应用，推动数字经济的发展与传统经济的深度融合，促进经济社会的全面进步。数字经济的发展前景广阔，将为人类社会带来更加美好的未来。

研究者们从不同的学科视角探讨数字技术如何改变经济生活、生产方式和市场格局，这种跨学科的研究方法丰富了对数字经济影响的理解。研究者们关注数字技术（如大数据、人工智能、物联网等）如何在经济中发挥作用，推动了生产效率提升、市场竞争优化、新业态形成等方面的影响。数字经济不仅仅是技术的应用，更是如何通过技术变革来实现经济增长和社会变革的研究课题。数字经济的快速发展给政策制定者和法律界带来了新的挑战和机遇。研究者们探讨数字经济的法律框架、数据隐私、网络安全等问题，寻求在技术进步和社会规范之间达成平衡的解决方案。

## 二、数字经济的发展对各界的影响

数字经济在全球范围内表现出显著的区域差异性。发达国家和发展我国家在数字技术应用、数字基础设施建设、数字化经济结构转型等方面存在明显差异，这些差异对于全球经济治理和发展战略的制定具有重要影响。数据作为数字经济的核心资源，促使了新的商业模式和经济活动形态的出现。从共享经济到平台经济，从电子商务到数字支付，研究者们关注数字化技术如何改变传统产业的运作方式，促进了创新和就业的增长。共享经济通过互联网和数据平台，将闲置资源进行有效整合和利用，如共享出行、共享住宿等，这种模式不仅提高了资源利用效率，还为个体创业者和小微企业创造了新的机会。平台经济则通过建立大型数据平台，将供需双方直接连接起来，实现了跨区域、跨行业的资源配置优化，如电子商务平台将生产者与消费者直接对接，缩短了供应链，提高了交易效率。此外，数字支付的发展打破了传统金融体系的限制，通过移动支付、在线支付等方式，极大地方便了消费者和企业的资金流转，推动了经济的快速发展。

数字经济的发展不仅改变了传统产业的运作方式，还促进了创新和就业的增长。数字化技术的应用，使得信息获取和知识传播变得更加便捷，激发了企业和个体的创新活力。大数据、云计算、人工智能等新兴技术的应用，为企业提供了更加丰富的数据资源和分析工具，促进了技术创新和商业模式的变革。例如，通过对消费者行为数据的分析，企业可以精准定位市场需求，开发出更加符合消费者需求的产品和服务。在就业方面，数字经济的发展创造了大量新的就业机会，如数据分析师、人工智能工程师、电子商务运营等，这些新兴职业不仅吸纳了大量就业人口，还提升了劳动力市场的整体素质和技能水平。

数字经济的发展对于可持续发展目标的实现具有潜在推动作用。例如，通过智能城市技术提升资源利用效率、减少环境影响等。智能城市是数字经济的重要应用领域，通过物联网、大数据、人工智能等技术的集成应用，实现城市管理的智能化和高效化。在能源管理方面，通过智能电网技术，可以实现对城市能源的精细化管理和调度，降低能源消耗，减少碳排放。在交通管理方面，通过智能交通系统，可以实现对交通流量的实时监控和优化调度，减少交通拥堵，降低车辆排放。在环境监测方面，通过传感器网络和大数据分析，可以实现对城市空气质量、水质等环境参数的实时监测和预警，促进环境保护和治理。智能城市技术的应用，不仅提升了城市管理的效率和质量，还促进了资源的可持续利用和环境的保护，为实现可持续发展目标提供了有力支撑。

数字经济也带来了社会结构、劳动力市场和社会包容性等方面的变革，研究者们正在探索其对社会整体福祉的长期影响。数字经济的发展，改变了传统的社会结构和人际交往方式，促进了社会的多样化和包容性。通过社交媒体、在线社区等数字平台，人们可以跨越地域和文化的限制，进行广泛的交流和互动，形成了新的社会关系网络。这种新的社会结构，增强了社会的包容性和凝聚力，有助于促进社会的和谐和进步。在劳动力市场方面，数字经济的发展，带来了新的就业形态和工作方式，如自由职业、远程办公、在线教育等。这些新的就业形态，增加了就业的灵活性和多样性，为劳动者提供了更多的就业选择和发展机会。然而，数字经济的发展也带来了一些挑战，如就业的不稳定性、劳动者的技能提升等。数字经济的迅速发展和信息技术的广泛应用，虽然为经济增长和社会进步提供了强大动力，但也带来了新的问题和挑战。数字经济的发展加剧了就业的不稳定性。在传统经济模式下，许多工作岗位具有较高的稳定性和保障性，而数字经济的兴起和技术进步导致了一些传统行业和岗位的消失，取而代之的是灵活就业、临时工作和自由职业。这种变化虽然提供了更多的就业选择，但也增加了就业的不确定性和风险。很多劳动者尤其是低技能工人面临失业或被迫转岗的压力，他们在快速变化的劳动力市场中难以找到稳定和长期的就业机会。

随着数字经济的发展，劳动者技能提升的需求日益凸显。信息技术的快速进步和应用，要求劳动者具备更高的技术能力和适应能力。传统的职业技能和知识已经难以满足数字经济时代的要求，劳动者必须不断学习和更新技能，以应对工作环境和岗位要求的变化。这对劳动者提出了更高的要求，特别是对那些年龄较大、教育水平较低或技能单一的劳动者而言，技能提升的难度和成本更高。许多劳动者缺乏足够的学习机会和资源，难以跟上技术变化的步伐，从而面临被淘汰的风险。

数字经济的发展还对教育培训体系提出了新的挑战。传统的教育培训体系主要面向工业经济时代的需求，课程设置和教学内容相对固定，难以迅速适应数字经济的变化。为了适应数字经济的发展，教育培训体系需要进行全面改革，增加与信息技术相关的课程和培训内容，培养学生的数字素养和创新能力。同时，职业教育和继续教育也需要加强，提供更多的技能培训和职业转型支持，帮助劳动者适应数字经济的需求。然而，教育培训体系的改革和调整需要时间和资源，短期内难以完全满足市场的需求，这使得劳动者技能提升的难题更加突出。

在此背景下，政府和社会各界需要共同努力，采取有效措施应对数字经济带来的挑战。首先，政府应加强劳动力市场政策的调整和优化，提供更多的就业保障和社会保障。通过完善失业保险和就业服务体系，帮助失业和转岗劳动者找到新的就业机会。特别是针对灵活就业和自由职业者，政府应提供相应的社会保障和福利政策，减轻他们的就业压力和生活负担。其次，政府应加大对教育培训的投入和支持，推动教育培训体系的改革和创新。通过增加职业教育和继续教育的机会和资源，帮助劳动者提升技能、适应岗位变化。同时，鼓励企业参与员工培训，提供在职培训和职业发展支持，提升员工的技术能力和职业竞争力。

企业作为数字经济的重要参与者，也应承担相应的社会责任。企业在追求创新和效益的同时，应关注员工的职业发展和福利保障。通过提供良好的工作环境和职业发展机会，帮助员工提升技能和适应技术变化。特别是大型企业和科技企业，应发挥自身的资源和技术优势，积极参与教育培训和职业转型支持，推动行业和社会的共同发展。此外，企业应加强与政府和社会机构的合作，共同推进教育培训和就业保障的体系建设，形成合力应对数字经济带来的挑战。

劳动者自身也需要积极应对数字经济带来的变化。面对快速变化的技术环境和劳动力市场，劳动者需要树立终身学习的理念，主动提升技能和知识水平。通过参加各种培训课程和职业教育，掌握新的技术和职业技能，提高自身的职业竞争力和适应能力。特别是年轻劳动者，应重视数字素养和创新能力的培养，为未来的职业发展打下坚实基础。此外，劳动者应积极利用数字平台和资源，拓展职业发展的空间和机会，探索多元化的就业和创业路径。

数字经济的发展带来了巨大的机遇，也带来了新的挑战。就业的不稳定性和劳动者技能提升的需求，是数字经济时代必须面对的重要问题。政府、企业、教育机构和劳动者自身需要共同努力，采取有效措施应对这些挑战。通过完善就业保障和社会保障政策，推动教育培训体系的改革和创新，提升劳动者的技能和适应能力，可以有效缓解数字经济带来的就业压力和技能提升难题。未来，随着数字经济的深入发展，这些挑战将更加突出，需要我们不断探索和创新，找到更加有效的应对之道。只有这样，才能在数字经济时代实现经济和社会的全面进步，让更多的人享受到数字经济带来的发展红利。

在社会包容性方面，数字经济的发展，通过数字普惠金融、在线教育、远程医疗等方式，提升了社会的公平性和包容性。数字经济的崛起不仅带来了技术和经济的变革，也为社会公平和包容性提供了新的机遇与路径。首先，数字普惠金融作为一种重要的金融创新，通过移动支付、互联网金融、区块链技术等手段，将传统金融服务拓展到更广泛的人群和地区，特别是那些传统金融服务难以覆盖的偏远地区和低收入群体。移动支付的普及使得无现金交易成为可能，降低了交易成本，提高了交易效率，方便了日常生活。

互联网金融通过在线贷款、众筹平台等形式，为中小企业和个体经营者提供了更多的融资渠道，解决了他们在传统金融体系中面临的融资难题。此外，区块链技术的应用提升了金融交易的透明度和安全性，增强了公众对金融体系的信任感。这些金融创新不仅提高了金融服务的普惠性和覆盖面，也促进了社会的公平和包容，减少了金融排斥现象。

### 三、数字经济的应用

在线教育是数字经济在教育领域的重要应用，通过互联网和数字平台，将优质教育资源送达更多的学生，特别是那些教育资源匮乏的偏远地区和贫困家庭。在线教育突破了传统教育的时间和空间限制，使得学生可以随时随地接受教育，享受到与城市学生同等的教育资源。许多在线教育平台提供免费的课程和学习资源，降低了教育成本，为更多的学生提供了学习的机会和途径。特别是在新冠疫情期间，在线教育发挥了重要作用，保证了学生在停课不停学的情况下继续接受教育。通过在线教育，学生不仅可以学习到最新的知识和技能，还可以通过互动平台与老师和同学交流，提升学习效果和兴趣。在线教育的普及和发展，有助于缩小教育差距，提升教育的公平性和普及性，为社会包容性的发展提供了有力支撑。

远程医疗是数字经济在医疗健康领域的重要应用，通过互联网和数字技术，将优质医疗资源送达更多的患者，特别是那些医疗资源匮乏的偏远地区和贫困家庭。远程医疗突破了传统医疗的时间和空间限制，使得患者可以通过视频、电话等方式与医生进行交流和诊断，享受到与城市患者同等的医疗服务。许多远程医疗平台提供免费的在线问诊和健康咨询，降低了医疗成本，为更多的患者提供了就医的机会和途径。特别是在新冠疫情期间，远程医疗发挥了重要作用，保证了患者在减少外出和聚集的情况下继续接受医疗服务。通过远程医疗，医生可以实时监测患者的健康状况，提供个性化的治疗方案，提高治疗效果和患者满意度。远程医疗的普及和发展，有助于缓解医疗资源的不平衡，提升医疗服务的公平性和可及性，为社会包容性的发展提供了有力支撑。

数字经济的发展不仅在金融、教育和医疗等领域提升了社会的公平性和包容性，还在更广泛的社会层面产生了深远影响。通过数字平台和社交媒体，人们可以跨越地域和文化的限制，进行广泛的交流和互动，形成了新的社会关系网络。这种新的社会关系网络，增强了社会的包容性和凝聚力，有助于促进社会的和谐和进步。例如，社交媒体平台不仅为人们提供了交流和分享的空间，还为弱势群体和边缘群体提供了表达与发声的机会，提升了他们的社会参与感和认同感。此外，数字经济的发展还促进了社会创新和公益事业的发展，通过众筹平台、公益平台等形式，将更多的社会资源和力量汇聚起来，支持公益项目和社会事业，推动社会的可持续发展。

在劳动力市场方面，数字经济的发展带来了新的就业形态和工作方式，如自由职业、零工经济、远程工作等。这些新的就业形态增加了就业的灵活性和多样性，为劳动者提供了更多的就业选择和发展机会。特别是对于那些因家庭、地理或其他原因难以参与传统就业的劳动者，如家庭主妇、残障人士、农村劳动力等，数字经济提供更多的就业机会和收入来源。例如，通过电子商务平台，许多家庭主妇和农村劳动力可以在家经营网店，实现自主创业和灵活就业；通过远程工作平台，许多残障人士可以克服身体和地理的限制，参与到知识工作和技术工作中，实现职业发展和经济独立。这些新的就业机会和工作方式，不仅提高了劳动者的收入和生活质量，还增强了他们的社会参与感和自尊感，提升了社会的包容性和公平性。

### 四、数字经济面临的挑战

数字经济的发展也带来了一些新的挑战和问题。数字鸿沟仍然是一个亟待解决的问题。在全球范围内，特别是发展我国家和欠发达地区，许多人仍然无法享受到数字经济的红利，因为他们缺乏必要的技术设备和网络基础设施。此外，数字技能的欠缺也是一个重要障碍，许多人特别是老年人、低收入人群和边缘群体，缺乏基本的数字技能和素养，难以适应和参与数字经济的发展。为了解决这些问题，政府和社会各界需要加大对数字基础设施的投入，推动网络覆盖和普及，提高数字技能教育和培训，缩小数字鸿沟，提升全社会的数字素养和包容性。

隐私保护和数据安全问题也是数字经济面临的重要挑战。在数字经济的发展过程中，大量个人信息和数据被收集和使用，如何保护个人隐私和数据安全成为一个亟待解决的问题。政府需要制定和完善相关法律法规，加强对数据收集、使用和管理的监管，确保数据的安全和隐私保护。同时，企业也需要加强自身的数据安全管理，采取有效的技术手段和管理措施，保护用户的数据和隐私，增强用户的信任感和安全感。

数字经济的发展还需要关注社会公平和包容性的长期影响。在数字经济的快速发展过程中，如何确保发展成果的公平分配，如何避免社会的不平等和排斥，是一个重要的课题。政府需要加强政策引导和调控，确保数字经济发展的成果惠及全社会，特别是那些弱势群体和边缘群体。通过制定和实施包容性的政策措施，如税收优惠、财政补贴、就业支持等，帮助弱势群体和边缘群体更好地融入和参与数字经济的发展，共享数字经济的红利。总之，数字经济的发展通过数字普惠金融、在线教育、远程医疗等方式，显著提升了社会的公平性和包容性。在金融领域，数字普惠金融通过移动支付、互联网金融、区块链技术等手段，将金融服务拓展到更广泛的人群和地区，减少了金融排斥现象；在教育领域，在线教育通过互联网和数字平台，将优质教育资源送达更多的学生，缩小了教育差距，提升了教育的公平性和普及性；在医疗领域，远程医疗通过互联网和数字技术，将优质医疗资源送达更多的患者，缓解了医疗资源的不平衡，提升了医疗服务的公平性和可及性。此外，数字经济的发展在更广泛的社会层面，通过数字平台和社交媒体，增强了社会的包容性和凝聚力，促进了社会的和谐和进步。然而，数字经济的发展也带来了数字鸿沟、隐私保护和数据安全等新的挑战，需要政府、企业和社会各界共同努力，通过加大基础设施投入、提升数字技能教育、加强数据安全管理等措施，确保数字经济发展的成果惠及全社会，实现社会的公平和包容。未来，随着数字经济的深入发展，社会包容性和公平性的提升将成为数字经济发展的重要目标和方向，为全社会带来更加美好的前景。

数字普惠金融通过移动支付、互联网金融等方式，为偏远地区和低收入人群提供了便捷的金融服务，促进了金融包容性和社会公平。在线教育通过互联网和数字平台，为广大学生提供了优质的教育资源，缩小了教育差距，提升了教育的公平性和普及性。远程医疗通过互联网和数字技术，为偏远和贫困地区的人们提供了便捷的医疗服务，改善了医疗资源的分配和利用，提升了医疗服务的公平性和可及性。数字经济的发展，通过这些方式，促进了社会的公平和包容，提升了社会整体福祉。

数据作为数字经济的核心资源，促使了新的商业模式和经济活动形态的出现。从共享经济到平台经济，从电子商务到数字支付，数字化技术的应用，极大地改变了传统产业的运作方式，促进了创新和就业的增长。数字经济的发展，对于可持续发展目标的实现具有潜在推动作用，通过智能城市技术提升资源利用效率、减少环境影响等。同时，数字经济也带来了社会结构、劳动力市场和社会包容性等方面的变革，研究者们正在探索其对社会整体福祉的长期影响。未来，随着信息技术的不断进步和数字经济的深入发展，数字经济的研究将更加深入和广泛，为数字经济的发展提供更加坚实的学术基础和理论支撑。政府、企业和社会各界也将更加重视数字经济的研究和应用，推动数字经济的发展与传统经济的深度融合，促进经济社会的全面进步，数字经济的发展前景广阔，将为人类社会带来更加美好的未来。

总体而言，现有数字经济研究集中在数字经济的整体测度和概念讨论，也有研究对数字经济的经济学原理开展讨论，在探索新技术应用、经济结构转型、社会变革等方面取得了显著进展，但仍面临着多方面的挑战和未知。未来的研究需要更加深入地理解数字技术与经济、社会、环境的复杂互动关系，以应对日益快速变化的全球数字化经济格局。对数据要素如何成为一种生产要素、如何影响经济的理论分析和数据测算，仍然有待进一步深入研究。

### 五、农业数字化的经济效应研究

农业数字化发展在当今技术进步的背景下，正成为提升农业生产效率和可持续发展的重要路径。通过精准农业和智能农业等方式，数字化技术为农业生产者提供了前所未有的管理工具和决策支持，从而实现农业生产过程的精细化管理和资源优化利用。本书将详细探讨数字化技术在农业中的应用，特别是在精准农业和智能农业方面的具体实施及其带来的效益。

精准农业作为农业数字化的重要应用领域，旨在通过精确的数据收集、分析和应用，优化农业生产过程中的各项管理活动。数字化技术的应用使得农业生产者能够实时获取和分析农作物的生长数据，如土壤质量、植被指数、水分含量等，从而精准制定种植计划和农事管理策略。例如，传感器网络可以实时监测土壤的温度、湿度和营养成分，提供精确的土壤信息，帮助农民调整施肥方案和种植密度，以达到最佳的生产效果。此外，农业生产者可以借助遥感技术获取农田的高分辨率图像，分析作物的生长情况和病虫害的分布，及时采取针对性的防治措施，减少农药的使用量，降低生产成本。

智能农业是另一个数字化技术在农业中的重要应用方向，其核心在于利用人工智能、物联网和大数据分析等技术，实现农业生产的自动化和智能化。智能灌溉系统便是智能农业的典型代表，通过精确的传感器监测和实时数据分析，智能调控灌溉水量和频率，根据实际需求调整灌溉方案，避免水资源的浪费和土壤的过度排水，从而提高水资源利用效率和农田的产量稳定性。这种系统不仅可以根据不同作物的需水量进行个性化灌溉，还能考虑气象条件和土壤特性，实现精准灌溉管理，有效应对干旱和水资源短缺的挑战。除了智能灌溉系统，无人机植保技术也是智能农业的重要应用方向之一。传统上，农业生产中的病虫害防治通常依赖于人工巡视和手动施药，这不仅费时费力，而且效率低下且不环保。而有了无人机植保技术，农业生产者可以利用高精度的飞行控制系统，将农药和肥料精确施放到目标区域，避免了药物的过量使用和环境污染，同时降低了成本和劳动力成本。无人机植保不受地形和作物生长状况的限制，能够在大面积农田中高效作业，提高了防治的精准度和覆盖面，保障了农产品的质量和产量。

数字化技术在农业生产中的应用，不仅有助于提高农业生产效率，还对降低单位农产品成本、增加农业产值产生积极影响。精准农业和智能农业的实施，通过减少资源浪费、优化生产要素配置，有效提高了农业的生产力水平。例如，在传统农业生产中，由于缺乏实时数据和精确的管理手段，农民往往会过量施用农药和肥料，不仅增加了生产成本，还可能对环境造成损害。而数字化技术的引入，使得农业生产者可以根据实际需要精确施用农药和肥料，避免了资源的浪费，降低了生产成本。此外，通过实时数据监测和分析，农业生产者能够及时应对气候变化和自然灾害的影响，减少因灾害造成的损失，提高了农田的抗灾能力和稳定性。

　　数字化技术在农业生产中的推广和应用，不仅带来了显著的经济效益，还对环境保护和可持续发展具有重要意义。随着全球人口的增长和资源的有限性，如何有效利用现有资源，提高农业生产效率，成为全球农业发展面临的重大挑战。数字化技术的广泛应用，为农业生产带来了新的可能性和发展空间，有助于实现农业的可持续发展目标。例如，通过精准施肥和精准灌溉，不仅可以提高作物的产量和质量，还能减少对土壤和水资源的消耗，降低农业生产对环境的负面影响。智能农业技术的普及，促进了农业生产模式的转型升级，推动了农业可持续发展的进程。

　　农业数字化发展通过精准农业、智能农业等方式提高了农业生产效率，实现了农业生产过程的精细化管理和资源优化利用。数字化技术的应用不仅在农业生产中带来了显著的经济效益，降低了农产品的生产成本，增加了农业的产值，还为农业可持续发展和环境保护提供了新的解决方案。随着技术的不断进步和应用的推广，农业数字化的潜力将进一步释放，为全球农业发展带来更多创新和可能性。

　　农业数字化发展在推动农业产业结构优化方面发挥着越来越重要的作用。通过引入和整合数字化技术，农业产业链得以重新构建和优化，从而实现农业与互联网、大数据、人工智能等新兴技术领域的深度融合，推动农业产业结构的升级和转型。

　　农业数字化促进了农业产业链的整合和优化。传统农业产业结构往往分散且信息不对称，生产者难以获取市场需求和行情信息，导致资源配置不合理和市场失衡。通过数字化技术，特别是互联网和大数据的应用，农业生产者可以实时获取并分析市场需求、价格波动、消费者偏好等信息，从而更精准地调整生产和供应，减少信息不对称带来的风险，优化农业供应链管理，提高资源利用效率。例如，农村电商的快速发展为农产品的销售渠道提供了新的可能性。传统上，农产品的销售往往依赖于中间商和批发市场，存在信息传递不畅、成本高昂等问题。而随着农村电商平台的兴起，农产品生产者可以直接通过电子商务平台销售产品，省去中间环节，降低销售成本，同时扩展了销售范围和市场渗透力。通过电商平台，消费者可以直接与农产品生产者建立联系，了解产品来源、质量保证等信息，提升消费者对产品的信任度和购买意愿。

农业大数据分析的应用为优化农业产业结构提供了重要支持。大数据技术能够处理和分析海量的农业相关数据，包括土壤养分状况、气象条件、作物生长情况等，为农业生产决策提供科学依据。通过数据挖掘和分析，农业生产者能够更好地理解市场需求趋势和消费者偏好，调整种植结构和产品组合，优化农业供给结构，提高农产品的市场竞争力和附加值。例如，利用大数据分析技术，农业生产者可以预测市场需求和价格波动，及时调整农作物的种植结构和数量。通过挖掘历史数据和市场趋势，农业生产者可以避免产量过剩或供不应求的情况，优化生产规划，提高农产品的市场适应性和响应速度。此外，大数据分析还可以帮助农业生产者识别和优化生产过程中的效率瓶颈，降低生产成本，提升生产效率，从而增强整体经济效益。

农业数字化还推动了农业与新兴产业的融合，拓展了农业产业结构的多样性和复合性。传统农业往往以传统种植、畜牧等为主，生产方式单一，难以适应市场多样化需求和全球竞争环境。而数字化技术的引入，如人工智能在农业机械化和智能化方面的应用，使得农业生产更具科技含量和竞争力。例如，智能农机设备的推广，不仅提高了农业生产效率，还为农业劳动力解决了短缺问题，促进了农业劳动力的转型升级和技能提升。

农业数字化的推广和应用，还为农村地区创造了更多的就业机会和经济增长点。通过发展农村电商、推广智能农业技术等措施，吸引了大量年轻人和高素质人才返乡创业或从事农业生产，促进了农村经济的多元化和可持续发展。农村电商平台不仅带动了农产品销售的增长，还促进了农村电商服务、物流、信息技术等相关产业的发展，形成了以农产品为核心的综合产业链，推动了农村经济的全面发展和现代化进程。

农业数字化发展还有助于提高农业的可持续发展水平。传统农业往往依赖化肥、农药等化学品的大量使用，对环境造成了严重影响，如土壤退化、水资源污染等问题。而数字化技术的应用，特别是智能灌溉、精准施肥等措施，可以减少化学品的使用量，提高资源利用效率，降低对环境的负面影响。通过传感器监测土壤水分、作物生长情况等，农业生产者可以实现对农业生产过程的精准管理，避免资源浪费和环境污染，实现农业生产的可持续发展目标。

农业数字化发展通过推动农业产业链的整合和优化，促进了农业与新兴技术的深度融合，拓展了农业新兴产业的发展空间。从农村电商的兴起到农业大数据分析的应用，从智能农业技术的推广到农业可持续发展的实现，数字化技术为农业提供了前所未有的发展机遇和挑战。随着技术的不断进步和应用的深化，农业数字化将继续推动农业产业结构的优化，实现农业经济效益、社会效益和环境效益的有机统一。

农业数字化发展对农村经济发展具有积极推动作用。通过数字化技术，可以改善农村信息基础设施，提高农民信息化水平，促进农村劳动力转移，增加农民收入。此外，农业数字化发展还可以推动农村产业融合，发展农村新型经营主体，提高农村经济活力。

农业数字化发展可以提高农产品市场竞争力。通过数字化技术，可以提高农产品品质与安全性，满足市场对绿色、有机农产品的需求。同时，农业数字化发展可以优化农业产业链与供应链，提高农产品流通效率，降低农产品价格波动风险。提高农产品市场竞争力有助于提升我国农业在国际市场的地位。

农业数字化的经济效应研究方法主要包括定量分析和定性分析两种。定量分析方法包括统计分析、计量经济学模型等，通过收集大量数据，对农业数字化的经济效应进行量化分析。定性分析方法包括案例分析、专家访谈等，通过深入研究农业数字化的实际应用情况，分析农业数字化的经济效应。

目前，农业数字化的经济效应研究已取得一定成果。研究发现，农业数字化发展对农业生产效率、产业结构、农村经济发展以及农产品市场竞争力等方面具有显著影响。然而，现有研究仍存在一些不足之处，如研究范围有限、数据来源不统一、研究方法不够完善等。未来研究应进一步拓展研究范围，加强数据收集与处理，运用多样化研究方法，以更准确地评估农业数字化的经济效应。

农业数字化发展对经济效应具有显著影响。通过提高农业生产效率、优化农业产业结构、促进农村经济发展以及提高农产品市场竞争力等途径，农业数字化发展可以推动经济发展。因此，未来我国应进一步加强农业数字化发展，以促进农业现代化进程，实现农业可持续发展。

已有数字技术经济效应的研究仍然大量集中于理论探索，仍缺少实证检验和机制分析。数字经济的发展目前还处于成长阶段，研究面临数据匮乏的现状，更缺少从具体产业层面展开兼具理论机制和实证检验的系统性分析。现有研究对产业数字化和数字产业化进行了详细分析，但是对于数字经济背后机制的解析以及从具体产业角度出发开展翔实的实证研究，特别是农业产业，仍然有所不足，因此，数字经济对于农业的发展有待进一步探索。

# 第三章　农业数字化发展的理论分析

本章是理论分析部分，是后文理论解释、现状梳理、实证检验、情景预测和政策建议的理论基础。本章首先探讨数字经济和数据要素的理论概念；其次从马克思主义政治经济学视角浅析数据要素及其影响路径；接下来从索罗经济增长模型出发，浅析数字化发展的结构效应；最后从效用理论出发浅析数字化发展的规模效应。

## 第一节　产业数字化发展和数据要素的理论分析

### 一、数字经济和数据要素的理论分析

#### （一）数字经济的概念

社会经济的跨越式发展通常由生产技术的革新带来。数字技术中起到关键作用的是"宏观创新"核心技术。"宏观创新"是一种罕见的、起决定作用的、对"微观创新"起到奠基作用的技术变革。例如，工业时代的蒸汽机，改变了劳动生产方式。数字经济仍然属于发展过程中，数字技术还有待进一步的研究和开发。数字经济阶段的宏观创新应该是指满足智能感知、智能分析和智能运用三阶段效用的技术，最终有效实现从数据到经济效应实现的完善技术种类。

数字经济概念的起源可以追溯到 20 世纪 90 年代信息通信技术的发展阶段。90 年代，信息通信技术（ICT）的发展达到高潮，标志着信息时代的来临，数字经济的概念以信息通信技术的理念为基础逐渐成型。数字经济由一系列技术变化引发变革，这些技术主要包含大数据、云计算、物联网、区块

链、人工智能、5G 通信等。"数字经济"概念同样最早可追溯到 20 世纪 90 年代中期。随着唐·塔普斯科特的《数字经济》、曼纽尔·卡斯特的《信息时代：经济、社会与文化》、尼葛洛庞帝的《数字化生存》等著作的先后问世和畅销，"数字经济"这一概念在全球逐渐使用。

数字经济是一系列数字技术创新孵化的经济形态。在小农经济模式下，劳动者自给自足，劳动与土地是实现生活富足的主要依托。在商品经济模式下，劳动者通过出售劳动获得收入，劳动和资本是主要的生产投入。在数字经济模式下，劳动者通过数字劳动，使用数字技术获取生产数据，并实现智能操作。数据要素从资本中逐渐独立出来，依赖于劳动者的数字劳动，提高生产效率，不断为传统产出增加新的附加值。

数字经济作为一种新的经济形态，从原有的信息经济阶段衍生出新的价值点。2021 年国家统计局进一步将数字经济定义为，"以数据资源作为关键生产要素、以现代信息网络作为重要载体、以信息通信技术的有效使用作为效率提升和经济结构优化的重要推动力的一系列经济活动"。这一定义明确了数字经济的核心要素和推动力，强调了数据资源在数字经济中的关键作用。

（二）数字产业的划分

数字经济产业被划分为数字产业化部分和产业数字化部分。数字产业化部分包括数字产品制造业、数字产品服务业、数字技术应用业和数据要素驱动业四大类。这些产业以数字技术为基础，通过数据资源的开发和利用，实现价值创造和经济增长。数字产品制造业和数字产品服务业主要涉及数字产品的生产和服务，如计算机、智能手机、互联网服务等；数字技术应用业则是指将数字技术应用于其他产业，如智能制造、智慧城市等；数据要素驱动业则是指以数据资源为核心，通过数据分析和挖掘，为其他产业提供决策支持和价值创造。

产业数字化部分则是指应用数字技术和数据资源为传统产业带来效率提升。这一部分涵盖了数字化效率提升业，即通过数字技术和数据资源的应用，提高传统产业的运营效率和产品质量。产业数字化部分是数字经济与传统产业的结合，通过数字化手段，实现传统产业的转型升级。

数字经济的发展为经济活动带来了新的机遇和挑战。首先，数字经济提供了新的价值创造途径，通过数据资源的开发和利用，可以实现资源的最优配置和效率提升。其次，数字经济推动了经济结构的优化，促进了新兴产业的发展，提高了传统产业的竞争力。然而，数字经济也带来了新的挑战，如数据安全和隐私保护、数字鸿沟等问题。

数字经济作为一种新的经济形态，从原有的信息经济阶段衍生出新的价值点。国家统计局将数字经济定义为以数据资源作为关键生产要素、以现代信息网络作为重要载体、以信息通信技术的有效使用作为效率提升和经济结构优化的重要推动力的一系列经济活动。数字经济产业被划分为数字产业化部分和产业数字化部分，其中数字产业化部分包括数字产品制造业、数字产品服务业、数字技术应用业和数据要素驱动业四大类，产业数字化部分则指应用数字技术和数据资源为传统产业带来效率提升。数字经济的发展为经济活动带来了新的机遇和挑战，需要我们深入研究和探索，以实现数字经济的可持续发展。

农业数字化发展带来的结构效应和规模效应非常显著，它们共同推动了农业经济的转型升级。结构效应体现在农业产业结构的优化和升级，通过数字技术的应用，传统农业逐步向现代农业转型，高附加值的农业产业链条不断延伸。规模效应则体现在农业生产效率的提升和生产成本的降低，通过大数据分析和智能决策，农业企业和农户可以更科学地安排生产计划，提高产量和质量，进而实现规模化经营，降低经营风险。

结构效应的产生，得益于数字技术在农业生产过程中的广泛应用。数字技术可以提高农业生产的精细化管理，使得农业生产更加智能化、精准化。这有助于优化农业生产结构，提高农业生产效率。例如，通过智能传感器和物联网技术，农业生产者可以实时监测土壤湿度、温度、光照等数据，为农业生产提供科学决策的依据。此外，数字技术还可以促进农业产业链的整合，形成更加紧密的产业链关系，提高农业产业的整体竞争力。

规模效应的产生，得益于大数据分析和智能决策在农业生产过程中的应用。大数据分析可以对农业生产过程中的数据进行深入分析，为农业生产者提供精准的生产方案和决策支持。例如，通过分析市场数据，农业生产者可以预测市场需求，制订合理的生产计划。此外，智能决策可以提高农业生产效率，降低生产成本。例如，通过智能农业设备，农业生产者可以实现自动化生产，节省人力物力。结构效应和规模效应的产生，不仅提高了农业生产效率，还降低了生产成本，提升了农业生产的整体效益。这有助于推动农业经济的转型升级，实现农业现代化。结构效应和规模效应的产生，也使得农业生产更加科学、高效，有助于实现农业可持续发展。

农业数字化发展带来的结构效应和规模效应非常显著。结构效应体现在农业产业结构的优化和升级，规模效应则体现在农业生产效率的提升和生产成本的降低。通过数字技术的应用，农业生产更加精细化、智能化，有助于推动农业经济的转型升级，实现农业现代化。同时，结构效应和规模效应的产生，也有助于实现农业可持续发展。

在这一背景下，我国积极推进农业数字化的发展，通过政策支持、技术研发和产业示范等多种措施，加快农业数字化的进程。数字经济的蓬勃发展不仅为农业带来了新的发展机遇，也为解决农业生产中的结构性问题提供了新的思路和方法。未来，随着数字技术的不断进步和普及，农业数字化将进一步推动农业现代化，实现更高质量的发展。

政策支持是我国农业数字化发展的关键。政府制定了一系列政策措施，如财政补贴、税收优惠、土地政策等，以鼓励和引导农业生产者采用数字化技术。这些政策的支持，为农业数字化发展提供了良好的政策环境，推动了农业数字化的进程。

技术研发是我国农业数字化发展的基础。科研机构和企业在农业数字化技术方面的研发和创新，不断推动农业生产向智能化方向发展。例如，智能传感器、无人机、物联网、大数据分析等技术的应用，使得农业生产更加精准、高效。这些技术的研发和应用，为农业数字化发展提供了技术支持。

产业示范是我国农业数字化发展的推动力。通过建立农业数字化示范园区和项目，展示农业数字化技术的应用效果，引导农业生产者采用数字化技术。这些产业示范项目，为农业数字化发展提供了实践经验，推动了农业数字化的进程。

数字经济的蓬勃发展为农业带来了新的发展机遇。数字技术在农业生产中的应用，可以提高农业生产效率、降低生产成本、改善产品质量等，为农业带来新的发展机遇。同时，数字技术还可以拓展农产品市场，提高农产品的市场竞争力，为农业带来新的发展机遇。

数字技术的发展为解决农业生产中的结构性问题提供了新的思路和方法。例如，通过数字技术，可以实现农业资源的优化配置，解决农业生产中的资源浪费问题。通过数字技术，可以实现农业产业链的整合，解决农业生产中的产业链问题。通过数字技术，可以实现农业生产的精准管理，解决农业生产中的管理问题。

我国积极推进农业数字化的发展，通过政策支持、技术研发和产业示范等多种措施，加快农业数字化的进程。数字经济的蓬勃发展不仅为农业带来了新的发展机遇，也为解决农业生产中的结构性问题提供了新的思路和方法。未来，随着数字技术的不断进步和普及，农业数字化将进一步推动农业现代化，实现更高质量的发展。

（三）数据要素的概念

数据是可以被计算机识别的信息和知识，是对客观事物的逻辑归纳。通过数据，我们可以更好地理解和分析世界，做出科学合理的决策。人类发挥主观能动性认识和改造世界，需要基于人脑中已掌握的信息，而这些信息不仅包括音讯、消息，还涵盖了通信系统传输和处理的对象。信息的广泛应用，使得我们能够在各种领域取得突破性进展。

在20世纪90年代，信息通信技术（ICT）快速发展，人类充分认识到信息的重要性。信息是数据的最终目标，而数据则是信息的基础载体。数据的具体内容形式极其广泛，包括声音、图像、符号和文字等。根据其表现形式，数据可以被划分为模拟数据和数字数据。模拟数据通常指的是连续变化的数值，如温度、声音等，而数字数据则是离散的、可以通过二进制编码表示的数值。

数据作为新型生产要素，具有独特的属性和价值。数据具有非物质性、可复制性和非竞争性等特点，与传统的土地、劳动力和资本等生产要素不同。数据通过数字技术采集、处理和分析，为生产过程提供决策支持、资源优化配置和市场预测等方面的帮助。在数字经济时代，数据成为推动经济增长的核心力量，对于农业数字化发展具有重要意义。

数据作为新型生产要素，对农业生产效率的提升、质量改善和市场竞争力增强具有重要作用。数据要素的应用改变了传统的农业生产方式，使得农业生产更加智能化、精准化和自动化。农业生产者通过收集和分析大量的农业数据，可以更加科学地制订农业生产计划，提高农业生产效率。同时，数据要素的应用也使得农业生产者可以更好地掌握市场动态，调整农业生产结构，以适应市场需求。

数据作为新型生产要素，对于农业数字化发展的影响，体现在以下几个方面：一是数据要素作为生产决策的依据，农业生产者可以通过收集和分析大量的数据，如土壤湿度、气候条件、作物生长情况等，来做出更加科学的决策。二是数据要素作为资源优化配置的工具，农业生产者可以根据数据要素提供的信息，对农业生产过程中的资源进行优化配置，如灌溉、施肥、病虫害防治等。三是数据要素作为市场预测的工具，农业生产者可以通过收集和分析市场数据，如市场需求、价格走势等，来预测市场变化，制定合理的销售策略。

数据作为新型生产要素，其所有权、使用权和收益分配问题对农业数字化发展具有重要意义。数据要素的所有权是指数据要素的归属问题，即数据要素属于谁的问题。数据要素的使用权是指数据要素的使用权限，即谁有权使用数据要素的问题。数据要素的收益分配是指数据要素所产生的收益如何分配的问题。这些问题在农业数字化发展中具有关键性，需要从政策层面上得到合理的解决和规范。

（四）数字经济在各领域的作用

在数字经济的发展过程中，各类数据经过一系列的感知、分析和应用流程，模仿人脑指导生产经营。这一过程中，数据的提取、分析和运用是数字经济发挥作用的核心。

首先，围绕数据获取的各类技术可以形成一个庞大的产业链，包括传感器技术、数据采集设备、数据存储设备等。其次，数据的使用可以对原有的生产方式产生深远影响，提高生产效率，降低成本，推动技术创新。

数据的提取、分析和运用是数字经济发挥作用的核心。在数字经济时代，数据成为一种宝贵的资源，可以为企业提供决策支持、资源优化配置和市场预测等方面的帮助。数据经过一系列的感知、分析和应用流程，可以模仿人脑指导生产经营，提高企业的竞争力和经济效益。

围绕数据获取的各类技术可以形成一个庞大的产业链。传感器技术、数据采集设备、数据存储设备等是这个产业链的重要组成部分。传感器技术可以实现对各种物理量、化学量、生物量等数据的实时监测和采集。数据采集设备可以实现对各类数据的收集和整理，为数据分析提供基础数据。数据存储设备可以实现对大量数据的存储和管理，为数据分析和应用提供支持。

数据的使用可以对原有的生产方式产生深远影响。数据的使用可以提高生产效率，降低成本，推动技术创新。例如，在制造业领域，通过收集和分析生产过程中的数据，可以实现对生产过程的优化和自动化，提高生产效率和产品质量。在农业领域，通过收集和分析农作物的生长数据，可以实现对农业生产的精准管理和优化，提高农业生产效率和农产品的质量。

数据的使用还可以推动技术创新。数据的使用可以为企业提供新的研发思路和方法，推动新技术、新产品的开发和应用。例如，在能源领域，通过收集和分析能源消耗数据，可以推动节能技术和新能源技术的发展。在医疗领域，通过收集和分析患者数据，可以推动精准医疗和个性化医疗技术的发展。

综上所述，在数字经济的发展过程中，数据的提取、分析和运用是数字经济发挥作用的核心。围绕数据获取的各类技术可以形成一个庞大的产业链，包括传感器技术、数据采集设备、数据存储设备等。数据的使用可以对原有的生产方式产生深远影响，提高生产效率，降低成本，推动技术创新。这些研究成果有助于推动数字经济的发展，实现经济的高质量发展。例如，在农业领域，通过对土壤数据、气候数据和作物生长数据的实时采集与分析，可以实现精准农业，提高农作物的产量和质量。在制造业中，数据驱动的智能制造系统可以实现生产过程的自动化和智能化，极大地提高了生产效率和产品质量。在医疗健康领域，大数据分析可以帮助医生更准确地诊断疾病，制定个性化治疗方案，提高医疗服务水平。

数据在社会治理和公共管理中也发挥着重要作用。通过对城市交通数据、环境数据和人口数据的分析，可以实现智能交通管理、环境监测和城市规划的科学决策，提高城市管理水平和居民生活质量。在公共安全领域，大数据技术可以帮助警方快速分析犯罪数据，预测犯罪趋势，提高破案效率，保障社会稳定。

数据在社会治理和公共管理中的应用可以提高城市管理水平与居民生活质量。通过对城市交通数据、环境数据和人口数据的分析，可以实现智能交通管理、环境监测和城市规划的科学决策。例如，通过对城市交通数据的分析，可以实时了解交通状况，为交通管理部门提供决策依据，优化交通流量，提高交通效率。通过对环境数据的分析，可以实时监测空气质量、水质等环境指标，为环境保护部门提供决策依据，制定有效的环境保护措施，提高居民的生活质量。通过对人口数据的分析，可以了解人口结构、分布等信息，为城市规划部门提供决策依据，优化城市规划布局，提高居民的生活水平。

数据在公共安全领域的应用可以提高破案效率，保障社会稳定。大数据技术可以帮助警方快速分析犯罪数据，预测犯罪趋势，为警方提供决策支持。例如，通过对犯罪数据的分析，可以发现犯罪行为的规律和特点，为警方制定有针对性的侦查策略提供依据。通过对犯罪趋势的预测，可以提前防范犯罪行为，减少犯罪发生，保障社会稳定。此外，大数据技术还可以帮助警方实现对犯罪嫌疑人的精准定位和抓捕，提高破案效率。

数据在社会治理和公共管理中的应用还可以推动政府决策的科学化和民主化。通过对各类数据的分析，可以更好地了解社会需求和民意，为政府决策提供依据。例如，通过对社会调查数据的分析，可以了解公众对政策的支持程度和意见，为政策制定提供参考。通过对网络舆论数据的分析，可以了解公众对热点问题的关注和态度，为政府应对舆论提供依据。此外，数据还可以帮助政府实现对政策效果的评估和反馈，为政策调整提供依据。

数据在社会治理和公共管理中发挥着重要作用。通过对城市交通数据、环境数据和人口数据的分析，可以实现智能交通管理、环境监测和城市规划的科学决策，提高城市管理水平和居民生活质量。在公共安全领域，大数据技术可以帮助警方快速分析犯罪数据，预测犯罪趋势，提高破案效率，保障社会稳定。数据的应用还可以推动政府决策的科学化和民主化，为政府决策提供依据。这些研究成果有助于推动数据在社会治理和公共管理中的应用，实现社会的高效治理和可持续发展。

数据的价值不仅体现在对现有生产方式的改造和提升，还在于其对新兴产业的推动作用。随着人工智能、物联网、5G 等新技术的发展，数据已经成为推动科技进步和产业升级的重要动力。例如，人工智能的训练和优化需要大量的数据支持，数据越丰富、质量越高，人工智能的算法就越精确、性能越优越。物联网通过大量的传感器技术，实现了万物互联，而这些传感器所产生的数据，则是物联网系统正常运行和智能决策的基础。

然而，数据的广泛应用也带来了诸多挑战。数据的隐私和安全问题。随着数据量的不断增加，数据泄露和滥用的风险也在增加。因此，如何保障数据的隐私和安全，成为亟待解决的问题。

数据的隐私和安全问题主要体现在以下几个方面：一是数据泄露问题。在数据收集、存储和传输过程中，由于技术漏洞、管理不善等原因，可能导致数据泄露，从而侵犯个人隐私和利益。二是数据滥用问题。部分企业或个人可能利用非法手段获取他人数据，用于商业竞争、诈骗等非法活动，损害他人权益。三是数据垄断问题。部分企业或组织可能通过垄断数据资源，限制其他企业和组织的数据获取和使用，影响市场竞争和社会公平。

为了解决数据的隐私和安全问题，需要采取一系列措施：一是加强数据安全管理。企业应建立健全数据安全管理体系，对数据进行分类分级管理，制定严格的访问控制和加密措施，确保数据在收集、存储、传输和使用过程中的安全性。二是强化数据隐私保护。企业应遵守相关法律法规，尊重个人隐私权益，未经授权不得收集、使用和披露他人数据。三是建立数据共享机制。政府和企业应推动数据共享，促进数据资源的合理利用，同时加强数据隐私保护，防止数据泄露和滥用。四是加强数据安全监管。政府应加大对数据安全领域的监管力度，严厉打击数据泄露、滥用等违法行为，保护数据安全和隐私权益。

（五）数据的标准化问题

目前，不同领域、不同企业的数据格式和标准各不相同，导致数据共享和互操作性差，影响了数据的利用效率。数据的标准化问题主要体现在以下几个方面：一是数据格式不一致。不同企业和组织在数据存储和传输过程中采用不同的数据格式，导致数据无法直接交换和共享。二是数据标准不统一。不同领域和行业缺乏统一的数据标准，使得数据无法在跨领域、跨行业之间进行有效衔接和应用。三是数据质量参差不齐。由于数据采集、处理和分析方法不统一，导致数据质量存在差异，影响了数据的利用效果。

为了解决数据的标准化问题，需要采取一系列措施：一是制定统一的数据标准。政府和企业应根据实际情况，制定适用于不同领域和行业的一体化数据标准，推动数据的标准化和规范化。二是推广数据标准化技术。政府和企业应加大对数据标准化技术的研发和应用力度，提高数据的标准化水平。三是加强数据质量管理。政府和企业应建立健全数据质量管理体系，确保数据的准确性、完整性和一致性。四是推动数据标准化合作。政府和企业应加强数据标准化领域的合作，共同推动数据标准的制定和实施，促进数据资源的共享和利用。

数据的广泛应用带来了诸多挑战，包括数据的隐私和安全问题以及数据的标准化问题。为了解决这些挑战，需要加强数据安全管理，保障数据的隐私和安全；制定统一的数据标准，促进数据的互联互通；加强数据质量管理，提高数据的利用效率。这些研究成果有助于推动数据的广泛应用，实现数据资源的合理利用和社会的高效治理。

数据的管理和治理问题也不容忽视。数据作为一种新的生产要素，其管理和治理需要有科学合理的机制和制度保障。这包括数据的采集、存储、处理、共享和销毁等各个环节。只有建立完善的数据管理和治理体系，才能充分发挥数据的价值，推动数字经济的健康发展。

数据的管理和治理问题主要体现在以下几个方面：一是数据采集的合规性问题。在数据采集过程中，需要遵守相关法律法规，尊重个人隐私权益，不得非法采集他人数据。二是数据存储的安全性问题。在数据存储过程中，需要采取有效的数据加密和访问控制措施，确保数据的安全性和可靠性。三是数据处理的合规性问题。在数据处理过程中，需要遵守相关法律法规，不得非法使用和泄露他人数据。四是数据共享的合规性问题。在数据共享过程中，需要遵守相关法律法规，尊重数据所有权和使用权，不得非法共享他人数据。五是数据销毁的合规性问题。在数据销毁过程中，需要采取有效的数据销毁措施，确保数据无法被恢复和利用。

为了解决数据的管理和治理问题，需要采取一系列措施：一是建立健全数据管理和治理机制。政府和企业应制定和完善数据管理与治理的相关法律法规，明确数据的管理和治理责任，规范数据的管理和治理行为。二是加强数据管理和治理能力建设。政府和企业应加大对数据管理与治理人才的培养和引进力度，提高数据管理和治理能力。三是加强数据管理与治理技术研发。政府和企业应加大对数据管理与治理技术的研发和应用力度，提高数据管理和治理的效率与效果。四是加强数据管理和治理国际合作。政府和企业应加强与其他国家和地区的数据管理与治理领域的合作，共同推动数据管理和治理的国际标准制定与实施。

数据的管理和治理问题也不容忽视。数据作为一种新的生产要素，其管理和治理需要有科学合理的机制与制度保障。为了解决数据的管理和治理问题，需要采取一系列措施，包括建立健全数据管理和治理机制、加强数据管理和治理能力建设、加强数据管理和治理技术研发、加强数据管理和治理国际合作等。这些研究成果有助于推动数据的管理和治理，实现数据资源的合理利用和社会的高效治理。

数据作为信息的基础载体，在数字经济发展的过程中，发挥着不可替代的作用。通过对数据的提取、分析和应用，可以提高生产效率，推动技术创新，促进经济发展。同时，面对数据应用带来的挑战，我们也需要制定相应的政策和措施，保障数据的隐私和安全，促进数据的标准化和互联互通，建立科学合理的数据管理和治理体系，充分发挥数据的价值，推动数字经济的健康可持续发展。

数据要素是在数字技术的"感知—分析—应用"过程中形成的产物，其内涵是科技和数据与生产的深度融合。数据要素起源于资本，却不等同于资本。资本是在物质资料的生产过程中，通过货币购买并投入于生产的生产资料。通过资本投入获得的生产资料及其技术，可以短期内实现产值增加，但是存在折旧（Acemoglu，2019），其价值可能在折旧后最终归零，需要资本的多次重复投入。数据要素在本质上是知识和信息，形式上是数字化的知识和信息，核心是技术增长的变化和迭代。数据要素难以形成折旧，在长时间的积累下，迭代的数据反而会进一步形成增值。因此在数字经济时代，数据要素可以作为一种要素加入生产中。

## 二、农业数字化和农业数据要素概念梳理

### （一）农业数字化具体概念探索

从时间维度出发，农业数字化发展参与和影响农业经济进程可能会较为缓慢。农业产业是一、二、三产业中最早萌发和成型的产业，是三大产业中保障国计民生的基础性产业。农业产业整体较为固定，具有较高的发展黏性。因为农业长期以来和地方乡民的生活息息相关，在乡民习俗、乡村文化和农业生产相辅相成，形成固有的地方发展风格。因此农业产业发展和转型具有一定的黏性，相较于工业和服务业更难打破固有传统。目前，据农业农村部统计数据，农业数字化发展水平落后于工业和服务业的数字化发展。

农业数字化发展对农业经济的影响可能较为缓慢，这主要是由于农业产业的特殊性和发展历史所决定的。农业产业是三大产业中最早萌发和成型的产业，其历史悠久，与地方乡民的生活息息相关。在乡民习俗、乡村文化和农业生产相辅相成，形成固有的地方发展风格。因此，农业产业发展和转型具有一定的黏性，相较于工业和服务业更难打破固有传统。农业数字化发展需要打破传统的农业生产方式，引入新的技术和方法，这需要时间和努力来实现。

农业产业整体较为固定，具有较高的发展黏性。农业产业的特点是周期长、风险大、投资回报周期长。农业产业的这些特点使得农业数字化发展更加困难。农业数字化发展需要大量的资金和技术支持，这对于许多小规模的农户来说是一个巨大的挑战。此外，农业数字化发展还需要培养大量的专业人才，他们不仅要懂农业，还要懂数字技术，这需要时间和资源的积累。

农业农村部统计数据显示，目前农业数字化发展水平落后于工业和服务业的数字化发展。这一数据表明，农业数字化发展在当前阶段仍然存在较大的差距。农业数字化发展需要进一步加大投入和支持，以提高农业数字化发展水平。

从时间维度出发，农业数字化发展参与和影响农业经济进程可能会较为缓慢。农业产业的特殊性和发展历史决定了农业数字化发展需要时间和努力来实现。农业数字化发展需要打破传统的农业生产方式，引入新的技术和方法，这需要时间和努力来实现。农业数字化发展需要进一步加大投入和支持，以提高农业数字化发展水平。这些研究成果有助于推动农业数字化发展，实现农业现代化和可持续发展。

从空间维度出发，数字化发展在各个国家和地区对农业经济的影响程度不同，同时侧重方向也不同。农业产业在各个国家和地区的发展都有所差异，具有较强的地域性。地理环境作为外部因素，直接影响农业产业的生产方式、产出效率和最终产品，是塑造农业产业最为原始的主要因素。在一定时期的发展中，逐渐形成经济环境和社会环境，经济社会环境又反过来进一步塑造了农业产业的形成。受到地理环境的影响，数字化发展在每个地域环境中，发展的侧重点都有所不同，大部分都是在解决发展中的难点。此外，经济社会环境的不同，导致经济发展水平高的地区发展程度较高，而发展水平低的地区发展程度较低。

地理环境对农业产业的影响主要体现在以下几个方面：一是气候条件。不同地区的气候条件差异较大，直接影响了农作物的种植和养殖。例如，热带地区的农作物生长周期较短，而温带地区的农作物生长周期较长。二是土壤条件。不同地区的土壤类型和肥力水平差异较大，直接影响了农作物的生长和产量。三是水资源。不同地区的水资源分布和利用效率差异较大，直接影响了农作物的灌溉和养殖。四是地形地貌。不同地区的地形地貌差异较大，直接影响了农作物的种植方式和养殖环境。

经济社会环境对农业产业的影响主要体现在以下几个方面：一是经济发展水平。经济发展水平高的地区，农业数字化发展程度较高，因为这些地区有更多的资金和技术支持。二是人口结构。人口密度高的地区，农业数字化发展程度较高，因为这些地区有更多的人力和市场需求。三是政策支持。政府政策支持力度大的地区，农业数字化发展程度较高，因为这些地区有更多的政策优惠和资金投入。四是文化传统。文化传统重视农业的地区，农业数字化发展程度较高，因为这些地区有更多的文化支持和市场需求。因此，数字化发展在各个国家和地区对农业经济的影响程度不同，同时侧重方向也不同。地理环境作为外部因素，直接影响农业产业的生产方式、产出效率和最终产品，是塑造农业产业最为原始的主要因素。经济社会环境的不同，导致经济发展水平高的地区发展程度较高，而发展水平低的地区发展程度较低。这些研究成果有助于推动数字化发展在各个国家和地区对农业经济的影响，实现农业现代化和可持续发展。

近年来，农业数字化符合未来时代发展趋势。随着科技的不断进步和大数据时代的到来，农业数字化发展已成为推动农业现代化的重要途径。首先，农村下沉市场成为经济中新的增长点。在相当长的一段时期内，农业在三大产业中的份额逐渐下降，农村市场潜力有待进一步挖掘。我国农业发展和农村发展已经融为一体，乡民、乡村和农业形成正向互相促进的发展趋势。通过农业数字化，可以拓宽农产品销售渠道，提高农民收入，促进农村经济增长。

农业数字化发展符合未来时代发展趋势，有助于解决农业经济面临的新挑战。随着科技的不断进步和大数据时代的到来，农业数字化发展已成为推动农业现代化的重要途径。农业数字化发展可以通过以下几个方面推动农业现代化：一是提高农业生产效率。通过智能农业设备和技术，可以实现农业生产的精细化管理，提高农业生产效率。二是改善农产品质量。农业数字化发展可以实现对农作物的精准管理，提高农产品的质量。三是拓宽农产品销售渠道。农业数字化发展可以通过电商平台等渠道，拓宽农产品的销售渠道，提高农民收入。四是促进农业产业链整合。农业数字化发展可以促进农业产业链的整合，形成更加紧密的产业链关系，提高农业产业的整体竞争力。

农村下沉市场成为经济中新的增长点，农业数字化发展有助于挖掘农村市场潜力。在相当长的一段时期内，农业在三大产业中的份额逐渐下降，农村市场潜力有待进一步挖掘。我国农业发展和农村发展已经融为一体，乡民、乡村和农业形成正向互相促进的发展趋势。通过农业数字化，可以拓宽农产品销售渠道，提高农民收入，促进农村经济增长。农业数字化发展可以通过电商平台等渠道，将农产品销售到全国各地，提高农民的收入。同时，农业数字化发展还可以促进农业产业链的整合，形成更加紧密的产业链关系，提高农业产业的整体竞争力。综上所述，近年来，我国农业经济面临新的挑战，农业数字化发展符合未来时代发展趋势。随着科技的不断进步和大数据时代的到来，农业数字化发展已成为推动农业现代化的重要途径。农村下沉市场成为经济中新的增长点，农业数字化发展有助于挖掘农村市场潜力。通过农业数字化，可以拓宽农产品销售渠道，提高农民收入，促进农村经济增长。这些研究成果有助于推动农业数字化发展，实现农业现代化和可持续发展。

农业人口老龄化和农业劳动力的流失问题日益突出。农业产业整体的行业收入低于二、三产业的行业收入，劳动力迁移至资源和收入较高的行业和地区，是一段时期内发展的必然现象。然而，农业劳动力整体教育水平的提高，使得他们更倾向于选择便捷高效的方式，具备农业数字化发展的人力资源条件。第七次全国人口普查结果显示，我国人口受教育水平明显提高，人口素质不断提高。普查结果显示，具有大学文化程度的人口为21836万人。与2010年相比，每10万人中具有大学文化程度的由8930人上升为15467人。15岁及以上人口平均受教育年限由9.08年提高至9.91年，文盲率从2010年的4.08%下降为2.67%。这说明人才红利新的优势将逐步显现，有利于农业数字化的推广和应用。

农业数字化发展的人力资源条件，对于农业数字化推广和应用具有重要意义。农业数字化发展需要大量的专业人才，他们不仅要懂农业，还要懂数字技术。随着农业劳动力整体教育水平的提高，他们更倾向于选择便捷高效的方式，具备农业数字化发展的人力资源条件。这为农业数字化发展提供了有力的人力支持，有助于推动农业数字化发展。

农业数字化发展需要依托于数字设备和技术，农业劳动力已具备一定的数字化基础，有利于农业数字化的推广和应用。农业数字化发展可以借助数字设备和技术，提高农业生产效率，改善农产品质量，拓宽农产品销售渠道，促进农业产业链整合。这些研究成果有助于推动农业数字化发展，实现农业现代化和可持续发展。

粗放型增长是指在农业生产过程中，大量投入劳动力和资源，以提高产出为目标的一种增长方式。然而，随着资源的逐渐枯竭和环境的恶化，粗放型增长已经无法成为未来的高效增长点。更加节本增效的精准型增长将成为主流，即通过科技和数据的应用，实现农业生产过程的智能化、精准化，提高农业劳动生产率，降低生产成本，促进农业可持续发展。

农业数字化充分使用科技和数据，对原有农业产业进行重塑，充分挖掘产业优势。大数据分析技术可以对农业生产过程中的数据进行深入分析，为农业生产者提供精准的生产方案和决策支持。物联网技术可以实现对农田的远程监控和管理，节省了大量的人力物力。人工智能技术可以实现智能化的农业生产管理，提高农业生产效率和产品质量。

（二）农业数字化整体划分

一是种植业数字化，这一领域包含数字农情检测、数字植保防御体系以及数字田园和无人农场。数字农情检测通过遥感技术、地面监测站和移动设备等手段，实时获取作物生长状态和环境信息，为精准农业提供数据支持。数字植保防御体系利用物联网、大数据分析等技术，对农作物病虫害进行监测和预警，指导农民科学防治。数字田园和无人农场则是通过自动化设备和技术，实现耕种、灌溉、施肥、收割等环节的智能化操作，提高农业生产效率。

二是养殖业数字化，这一领域包含数字养殖牧场、个体体征智能检测技术和生产动态数据库。数字养殖牧场通过安装监控设备、传感器等，实时监控养殖环境，自动调节温度、湿度、饲料供应等，提高养殖效益。个体体征智能检测技术通过可穿戴设备、视觉识别等技术，监测养殖动物的健康状况和行为特征，为精准饲养提供依据。生产动态数据库则是对养殖过程进行全面记录和分析，为养殖管理和决策提供数据支持。

三是渔业数字化，这一领域包含数字渔场、海洋牧场信息系统和远洋渔业资源系统。数字渔场利用现代信息技术，对渔业养殖环境进行监控和调控，提高渔业生产效率。海洋牧场信息系统则是对海洋牧场中的生物资源、环境状况等进行实时监测和数据分析，为海洋牧场管理提供科学依据。远洋渔业资源系统则是通过卫星通信、物联网等技术，对远洋渔业资源进行监控和评估，促进渔业资源的可持续利用。

四是农业产业链下游数字化，这一领域包含农副产品加工数字化平台和物流销售数字化平台。农副产品加工数字化平台通过信息化手段，对加工过程中的原料、生产、质量等进行管理和控制，提高加工产品质量和效率。物流销售数字化平台则是通过物联网、大数据等技术，实现农产品的追溯、仓储、配送、销售等环节的智能化管理，提高农产品的流通效率和销售利润。通过这些数字化技术的应用，农业数字化不仅能够提高农业生产的效率和产品质量，还能够增强农业的市场竞争力，推动农业产业的转型升级，实现农业经济的高质量发展。

在产业链上游和产业链下游数字化发展产生的经济效应有所不同。在产业链上游的生产端，数字化围绕生产力和生产方式的改进展开，通过科技和数据的融合，提高农业生产的效率和质量，优化生产结构，实现规模经济。例如，通过精准农业技术，可以实现对土壤、气候、作物生长状况的实时监测和数据分析，从而精确施肥、灌溉，减少资源浪费，提高单产。此外，自动化和智能化设备的引入，如无人机、机器人等，可以降低人力成本，提高作业效率，尤其是在劳动密集型的农业环节中。

在产业链下游的销售端，数字化围绕生产财富总额和财富分配的提高展开。数字化技术的应用，如电子商务平台、移动支付、供应链管理等，为农产品的流通和销售提供了新的渠道和模式。这些技术的应用，不仅提高了农产品的销售效率，还扩大了市场范围，使得农产品能够更快速、更广泛地到达消费者手中。同时，通过数据分析，可以更好地了解消费者需求，实现产品的精准营销和定价，提高农产品的附加值。

我国农业生产仍然保留小农经济的发展方式，以种植业为例，农业土地划分分散，大量农户依然通过农业种植自给自足，规模经营和商业化经营不足。在数字化发展的过程中，科技和数据有效融入生产经营，数字技术融入过程和其他技术融入方式有所差异。有学者提出数据要素存在的可能性，即数据作为一种新的生产要素，在生产过程中发挥重要作用。在这一过程中生产方式和生产产品都在进一步的完善和改进，随着生产要素的改变和调整，会通过结构优化最终实现效益最大化。农业生产的周期性和农产品的时效性要求农产品市场具有稳定性。农产品销售主要通过两条路径，一是农户在产地周边市场售卖；二是农户将农产品销售到一级市场，再从一级市场分销到各地超市和农贸市场等地。农户在产地周边市场售卖的稳定性高，而量产后在更大规模的市场销售的稳定性有所不足。数字化发展为农业生产者和消费者之间构建了更有效的线上链接，形成规模化市场渠道，提高农户整体收益。例如，通过建立农产品电商平台，农民可以直接对接消费者，减少中间环节，提高销售利润。同时，通过大数据分析，可以预测市场需求，指导农民合理安排生产，减少供需不平衡带来的风险。

在一段时期内，数字化发展具有较高的经济效应，存在可预期的"红利"区间。在这个时间段内，科技和数据的融入能够显著提升农业产业的生产经营效率，形成有效的数据要素、经济结构和经营规模，从而促进农业产业的发展。

在数字化发展的早期阶段，科技和数据的投入确实需要一定数量的前期投资。这包括硬件设施的建设，如传感器、监控设备、云计算平台的搭建，以及软件系统的开发，如数据分析模型、智能决策支持系统的创建。此外，还需要对农业从业者进行数字化技能培训，提高他们的数字素养，确保他们能够有效地利用这些技术和数据。

进入中期阶段，数字技术开始发挥作用，充分调动产业的发展潜力。通过精准农业、智能养殖等技术的应用，农业生产过程变得更加精准和高效，资源利用率得到提升，成本得到降低。同时，通过电子商务、供应链管理等数字化手段，农产品的销售渠道得到拓宽，市场响应速度得到加快，农产品的附加值和竞争力得到增强。

在数字化发展的后期阶段，数字技术发挥作用的空间可能会有所下降，形成固定程度和结构的生产经营投入范围。这是因为随着技术的成熟和普及，数字化带来的边际效益可能会逐渐减少。此时，农业企业需要不断创新，寻找新的增长点，以维持数字化带来的经济效应。

数据要素的投入需要一定数量的前期投入成本，但其收益较为长远。特别是在未来农业从业人口下降的大趋势下，数据要素可以在其中形成良好的经济规模，解决农村发展问题，为乡村振兴发展提供支持和保障。数据要素想要参与到未来农业经济的发展过程中，对其经济结构进行重塑是必不可少的。这意味着农业企业需要重新审视自己的业务模式，将数据要素纳入生产、管理、销售等各个环节中，实现业务的数字化转型。

农业数字化发展是一个长期的过程需要不断地投入和创新。在数字化带来的"红利"区间内，农业企业应充分利用科技和数据，提升自身的竞争力，实现可持续发展。同时，政府和社会各界也应给予足够的支持和帮助，共同推动农业数字化的发展，为我国农业经济的转型升级贡献力量。

（三）农业数据要素具体概念探索

农业数据是农业数字化发展的核心，它以声音、图像、符号和文字等多种形式存在，涵盖了农业生产经营过程中的方方面面。这些数据不仅是农业发展的宝贵资源，也是推动农业现代化的重要驱动力。数据的价值在于它的多样性和应用范围，它包括过往生产经营情况的数据，可用于总结过往生产经验，比如过往气象数据的汇总、过往收益情况数据的汇总等。这些历史数据帮助农民和农业企业了解过去的农业生产状况，分析成功和失败的原因，从而为未来的决策提供依据。

数据还包括当下生产的实时数据，这些数据对于生产经营决策至关重要。例如，通过安装在农田中的传感器和摄像头收集的实时气象数据、土壤数据、作物生长数据等，可以帮助农民精确地了解作物的健康状况和生长环境，及时调整种植策略，优化农业生产过程。实时数据还包括生产过程中的录像数据，这些数据可以帮助农民监控农业生产活动，及时发现和解决问题，提高生产效率。

数据还包括未来可用的数据，这些数据对于农业生产经营的改进和拓展具有重要价值。例如，市场潜在客户数据可以帮助农民和企业了解市场需求，制定更有效的销售策略。生产规模预测数据可以帮助农民和企业合理规划生产，避免资源浪费，提高生产效益。这些未来数据为农业生产经营提供了宝贵的信息支持，帮助农民和企业更好地应对市场变化，把握发展机遇。

对农业生产经营有正向作用的可使用信息均可以称为数据。农业数据要素的使用过程是农业数字化发展经济效应的产生过程，同样生产经营产生经济效应的过程是数据要素发挥作用的过程。农业数据要素主要讨论农业生产和农产品市场两个部分的数据。

农业生产数字化是农业数据要素应用的重要领域。数据具体包括生产中的环境数据和生产过程数据。环境数据涉及气象、土壤、水分等自然条件，对于作物的生长和发育至关重要。通过收集和分析这些数据，农民可以更准确地了解作物生长的环境需求，制订合理的灌溉和施肥计划，提高作物产量和质量。生产过程数据涉及种植、养殖、渔业等各个环节的操作和结果数据。例如，数字农情数据可以帮助农民实时监测作物生长状况，及时采取措施防治病虫害；数字植保防御数据可以帮助农民科学防治农作物病虫害，减少农药的使用，提高农产品质量；个体体征智能检测数据可以帮助农民实时监测养殖动物的健康状况，提高养殖效益；生产动态数据可以帮助农民了解渔业资源的分布和变化，合理规划渔业生产，提高渔业效益；远洋渔业资源数据可以帮助渔民更好地了解远洋渔业资源状况，提高捕捞效益。

农产品市场数字化是农业数据要素应用的另一个重要领域。数据具体包括市场客户数据和客户需求量数据。市场客户数据涉及消费者的购买行为、偏好和需求，对于农产品销售策略的制定至关重要。通过分析这些数据，农民和企业可以更好地了解市场需求，制定更有效的销售策略，提高农产品销售效益。客户需求量数据涉及市场的需求和供给状况，对于农产品的定价和销售策略具有重要影响。例如，农副产品加工数据可以帮助农民和企业了解市场需求，制定合理的加工计划和销售策略；物流销售平台数据可以帮助农民和企业了解农产品的流通状况，优化物流配送，提高销售效益。

农业数据要素的应用不仅提高了农业生产的效率和效益，还推动了农业产业的转型升级。通过数据驱动的决策和管理，农业企业可以更好地应对市场变化，提高竞争力。同时，农业数据要素的应用也为农民提供了更多的信息和工具，帮助他们更好地了解和管理农业生产，提高收入和生活质量。

农业数据要素的应用也面临一些挑战。首先，农业数据的收集和整合需要大量的资金和技术投入。农业数据分散在不同的环节和主体中，如何有效地收集和整合这些数据是一个重要的问题。其次，农业数据的分析和应用需要专业的人才与技术支持。农民和农业企业的数字素养与技术能力是农业数据要素应用的关键。因此，政府和社会各界应加大对农业数据要素应用的投入与支持，提供必要的技术和人才培训，推动农业数字化发展，实现农业经济的高质量发展。

农业数据要素是农业数字化发展的关键要素，对于农业生产和农产品市场具有重要价值。通过有效地收集、分析和应用农业数据，可以提高农业生产的效率和效益，推动农业产业的转型升级，实现农业经济的高质量发展。同时，农业数据要素的应用也为农民提供了更多的信息和工具，帮助他们更好地了解和管理农业生产，提高收入和生活质量。然而，农业数据要素的应用也面临一些挑战，需要政府和社会各界的支持和帮助。我们相信，在农业数据要素的推动下，我国农业将迎来更加美好的未来。

（四）农业数字化发展带来的规模效应和结构效应

农业数字化发展带来的结构效应和规模效应非常显著，它们共同推动了农业经济的转型升级。结构效应体现在农业产业结构的优化和升级，通过数字技术的应用，传统农业逐步向现代农业转型，高附加值的农业产业链条不断延伸。规模效应则体现在农业生产效率的提升和生产成本的降低，通过大数据分析和智能决策，农业企业和农户可以更科学地安排生产计划，提高产量和质量，进而实现规模化经营，降低经营风险。

结构效应的产生，得益于数字技术在农业生产过程中的广泛应用。数字技术可以提高农业生产的精细化管理，使得农业生产更加智能化、精准化。这有助于优化农业生产结构，提高农业生产效率。例如，通过智能传感器和物联网技术，农业生产者可以实时监测土壤湿度、温度、光照等数据，为农业生产提供科学决策的依据。此外，数字技术还可以促进农业产业链的整合，形成更加紧密的产业链关系，提高农业产业的整体竞争力。

规模效应的产生，得益于大数据分析和智能决策在农业生产过程中的应用。大数据分析可以对农业生产过程中的数据进行深入分析，为农业生产者提供精准的生产方案和决策支持。例如，通过分析市场数据，农业生产者可以预测市场需求，制订合理的生产计划。此外，智能决策可以提高农业生产效率，降低生产成本。例如，通过智能农业设备，农业生产者可以实现自动化生产，节省人力物力。

结构效应和规模效应的产生，不仅提高了农业生产效率，还降低了生产成本，提升了农业生产的整体效益。这有助于推动农业经济的转型升级，实现农业现代化。结构效应和规模效应的产生，也使得农业生产更加科学、高效，有助于实现农业可持续发展。

农业数字化发展带来的结构效应和规模效应非常显著。结构效应体现在农业产业结构的优化和升级，规模效应则体现在农业生产效率的提升和生产成本的降低。通过数字技术的应用，农业生产更加精细化、智能化，有助于推动农业经济的转型升级，实现农业现代化。同时，结构效应和规模效应的产生，也有助于实现农业可持续发展。在这一背景下，我国积极推进农业数字化的发展，通过政策支持、技术研发和产业示范等多种措施，加快农业数字化的进程。数字经济的蓬勃发展不仅为农业带来了新的发展机遇，也为解决农业生产中的结构性问题提供了新的思路和方法。未来，随着数字技术的不断进步和普及，农业数字化将进一步推动农业现代化，实现更高质量的发展。

政策支持是我国农业数字化发展的关键。政府制定了一系列政策措施，如财政补贴、税收优惠、土地政策等，以鼓励和引导农业生产者采用数字化技术。这些政策的支持，为农业数字化发展提供了良好的政策环境，推动了农业数字化的进程。

技术研发是我国农业数字化发展的基础。科研机构和企业在农业数字化技术方面的研发和创新，不断推动农业生产向智能化方向发展。例如，智能传感器、无人机、物联网、大数据分析等技术的应用，使得农业生产更加精准、高效。这些技术的研发和应用，为农业数字化发展提供了技术支持。

产业示范是我国农业数字化发展的推动力。通过建立农业数字化示范园区和项目，展示农业数字化技术的应用效果，引导农业生产者采用数字化技术。这些产业示范项目，为农业数字化发展提供了实践经验，推动了农业数字化的进程。

数字经济的蓬勃发展为农业带来了新的发展机遇。数字技术在农业生产中的应用，可以提高农业生产效率、降低生产成本、改善产品质量等，为农业带来新的发展机遇。同时，数字技术还可以拓展农产品市场，提高农产品的市场竞争力，为农业带来新的发展机遇。

数字技术的发展为解决农业生产中的结构性问题提供了新的思路和方法。例如，通过数字技术，可以实现农业资源的优化配置，解决农业生产中的资源浪费问题。通过数字技术，可以实现农业产业链的整合，解决农业生产中的产业链问题。通过数字技术，可以实现农业生产的精准管理，解决农业生产中的管理问题。

综上所述，我国积极推进农业数字化的发展，通过政策支持、技术研发和产业示范等多种措施，加快农业数字化的进程。数字经济的蓬勃发展不仅为农业带来了新的发展机遇，也为解决农业生产中的结构性问题提供了新的思路和方法。未来，随着数字技术的不断进步和普及，农业数字化将进一步推动农业现代化，实现更高质量的发展。

## 第二节　从马克思政治经济学视角浅析数据要素到经济效应发展路径

数字经济的发展需要政治经济学理论的指导，同时数字经济将进一步丰富政治经济学的理论研究（严若森等，2018）。政治经济学是研究社会生产、分配、交换和消费等经济活动、经济关系和经济规律的学科（卢梭，1775；马克思，1867；兰格，1959）。已有研究发现数据是数字经济的关键组成部分，也是数字经济区别于其他经济形态的关键点。数据作为一种全新的生产要素会直接影响经济增长，其次数据区别于技术、资本、劳动等传统生产要素。数据主要在产权属性、非排他性等方面区别于其他要素（费方域等，2020）。数据要素的特征包括虚拟替代性、多元共享性、跨界融合性和智能即时性（李海舰，2020）。当然，数据的开发和运用需要兼顾公平性和效率性（陈兵等，2020）。

数字经济从获取边际收益和追求边际效用两个方面精准实现生产优化和市场拓展。马克思在《资本论》中认为，工业产出以几何级数增长，而其市场只能以算数级数增长，必须经常扩大是资本主义生产的基础，而这种经常的扩大现在越来越不可能了，资本主义生产正陷入绝境（霍华德等著，顾海良等译，2014）。考茨基认为日益增长的需求不足是经济危机产生的原因之一，从长期来看，国内需求的不足，无法由市场出口的扩大相抵消，但是考茨基没有尝试使用马克思的再生产模型去证明生产过剩的必然性（霍华德等著，顾海良等译，2014）。数字经济时代，经济危机的主要矛盾可以通过数据要素的使用而得到改善。数据要素可以优化生产过程中生产资料的有效分配，可以最大化市场对生产产品的效用需求。通过以上两种方式，数据要素解决生产过剩和需求不足的经济矛盾。

## 一、数字化发展的起源——数据生产资料的产生

### （一）数据要素的价值

数据要素在形成过程中凝结了无差别的人类劳动，将凝结在数据要素生产过程中的劳动称为数字劳动。已有研究认为数字劳动的诞生于三个方面，数字劳动是由信息技术革命引起生产方式变革带来的，数字劳动的对象是数据，而劳动资料是数字技术（白永秀等，2020）。数据要素天然具有使用价值。商品的价值或其所能交换的任何另一种商品的量，取决于其生产所必需的相对劳动量，而不取决于付给这种劳动的报酬的多少（李嘉图著，郭大力译，1951）。因此数字经济时代的劳动和其他劳动具有相同的价值。数据要素是在人类使用数字技术进行劳动的过程中产生的。但是如果只是停留在资本购买的数字技术设备，没有经过劳动者的使用，则无法形成有效的数据要素。数据要素不仅局限于数据，且其本质是科技和数据与生产的深度融合。只收集数据，而没有通过数字劳动运用在生产中，无法实现数据要素内涵的使用价值。数据要素是真正意义上由生产者创造并由生产者享有的要素。

数据要素在生产部门之间可以实现价值的交换。效用对于交换价值来说绝对不可缺少的，但却不能成为交换价值的尺度（李嘉图著，郭大力译，1951）。数据要素商品交换成货币，再交换成新的数据要素商品（D-G-D），该形态是数据的交换。数据要素商品所有者 A 使用货币作为媒介获得数据要素商品所有者 B 掌握的数据要素的使用价值。而数据要素商品所有者 B 同样获得数据要素商品所有者 A 掌握的数据要素的使用价值。双方在交易过程中都获得了对方的数据要素商品。和传统商品交换不同的是数据要素商品所有者 A 和数据要素商品所有者 B 都同时拥有两份数据要素的使用价值。

劳动者作为数据要素的创造者，是数据价值生成的基础。在数据经济中，劳动者通过提供自己的数据创造了价值，这些数据的价值在交换过程中

得以体现。交换的增量价值，即数据价值增值的部分，应当归劳动者所有。这种归属关系体现了对劳动者创造性劳动的尊重和回报，也是数据经济公平性的体现。

然而，数据要素的所有权归属问题并不简单。虽然数据要素的使用价值在交换过程中发生了转移，但其所有权仍然归属于劳动者。这是因为数据要素具有独特的属性，它不像传统商品那样在交换过程中所有权发生转移。数据要素的价值可以由数据要素商品所有者多次实现交换价值，这是因为数据可以被复制、分发和重复利用，而不会像物质商品那样消耗。

在数据要素的交换中，使用资本获得剩余价值的过程（G–D–G）无法实现，因为资本无法购买数据要素的所有权，只能购买其使用权。这意味着，即使资本家购买了数据要素的使用权，他们也无法完全控制数据要素的价值产生过程，因为数据要素的价值创造依赖于劳动者的数字劳动。

劳动者享有其数据要素所有权的实现，是一个复杂且多维的过程，它依赖于多个层面的支持和进步。首先，立法和执法的完善是保障劳动者数据要素所有权的基础。法律法规的制定和执行，可以为劳动者提供明确的数据权益保护，防止数据被滥用和侵犯。例如，通过立法明确个人数据的所有权归属、使用范围、数据交易的规则等，可以确保劳动者的数据所有权得到尊重和保护。同时，执法机构的严格执法，可以确保法律法规得到有效执行，维护劳动者的数据权益。

其次，数据分享技术的进步是保障劳动者数据要素所有权的另一个重要因素。脱敏、多方计算和联邦学习等数据分享技术的应用，可以提高数据的安全性，使劳动者能够更加放心地分享自己的数据。脱敏技术可以去除数据中的敏感信息，保护劳动者的隐私权。多方计算可以在不泄露原始数据的情况下，进行数据的分析和计算，确保数据的安全性和隐私性。联邦学习则可以在数据不出本地的情况下，进行模型的训练和优化，保护数据的所有权。这些技术的进步，可以为劳动者提供更加安全、可靠的数据分享方案，使他们能够更加放心地分享自己的数据。

此外，除了立法和技术的支持，劳动者的数据素养和意识也是保障其数据要素所有权的重要一环。劳动者需要了解自己的数据权益，掌握数据保护的基本知识和技能，提高对数据的控制和保护能力。通过教育和培训，提高劳动者的数据素养，使他们能够更好地保护自己的数据权益。

劳动者享有其数据要素所有权的实现，既依赖于立法和执法的完善，又依赖于脱敏、多方计算和联邦学习等数据分享技术的进步。同时，提高劳动者的数据素养和意识，也是保障其数据要素所有权的重要一环。只有在法律、技术和劳动者自身能力的共同支持下，劳动者的数据要素所有权才能得到有效保障和实现。

脱离生产的数据要素交换无法实现经济增值。数据要素是科技和数据与生产的深度融合。购买后的数据要素，同样需要由购买者付出数字劳动，从而实现数据要素的使用价值。数据交换过程（D–G–D）中的数据要素是从生产中来，再运用到生产中去。无论是科学研究、政府分析还是实际生产经营，购买数据要素使用价值的个体都需要付出数字劳动，从而使数据要素贴合每个个体的需求，实现使用价值，并最终实现创造性的经济增值。

在实际应用中，数据要素的交换过程需要依赖于数据交易平台和技术手段的支持。数据交易平台为数据提供者和数据需求者提供了一个安全、便捷的交易环境，使数据要素的交换更加高效和可靠。而数据分享技术则可以保护数据的安全性和隐私性，使数据要素的交换更加安全和可信赖。

劳动者是数据要素的创造者，他们享有数据要素的所有权，并从中获得交换的增量价值。数据要素的交换过程实现的是数据要素使用价值的转移，而数据要素的所有权仍然归属于劳动者。劳动者享有其数据要素所有权的实现，既依赖于立法和执法的完善，又依赖于脱敏、多方计算和联邦学习等数据分享技术的进步。脱离生产的数据要素交换无法实现经济增值，因为数据要素是科技和数据与生产的深度融合。购买后的数据要素，同样需要由购买者付出数字劳动，从而实现数据要素的使用价值。数据交换过程中的数据要素是从生产中来，再运用到生产中去，实现创造性的经济增值。数字劳动在数字经济发展阶段逐渐增多，但并不改变产出商品的真实价值。在数字经济时代，商品购买者边际效用的满足带来了商品相对价值的增加。劳动的性质不同，报酬也不同。但这不是商品相对价值变动的原因（李嘉图著，郭大力译，1951）。影响商品价值的不仅是直接投在商品上的劳动，还有投在协助这种劳动的器具、工具和工厂建筑上的劳动。投在商品生产中的劳动量决定商品相对价值的原理，因使用机械及其他固定耐久资本而有了很大的变更。价值不随工资涨落而变动的原理由于资本耐久性不等以及回到使用者手中的速度不等也有了变革。

（二）数据要素增量价值的产生

数据要素的引入，极大地丰富了传统生产力系统的范畴。在经典的生产力理论中，生产力系统主要包括劳动者、劳动资料和劳动对象这三个基本要素。随着经济的发展和社会的进步，劳动资料在每个阶段都发生了深刻的变化，这些变化不仅反映了技术进步的足迹，也标志着生产力系统的演进。

在农业经济阶段，生产资料主要以铁器为代表，这些工具的运用提高了农业生产的效率，使得劳动者能够更有效地改造劳动对象。在这个阶段，生产力的提升主要依赖于劳动者数量的增加和劳动技能的提高，无差别的劳动要素相互作用，形成了农业经济生产力系统。这个系统的特点是生产过程的分散性和自给自足的经济模式。

进入工业经济阶段，生产资料的主要形式转变为机械和电器。这些先进的资本要素的投入，极大地提高了生产效率，创造了大量的剩余价值。在这个阶段，资本要素成为推动生产力发展的关键，工业经济生产力系统的形成，标志着生产过程的社会化、集中化和规模化。这个系统的特点是生产的高度专业化和市场经济的快速发展。

而在数字经济阶段，生产资料的主要形式转变为数据。数据的收集、分析和应用，成为创造增量价值的重要手段。数据要素的引入，不仅提高了生产过程的智能化水平，还推动了经济结构的优化和升级。数字经济生产力系统的形成，是基于大数据、云计算、人工智能等新一代信息技术的广泛应用，这些技术的融合和应用，使得生产力系统更加灵活、高效和智能。

数据要素在数字经济生产力系统中的作用，不仅仅是作为生产资料，更是作为创新和决策的支撑。数据要素能够提高劳动者和资本要素的配置效率，促进资源的优化配置，提升整个经济系统的运行效率。同时，数据要素还能够促进新的商业模式和服务模式的出现，推动经济的持续增长和结构的优化。

数据要素的引入，不仅丰富了生产力系统的内涵，也标志着生产力发展进入了一个新的阶段。在这个阶段，数据成为关键的生产资料，创造增量价值的数据要素形成了数字经济生产力系统，这个系统将以更高的效率、更智能的方式推动社会生产力的发展。生产过程中加入更多数字劳动的份额。商品的价值或其所能交换的任何另一种商品的量，取决于其生产所必需的相对劳动量，而不取决于付给这种劳动的报酬的多少（李嘉图著，郭大力译，1951）。农业经济是个人使用自己的劳动，依托土地生产资料获得产出。工业经济是个人出售自己的劳动，加入资本生产资料的投入，获取剩余价值。数字经济是个人发挥数字劳动最大限度发挥资本价值，付出数字劳动，形成共享创造成果的新经济。

劳动者对数字要素的使用可以优化生产力。生产力是具有劳动能力的人和生产资料相结合而形成的改造自然的能力。工业经济的生产力依托于劳动和资本两大类要素的投入，是工业经济阶段固有的生产力特征。当数据要素成为一种生产资料后，在劳动和资本两大类要素的基础上加入数据要素的投入，生产资料从有形向无形转变，生产力从低速溢出向高速复制转变。已有研究发现，数据要素可以作为资本要素和劳动要素的替代（乔晓楠等，2019；王梦菲等，2020）。

数据要素在发展中逐步形成增量价值。原有生产力主要是在无差别人类劳动和创造剩余价值的资本中产生的。工业经济的兴起是在剩余价值的累计过程中产生的。数字经济发展在发展过剩的工业经济后期，资本投入过剩，无法进一步提升生产力。过量资本向数字技术设备投入集中，在数字技术设备的"感知—分析—控制"过程中形成数据。数字技术设备的"感知—分析—控制"的全流程实现是离不开劳动者的数字劳动的。

（三）数字经济动态路径浅析

数字经济的成型存在时间推演和程度积累，是一个动态发展的过程。数字经济的转型是从量变积累到质变的累计过程，而非单一的状态变化。数字经济理论与传统经济学理论相辅相成，为传统经济学理论增加了新的元素。学者为数字经济理论构建了不同的理论模型，比如着眼于政府数字化的数字政府变革模型（Janowski，2015），包含了数字化（Digitization）、转型化

（Transformation）、融合化（Engagement）和情景化（Contextualization）四个阶段；又如具有层次结构的数字经济逻辑范式（徐晋，2018），涵盖实体经济、网络经济、大数据经济和平台经济四个层次。本书构建了数字经济变革范式模型（Digital Economy Evolution Model），包含嵌入化、改进化、转型化和融合化四个阶段，注重数字经济与传统经济理论的结合，强调数字经济的内在机理和传导机制。理论框架从现象视角理解数字经济的动态发展过程，围绕数字技术、生产效率、生产结构和跨越经济四个视角对数字经济进行深度刻画（如图3-1所示）。

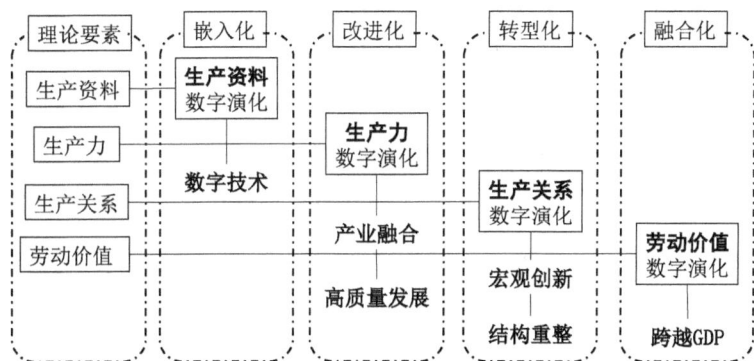

图 3-1　农业数字经济发展的政治经济学演化路径图

农业数字化发展的政治经济学演化路径：

第一阶段：嵌入化阶段——生产资料的数字演化。

嵌入化阶段是农业数字化发展的初始阶段，主要体现为生产资料的数字演化。这一阶段伴随着数字技术的快速进步和广泛应用，形成了数字经济的基础。生产资料是政治经济学的基础，其改进对于农业生产的逐步完善具有重要作用。在这一阶段，大量的数字经济技术涌现并被应用于农业生产中，推动了农业生产资料的数字化转型。

在农业领域，诸如区块链、人工智能、5G和物联网等数字技术的应用，为农业生产带来了显著的变革。例如，物联网技术可以实现农田环境的实时监测，人工智能可以进行智能化的农业管理决策，区块链技术则可以确保农产品的全程溯源和质量安全。这些技术的应用不仅提高了农业生产的效率和精准度，也为后续的农业数字化发展奠定了坚实的基础。

第二阶段：改进化阶段——生产力的数字演化。

改进化阶段是农业数字化发展的第二个阶段，主要体现为生产力的数字演化。在这一阶段，数字技术在农业产业中得到了合理运用和广泛推广，推动了农业产业的融合和高质量发展。经济增长是经济学研究的重要问题，而技术进步被认为是促进全要素生产率提升的核心因素。

在农业领域，数字技术的应用促进了农业生产效率和产出的提升。例如，通过精准农业技术，农民可以科学管理农田，提高作物的产量和质量，减少资源浪费。同时，农业物联网和智能农机的应用，也大幅度降低了农业生产成本，提高了资源利用效率。这些技术进步和应用，不仅优化了农业生产过程，还推动了农业产业的现代化和高效化发展。

第三阶段：转型化阶段——生产关系的数字演化。

转型化阶段是农业数字化发展的第三个阶段，主要体现为生产关系的数字演化。在这一阶段，数字技术通过宏观创新和结构重整，变革了传统农业产业结构和生产关系，突破了现有的产业发展方式，实现了农业生产、销售和监管的全方位网络化、数字化和智能化。

通过宏观创新，农业产业结构和生产关系发生了根本性的变革。例如，数字技术实现了以销定产的生产模式，通过数据分析和市场需求预测，农民可以根据市场需求进行科学种植和生产，减少农产品过剩和浪费。同时，数字技术还促进了农业产业链的整合和优化，提高了整个农业生产体系的效率和效益。

第四阶段：融合化阶段——劳动价值的数字演化。

融合化阶段是农业数字化发展的第四个阶段，主要体现为劳动价值的数字演化。在这一阶段，数字技术跨越了人与人之间的政治属性、经济属性和社会属性，全面颠覆了传统农业生产的劳动价值体系，构建了数字经济社会的崭新蓝图。

在农业领域，数字技术的深度应用，使得农业生产过程中的劳动价值发生了根本性变化。例如，通过农业物联网和智能农机的应用，农民可以实现智能化、自动化的农业生产，大幅度减少了人力劳动的投入，提高了生产效率和经济效益。同时，数字技术还促进了农业生产过程中数据要素的增长，数据成为农业生产的重要生产要素，对农业经济发展产生了深远影响。

在上述四个阶段中，农业数字化发展的政治经济学演化路径逐渐清晰。通过嵌入化阶段的生产资料数字演化，改进化阶段的生产力数字演化，转型化阶段的生产关系数字演化，以及融合化阶段的劳动价值数字演化，农业数字化逐步实现了从技术应用到产业变革，再到经济社会全面发展的演进过程。尽管农业数字化带来了显著的经济效应，但其具体效应的界定和评估仍面临诸多挑战。以下是农业数字化在经济效应方面的几个主要表现：

提高生产效率：农业数字化技术的应用显著提高了农业生产的效率。通过精准农业技术，农民可以科学管理农田，提高作物的产量和质量，减少资源浪费。例如，精准施肥和灌溉技术可以减少化肥和水的使用量，提高资源利用效率，降低生产成本。

降低生产成本：农业数字化技术的应用可以降低农业生产的成本。例如，智能农机的自动化操作可以减少人力成本，无人机的应用可以降低农药和肥料的使用量，农业物联网技术可以优化农业生产的各个环节，减少不必要的投入和浪费。

增加农民收入：农业数字化技术的应用可以帮助农民提高生产效率和产品质量，增加农产品的附加值，提高农民的收入。例如，通过农产品溯源系统，农民可以将优质农产品以更高的价格出售给消费者，增加收入。此外，数字农业服务可以帮助农民更好地把握市场信息，优化生产和销售策略，增加收入。

促进产业升级：农业数字化的发展推动了传统农业向现代农业的转型升级。通过数字技术的应用，农业生产从粗放型向集约型、智能化方向转变，农业产业链条得到延伸和优化，农业附加值和竞争力显著提升。例如，农业物联网和智能农机的应用推动了农业装备制造业的发展，农产品加工和物流环节的数字化转型提高了整个农业产业链的效率和效益。

推动可持续发展：农业数字化技术的应用有助于实现农业的可持续发展。例如，通过精准农业技术，可以减少化肥和农药的使用量，降低环境污染和生态破坏。农业物联网技术的应用可以优化资源配置，提高资源利用效率，减少资源浪费。农产品溯源系统可以确保农产品的质量和安全，提高消费者的信任，推动绿色农业的发展。

尽管农业数字化带来了显著的经济效应，但其具体效应的界定和评估仍面临诸多挑战。这主要体现在以下几个方面：

数据获取和质量问题：农业数字化的经济效应评估需要大量的数据支持，但在实际操作中，数据的获取和质量问题是一个重大挑战。许多农业生产的数据分散在不同的系统和平台中，数据格式和标准不统一，数据的真实性和可靠性也难以保证。这使得经济效应的评估变得更加复杂和困难。

效应的多维性和复杂性：农业数字化的经济效应是多维的，既包括直接的经济效益，如生产效率的提高和成本的降低，也包括间接的社会效益和环境效益，如农民收入的增加和生态环境的改善。这些效应之间相互交织和影响，评估时需要综合考虑各个维度的效应，难度较大。

评估方法的选择：农业数字化的经济效应评估需要选择合适的评估方法和模型。目前，常用的评估方法包括成本收益分析、投入产出分析、实证分析等。然而，不同的方法各有其优缺点，选择合适的方法需要考虑评估的具体目标、数据的可获取性和评估的时间跨度等因素。此外，如何处理评估过程中可能存在的偏差和误差，也是一个需要解决的问题。

长期效应的评估：农业数字化的经济效应不仅表现为短期的经济收益，还包括长期的经济、社会和环境效应。例如，农业数字化技术的推广和应用可能需要一定的时间与投入，其长期效应可能在数年甚至数十年后才能显现。如何有效评估农业数字化的长期效应，特别是其对农业可持续发展和农村经济社会发展的深远影响，是一个重要的研究课题。

区域差异和个体差异：农业数字化的经济效应在不同的区域和个体之间可能存在显著差异。例如，不同地区的自然条件、经济发展水平和政策环境等因素可能影响农业数字化技术的应用效果。同样，个体农户的生产规模、技术水平和管理能力等因素也会影响农业数字化的经济效应。评估时需要考虑这些区域差异和个体差异，采取分区域和分层次的评估方法，以得到更准确和全面的评估结果。

## 二、数字化发展的方向——社会化大生产的加剧

（一）数据要素与生产资料部门

在生产资料部门，数据产品成为生产消费的形式的产品。数字经济中

产业数字化部分包含数字产品制造业、数字产品服务业、数字技术应用业、数据要素驱动业。产业数字化部分大部分属于生成数据产品的生产资料部门。资本向数字技术设备投入集中，在数字技术设备的"感知—分析—控制"过程中形成数据。成熟的数据生产资料使用是数字经济社会形态形成的标志。数字经济的根源是对财富积累的探索，前置条件是资本密集和技术发展。生产资料部分为数据要素加入消费资料部分提供产业基础。数字经济是充分运用科技和数据，形成和优化生产要素，实现高质量发展的经济形态。数字经济对原有经济的高质量发展驱动是依托科技和数据的研发与推广，以及生产要素的形成和优化实现。

在传统的经济模式中，资本是推动生产力的主要因素，而劳动力则被视为生产过程中的从属因素。然而，在数字经济时代，数据要素的出现打破了这一格局，将劳动者的数字劳动推向了价值创造的核心地位。

购买数字技术设备，如果缺少数字劳动的投入，那么这些设备的购置仅仅是一种资本投入。这种资本投入并没有改变原有的生产方式，因此数据要素无法带来经济增值。离开了数字劳动的数字技术，就像是没有灵魂的机器，无法创造增量价值。在这种情况下，照搬使用的数字技术不仅不会带来预期的效益，还可能因为资本过剩而导致经济损失。

随着数字技术的不断发展，传统资本投入的经济模式遇到了发展的瓶颈。数据要素的出现进一步推动了生产方式的转变，引领了新的经济增长模式。这种模式强调的是劳动者通过数字劳动创造价值，而资本则成为支持和促进这一过程的重要工具。

数据要素的经济价值在于它能够提高生产效率，降低生产成本，创新商业模式，并最终实现经济增长。然而，这一切都离不开劳动者的数字劳动。正是劳动者的数字劳动，使得数据要素得以收集、分析和应用，从而创造出新的价值。因此，数据要素的价值实现，依赖于劳动者对数字技术的掌握和运用，以及他们在数字劳动中的创造力和创新能力。

在数据要素的经济模式下，劳动者不再是生产过程中的被动参与者，而是成为价值创造的主体。他们通过数字劳动，将数据转化为有用的信息和知识，为企业和组织提供决策支持，推动产品和服务的创新，提高企业的竞争力。与此同时，劳动者也能够通过数据要素的交换和使用，实现自身价值的增长和提升。

然而，数据要素的发展和应用也面临着一系列挑战。如何保护劳动者的数据所有权和隐私权，如何确保数据的安全和可靠性，如何建立公平的数据交换机制，这些都是需要解决的重要问题。此外，随着数据要素的广泛应用，数据质量和数据治理也成为企业与组织必须关注的问题。只有解决了这些问题，数据要素才能真正成为推动经济增长的新动力。

总之，数据要素是人类数字劳动对资本的改进，它标志着生产方式的转变和经济增长模式的创新。离开了数字劳动，数字技术无法创造增量价值。因此，劳动者在数据经济中的地位和作用日益重要，他们通过数字劳动创造价值，推动经济增长。然而，数据要素的发展和应用也面临着一系列挑战，需要我们共同努力解决。

数字经济的特点是数字劳动的增长和共享创造成果渠道的形成。工业经济发展后期出现供给过剩的现象，资本投入的增加对于产值增长的效用逐渐递减，数据积累在过量资本投入过程中逐渐形成。数据要素的流通有赖于共享制度的完善和共享技术的成熟。一方面，数据交换有赖于数据所有权归劳动者所有的保障。数据来源于应用数字技术的数字劳动，是数字化的知识和信息，数据价值归属于数字劳动的个人所有。目前数据交换停留在设想阶段，数据交换所需制度还没有成熟。社会制度对数据交换中所有权的保障是社会形态形成的前提条件。另一方面，数据要素的成熟使用有赖于数据分享技术的成熟。数据分享技术有效形成劳动所有者的保障。数字经济同样具有风险，流动的个人信息和社会信息在社会发展过程中是较大的隐患。保障社会稳定和充分发展数字经济价值都需要熟练的数字分享技术。

数据交换可以有效形成数字劳动的迭代。生产者所具有的技术效率在扩散过程中具有溢出效应。技术效率从个别生产者向周围逐渐扩散，并形成一个时间和空间范围内特有的技术效率。数据交换背后是数字劳动方式的交换，技术效率的扩散方式不再受限于空间，数字劳动进入高速迭代时期。

经济学对于工业经济的供给端和需求端进行了合理解释。全球经济从农业社会到工业社会的变化通过经济学的供给和需求理论得以完整解释

（Acemoglu，2019）。从需求端看，整个社会投入农业、工业和服务业的劳动力和资本是一定的，劳动总量和资本总量按照一定的比例分配到了农业生产、工业生产和服务业生产中。随着技术和经济的发展，当农产品市场出清，农业生产超过了贫困线需求，工业产业因此得到发展。从供给端看，资本投入的固化和经济增长的偏好都进一步加深了劳动和资本在工业行业的投入。社会经济结构向工业化转变。

数字经济是工业经济发展到一定阶段后的必然阶段。数字化发展也需要经济学供给和需求端的解释。从需求端来看，整个社会的劳动力和资本是一定的。当农业生产、工业生产和服务业生产中的资本投入过剩时，多余的资本转向数据要素投入。数字产业化和产业数字化逐步发展起来，形成一定规模的数字经济。从供给端看，资本增长带来的规模化生产会随着时间的推移和技术的普及，呈现出效用递减的趋势。资本投入的固化和经济增长的偏好推进了数字技术和数字劳动的增长。社会经济结构逐步开始了数字化的转型。

## （二）数据要素与消费资料部门

资本转而形成了数字劳动的基础，实现生产关系的转型。生产目的从剩余价值向增量价值转变。工业经济使用资本去挤占劳动价值，通过资本创造剩余价值。在经历工业化高速发展时期后，资本获取剩余价值的速度减缓。过量资本向数字技术集聚，自然形成工业经济向数字经济转型的趋势。获得更多价值的方式无法通过资本投入获得，数字劳动的价值就逐渐突显出来，剩余价值逐步向增量价值转变。

在数字经济时代，劳动者不仅是传统意义上的劳动力提供者，而且成为增量资本价值的创造者和所有者。这种转变体现了数字经济的一个基本特征，即数字劳动和增量价值的集成。随着数据要素的增加和应用，数字经济的发展速度和影响力在广度和深度上都在加速扩展。

在传统经济模式中，资本的储蓄往往导致剩余价值的集中，而在数字经济中，数据要素的集聚则推动了共享平台的规范化。这些平台为劳动者提供了新的机遇，使他们能够通过数字劳动获得增量价值。这种价值创造的空间在不断扩大，速度也在加快，为劳动者带来了前所未有的经济机遇。

在数字经济中，享有数字劳动本身及其成果的是劳动者。这意味着劳动者不仅参与生产过程，而且享有生产成果的所有权。这种所有权的实现，是数字经济对传统生产关系的重大改变，它强调了劳动者在价值创造中的主体地位。根据马克思主义经济理论，商品价值的增加是由凝结在其中的无差别人类劳动的增加而增加的。在数字经济中，这一理论得到了新的诠释和应用。数字劳动作为一种新的劳动形式，它的价值不仅体现在生产过程中，还体现在对数据的收集、分析和应用中。这些活动创造了新的价值，为劳动者带来了经济上的回报。

因此，数字经济不仅是技术和商业模式的变化，更是生产关系的变革。它重新定义了劳动者的角色和地位，使他们在价值创造中扮演了更加重要的角色。这种变化为劳动者带来了更多的经济机遇和挑战，也为我们理解和发展数字经济提供了新的视角和思路。

在生产资料的范畴中，数据要素作为一种特殊的生产资料，属于不变资本。它不会像可变资本那样随着生产过程的完成而消耗，而是能够多次利用并持续产生价值。随着数据要素的广泛应用，生产资料部门的社会化大生产得以进一步扩大，促进了生产过程的标准化、自动化和智能化。数字经济概念界定中，将数据要素的应用称为产业数字化部分。这一部分主要体现为数字化效率的提升，即通过数据分析和人工智能等技术，提高生产过程的效率和质量。随着数据要素的加入，生产过程中加入了更多的数字劳动份额，这种劳动形式不同于传统的体力劳动或脑力劳动，而是依赖于数字技术和数据处理能力的劳动。在农业经济阶段，生产资料主要是土地和简单的工具，劳动者依靠自己的劳动力和土地资源进行生产。这种生产方式是个人使用自己的劳动，依托土地生产资料获得产出。随着工业革命的到来，生产资料变成了资本家拥有的机器和设备，劳动者出卖自己的劳动力，加入资本生产资料的投入，通过劳动创造剩余价值。而数字经济阶段，生产资料变成了数据和数字技术，劳动者通过数字劳动最大限度地发挥资本的价值。劳动者付出数字劳动，通过数据分析和应用，形成共享创造的成果。这种新经济模式强调的是劳动者与资本的紧密结合，劳动者不再是简单的劳动力提供者，而是成为价值创造的核心。

在数字经济中，劳动者通过数字劳动，不仅可以创造物质财富，还可以创造数字资产。这些数字资产具有可复制、可传输和可共享的特点，使得劳动者能够更好地分享经济增长的成果。同时，数字经济也为劳动者提供了更多的就业机会和创业平台，使他们能够更好地发挥自己的才能和创造力。数字经济作为一种新的经济形态，它重新定义了生产资料和劳动力的关系，强调了劳动者在价值创造中的主体地位。数字经济的发展，为劳动者带来了新的机遇和挑战，也为我们理解和发展数字经济提供了新的视角与思路。

数据要素是人类数字劳动对于资本的改进，它标志着生产方式从传统的资本密集型向数据密集型的转变。在数字经济时代，数据要素成为推动生产力发展的核心要素，它不仅改变了生产资料的构成，也改变了生产力的实现方式。购买数字技术设备，如果缺少数字劳动的投入，那么这些设备的购置仅仅是一种资本投入。这种投入并没有改变原有的生产方式，因此数据要素无法带来经济增值。离开了数字劳动的数字技术，就像是没有灵魂的机器，无法创造增量价值。在这种情况下，照搬使用的数字技术不仅不会带来预期的效益，还可能因为资本过剩而导致经济损失。数据要素的价值在于它能够提高生产效率，降低生产成本，创新商业模式，并最终实现经济增长。然而，这一切都离不开劳动者的数字劳动。正是劳动者的数字劳动，使得数据要素得以收集、分析和应用，从而创造出新的价值。因此，数据要素的价值实现，依赖于劳动者对数字技术的掌握和运用，以及他们在数字劳动中的创造力和创新能力。随着数字技术的不断发展，传统资本投入的经济模式遇到了发展的瓶颈。数据要素的出现进一步推动了生产方式的转变，引领了新的经济增长模式。这种模式强调的是劳动者通过数字劳动创造价值，而资本则成为支持和促进这一过程的重要工具。数据要素的经济价值在于它能够提高生产效率，降低生产成本，创新商业模式，并最终实现经济增长。然而，这一切都离不开劳动者的数字劳动。正是劳动者的数字劳动，使得数据要素得以收集、分析和应用，从而创造出新的价值。因此，数据要素的价值实现，依赖于劳动者对数字技术的掌握和运用，以及他们在数字劳动中的创造力和创新能力。

在数据要素的经济模式下，劳动者不再是生产过程中的被动参与者，而是成为价值创造的主体。他们通过数字劳动，将数据转化为有用的信息和知识，为企业和组织提供决策支持，推动产品和服务的创新，提高企业的竞争力。与此同时，劳动者也能够通过数据要素的交换和使用，实现自身价值的增长和提升。

然而，数据要素的发展和应用也面临着一系列挑战。如何保护劳动者的数据所有权和隐私权，如何确保数据的安全和可靠性，如何建立公平的数据交换机制，这些都是需要解决的重要问题。此外，随着数据要素的广泛应用，数据质量和数据治理也成为企业与组织必须关注的问题。只有解决了这些问题，数据要素才能真正成为推动经济增长的新动力。作为人类数字劳动对资本的改进，它标志着生产方式的转变和经济增长模式的创新。离开了数字劳动，数字技术无法创造增量价值。因此，劳动者在数据经济中的地位和作用日益重要，他们通过数字劳动创造价值，推动经济增长。然而，数据要素的发展和应用也面临着一系列挑战，需要我们共同努力解决。

数字经济本质是运用科技和数据对生产经营的精准性进一步提升，辅助生产经营向更为精准的方向改进。经济发展已经从粗放型发展向集约型发展方向转型，而数字经济正好在转型过程中，充分发挥科技和数据的价值，引领经济和各产业充分理解内在规律，向高质量发展方向转变。因此，在数字产业化环节，将科技和数据合成数字技术，形成完整的产业链。数字技术成为数字经济接入传统经济的主要手段，成为数字经济的基础，最大化赋能经济价值。数字经济的快速发展有两个外部原因。一方面是外部必然原因。原有要素红利的流失，人口增长对应的劳动力红利正在逐渐消退。另一方面是外部偶然原因。疫情期间，人员流动的限制，进一步强化数字经济在其中发挥的重要作用。伯恩施坦反对马克思对不同工人之间技能、速度和效率差别的分析。卢森堡把利润率下降看作是资本集中的手段，而不是危机的主要原因（霍华德等著，顾海良等译，2014）。马克思在《资本论》第三卷中提出了价值理论，认为价值是对象化的劳动。这一理论强调了劳动在商品价值形成中的核心地位，即商品的价值是由生产该商品所消耗的社会必要劳动时间决定的。然而，俄国学者杜冈－巴拉诺夫斯基和布尔加科夫在研究马克思的价值理论时，发现了其中存在的"内在矛盾"。杜冈－巴拉诺夫斯基和布尔加科夫认为，如果劳动不在价格中体现，那么劳动就无法将自身对象化为任何东西。这意味着，如果劳动价值不能转化为商品的价格，那么劳动的价值就无法被社会所认可和实现。这种观点强调了劳动价值与价格之间的密切联系，以及价格在价值实现中的关键作用。杜冈－巴拉诺夫斯基进一步指出，实际的经济生活具有主观和客观两个方面。因此，价值理论也应该具有两个维度。一方面，经济行为追求效用最大化，即个体在追求自身利益时，会考虑商品的实用性和满足自身需求的能力。这种主观的价值判断反映了个体对商品的主观评价和偏好。另一方面，经济行为也受到外部世界变化的影响，即商品的价格会受到市场供求关系、生产成本、技术进步等因素的影响。这种客观的价值判断反映了商品在市场中的实际价值。

因此，杜冈－巴拉诺夫斯基和布尔加科夫认为，价值理论应该同时考虑主观和客观两个维度。这种观点有助于我们更全面地理解价值理论，以及它在实际经济生活中的应用。通过考虑主观和客观两个方面的价值判断，我们可以更好地理解个体在追求自身利益时的行为，以及商品在市场中的实际价值。杜冈－巴拉诺夫斯基和布尔加科夫对马克思价值理论的批判和补充，有助于我们更全面地理解价值理论，以及它在实际经济生活中的应用。通过考虑主观和客观两个方面的价值判断，我们可以更好地理解个体在追求自身利益时的行为，以及商品在市场中的实际价值。这种观点对于我们深入研究和应用价值理论具有重要意义。

这一规律完善了李嘉图的价值理论，而不是在效用价值论要求存在由劳动成本提供客观要素的严格意义上与之相矛盾。杜冈－巴拉诺夫斯基推论，对每件商品来说均衡，要求他们的边际效用的比率等于他们的劳动成本的比率（霍华德等著，顾海良等译，2014）。

### 三、农业数字化发展的经济效应——经济全过程分析框架的构建

农业领域的社会化大生产是一个复杂且长期的过程，受到地理环境、社会结构、技术发展等多方面因素的影响。在传统农业社会中，生产方式主要以家庭为单位，分散且效率低下。随着农业技术的进步和市场经济的渗透，农业社会化大生产逐渐成为可能，但这一过程往往来得较为缓慢。数据要素参与到农业经济中会加速农业社会化大生产的产生。数据要素的引入，特别是农业领域的数字化发展，为加速农业社会化大生产提供了新的动力。通过

大数据分析、遥感技术、物联网等手段，农业生产经营过程可以实现精准管理，提高资源利用效率，降低生产成本。

数据要素的应用，使得农业生产更加智能化、规模化，从而加速了农业社会化大生产的进程。同恩格斯和考茨基预计的不同，资本主义农业的胜利并没有使农民消失，数以百万计的农民只是陷入一种不稳定的生存状态。这种状态可能是由于土地流转、农村劳动力转移、农业生产方式转变等原因导致的。至少在农业领域，社会两极分化的速度远比马克思和他的追求者预计得要慢。资产阶级的保守性深深地困扰着列宁，这使他断定彻底的民主革命将要求无产阶级与农民结成反对资产阶级同盟（霍华德等著，顾海良等译，2014）。这一观点强调了农民在社会主义革命中的重要地位，以及无产阶级与农民之间合作的必要性。在农业产业领域分析数据要素在经济全过程中的影响是一项重要的研究问题。这不仅有助于我们更好地理解数据要素在农业发展中的作用，还可以为政策制定者提供科学依据，促进农业社会化大生产的实现，实现农业经济的可持续发展。通过深入研究数据要素在农业产业领域的应用，我们可以更好地理解农业发展的规律，为农业现代化进程提供理论支持和实践指导。

数字经济通过融合科技和数据的数字技术赋能原有经济，本质上是通过数字技术将科技和数据加入经济系统中，进而影响原有经济分配过程。社会经济财富产生的过程和规律都离不开生产、分配、交换和消费四个维度。生产、分配、交换和消费四个部分相互影响、相互制约。首先，生产环节是劳动者创造产品的过程，是人类利用生产工具改造自然，创造适合人们需要的物质资料的过程。其次，分配环节是生产资料和消费资料的分配，指生产出来的产品，通过一定形式被社会成员占有的过程。然后，交换环节是指劳动者交换劳动产品的过程，包括交换活动和产品交换两部分。最后，消费环节是指劳动者维持生存和发展的过程中对各类生活资料的使用和消耗的过程。农产品从生产走向流通的全过程围绕四个环节进行改进，数字化发展在对四个环节之间的关系进行调整，充分发挥科技和数据优势，最大化农业产业收益。

农业数字化发展改进包含四个环节和两个收益群体，同时形成两种效应

（如图 3-2 所示）。一方面，生产是分配、交换和消费的基础，是财富形成和分配的重要环节。科技和数据赋能生产环节，可以细分为种植业的数字化发展、畜牧业的数字化发展和渔业的数字化发展。已有学者关注和研究数字经济在生产环节的影响，人工智能，机器人及 3D 打印等数字技术可以提高劳动生产率（乔晓楠等，2019）。此外，杨凯生（2020）认为数字化的发展给社会带来的主要效应就是生产力的提高，数字化有助于提升人们利用各种资源进行生产活动和创造物质财富的能力。因此，农业数字化发展在生产环节方面产生的改变是合理存在的，数据要素对于多余生产要素进行替代。更具体地讲，生产环节的改变对于生产资料的分配具有影响，主要体现为生产要素结构上的变化，农业生产向精细化方向改进。

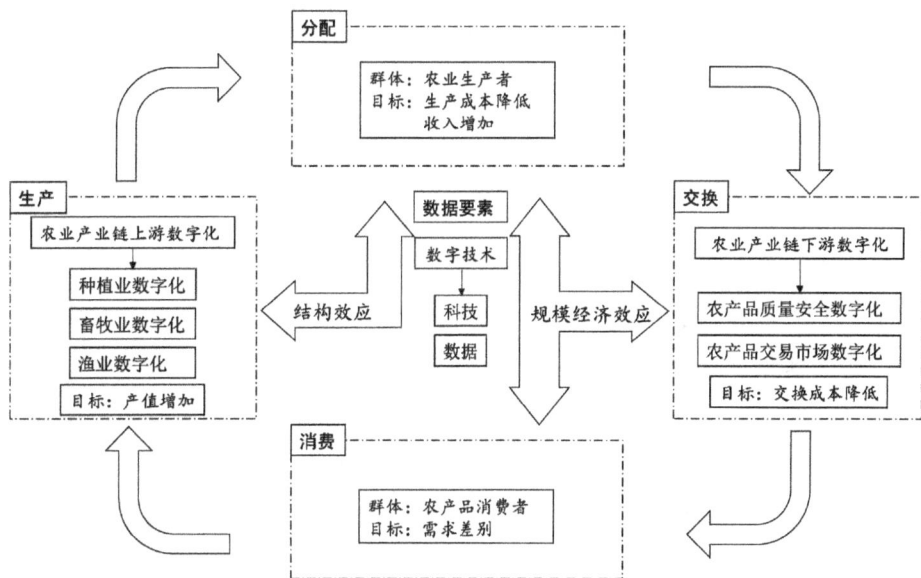

图 3-2　理论框架图

另一方面，交换是实现生产产品使用价值和价值得到实现的环节，直接影响分配环节和消费环节，同时会反作用于生产环节。广义的分配包含生产资料的分配和生产产品的分配。交换环节连接生产者和消费者两个群体，数字化发展为两个群体都带来了收益。对于消费者群体来说，农产品市场平台的数字化，加快消费者接触到商品信息的广度和速度，提升消费便捷度和体验感。从生产者的角度出发，农产品平台减少物流和中间商等流程，节约成本，更直接面对消费者。因此在交换环节的数字化过程中，生产者和消费者都可以减少信息偏差，提高市场交换效率。为时效性较高的农产品市场提供便捷的交易方式，从而扩大消费体验，扩大市场消费份额。已有学者探讨数字化发展对市场拓展的影响，数字经济实现了原有价值链的增值，价值链的流向是价值创造和价值转移的过程（Miao，2021）。在数字经济和网络市场竞争中表明生产者与消费者技能的提高才是产品可持续性的发展，最终得以保持其竞争优势（Gazzola et al.，2017）。农产品市场数字化发展，交换方式的变迁形成规模经济效应，同时重新塑造生产经营行为和消费行为。

## 第三节　从索罗经济增长模型视角
## 分析农业数字化发展的结构效应

### 一、农业数据要素替代关系和条件关系的形成

#### （一）农业生产要素分析

生产要素在经济活动中的角色和功能是至关重要的。在传统的经济学理论中，生产要素主要包括土地、劳动力、资本和企业家精神。随着时代的发展，特别是数字技术的迅速崛起，数据要素作为一种新的生产要素，正在成为推动经济发展的重要力量。在数字经济时代，农业数字化发展不仅涉及传统生产要素的优化配置，更强调了数据要素在农业生产中的重要作用。数据要素，如农业大数据、物联网、云计算等，为农业生产提供了精准的信息支持，使农业生产更加智能化、精准化。这些数据要素的应用，有助于提高农业的生产效率，降低生产成本，从而提升农业的经济效益。

农业数字化发展的经济效应主要体现在结构效应和规模效应两个方面。结构效应是指农业数字化发展带来的农业产业结构的优化和升级。通过数字化技术的应用，农业由传统的劳动密集型产业向技术密集型、知识密集型产业转变，提升了农业的附加值。规模效应则是指农业数字化发展通过扩大生产规模、提高生产效率，实现农业的规模经济，从而提升农业的整体经济效益。

农业数字化发展不仅提高了农业的生产效率和经济效益，还为农村经济的转型升级提供了新的动力。通过农业数字化发展，可以促进农村一、二、三产业的融合发展，推动农村经济多元化，提高农民的收入水平，实现农村经济的可持续发展。

农业数字化发展是推动农业现代化、实现乡村振兴的重要途径。通过深入研究和分析农业数字化发展的经济效应，可以为制定相关政策提供理论依据，推动我国农业的数字化转型和升级，实现农业的高质量发展。劳动是生产必不可少的要素，商品凝结了无差别的人类劳动（马克思，1883），劳动要素是商品经济的必要条件。广义的劳动是指人们在各种活动中劳动力的使用和消耗，而狭义的劳动则是指人类所从事的经济活动。伊万诺夫提出人类创造生活所必需的物质财富和精神财富的是目的性的活动。劳动是人类拥有的主要资源，具有主观能动性和创造性，可以有目的性地对劳动对象进行改造。劳动的投入可以形成凝结在商品中的价值，劳动要素在获取财富的经济活动中必不可少。

资本是工业经济中重要的投入要素，资本本身是人类已创造的物质和精神财富的各种社会资源的总称，资本要素投入可以获得利润所得。在工业经济时代资本要素大幅增加了商品的生产和财富的积累。马克思在《资本论》描述了资本在生产中获得剩余价值的过程，并逐渐形成社会财富的积累。资本要素聚集在社会财富集中度较高的领域中，供给围绕市场价格的变动而变动，相较于劳动要素资本具有更强的流动性。资本要素是生产中必不可少的组成部分，但是资本要素同样会累积过剩，投入效用递减，出现资源浪费的情况。资本作为工业经济时代的关键生产要素，其作用在于通过投资转化为生产资料，进而促进生产力的提升和商品的大量生产。资本不仅仅是货币的象征，它还包括机器、设备、建筑物等物质资本，以及技术、品牌、知识产权等无形资本。这些资本要素的投入，通过生产过程，可以创造出比原始投入更大的价值，即马克思所说的剩余价值，这是资本积累的基础。

在马克思的《资本论》中，资本被视为一种社会关系，它不仅仅是物，更是物背后的人与人之间的关系，尤其是生产关系。资本的运动，即资本的循环和周转，是资本主义经济运行的核心。资本通过购买劳动力和其他生产资料，进行生产，然后将生产的商品销售出去，实现价值的增值，这个过程不断重复，形成了资本的积累和社会财富的增长。

资本要素的流动性较强，它可以根据市场价格的信号在不同的行业和领域之间流动，寻找最高的投资回报。这种流动性的存在，使得资本能够迅速地从一个效益较低的行业转移到效益较高的行业，从而优化资源的配置，推动经济的发展。

然而，资本要素的过度积累也会带来问题。当资本过度集中在某些领域时，可能会导致资源的不均衡分配，甚至产生经济泡沫。此外，资本的逐利性也可能导致资源的过度开发和环境的破坏。随着资本投入的增加，边际效用递减，这意味着每一单位资本投入所获得的产出逐渐减少，最终可能导致资源浪费和经济效益的下降。

因此，在农业数字化发展的背景下，我们需要更加注重资本要素的合理配置和有效利用，避免资本的过剩积累和无效投入。通过创新投资机制，引导资本流向农业科技创新和农村基础设施建设等领域，可以促进农业数字化的发展，提高农业的生产效率和经济效益，实现农村经济的可持续发展。同时，还需要加强对资本流动的监管，防止资本的无序扩张和市场的过度波动，确保经济的稳定运行。

在农业经济中，生产要素的配置和利用对于农业的发展至关重要。土地要素作为农业自然资源的基础，对于农业生产具有决定性的影响。土地的肥沃程度、地理位置、水源条件等直接关系到农作物的种植选择、产量水平和产品质量。因此，合理利用和保护土地资源，实施可持续的土地管理政策，是农业发展的前提。

除了土地资源，森林、水资源、气候等自然要素也对农业生产产生重要影响。森林资源不仅提供木材，还有保持水源、防止水土流失等功能；水资源是农业生产的关键，灌溉系统的建设和管理直接关系到农作物的生长；气候条件，包括温度、降水、光照等，决定了农作物的生长周期和产量。因此，农业生产需要充分考虑这些自然资源的特性，采取适应性措施，以最大限度地发挥自然资源的优势。

劳动要素在农业生产中同样占据重要地位。尽管随着经济的发展，农业劳动力逐渐减少，但在我国，农村地区仍有大量劳动人口，这决定了小农经济在一定时期内仍将存在。随着人口红利的变化，农业劳动力的质量和结构也在发生变化。农业劳动力的老龄化、女性化趋势日益明显，这对农业的现代化提出了新的挑战。同时，随着乡村振兴战略的实施，农业劳动力的回流和"返乡创业"成为新的趋势，这为农业的创新发展带来了新的机遇。

资本要素在农业生产中的作用也不容忽视。随着农业现代化的推进，农业机械化、自动化水平不断提高，资本在农业生产中的比重逐渐增加。资本的投入，如农业机械设备、化肥、农药等，提高了农业的生产效率，降低了农业劳动的强度。然而，资本的过度集中也可能导致农业生产的小规模农户面临更大的市场竞争压力。因此，需要通过政策引导，促进资本的合理分配，支持小农户的发展，实现农业的均衡增长。

综上所述，农业经济的发展不仅需要考虑土地、劳动、资本等传统生产要素的配置，还需要注重自然资源保护、劳动力素质提升、资本有效利用等多方面的因素。通过综合施策，可以促进农业的可持续发展，实现农业现代化和乡村振兴的目标。

生产要素的优化配置是经济发展的重要课题，它涉及如何根据不同生产要素的稀缺性和效率，实现资源的最优分配，从而促进财富的创造和社会整体福利的提升。马克思在《资本论》中深入分析了资本主义生产方式下生产要素的配置，特别是劳动要素和资本要素之间的关系，以及这种关系如何影响社会的财富分配和经济结构。

在不同的历史时期，由于技术、资源禀赋、市场需求等因素的变化，生产要素的稀缺性和重要性也会发生变化。在劳动力稀缺的社会阶段，人口密集和劳动力密集型产业成为推动经济增长的主要力量。这种情况下，政策和制度的制定者会倾向于通过教育和培训提高劳动力素质，通过移民政策增加劳动力供给，或者通过技术创新减少对劳动力的依赖。

当土地资源变得稀缺时，保护土地、提高土地使用效率成为优化要素配置的关键。这可能涉及农业生产的现代化，如采用精准农业技术减少化肥和农药的使用，或者通过城市规划和土地利用政策来控制城市扩张，保护耕地和生态环境。

生产要素的配置不仅受时代特征的影响，还受地域特征的影响。不同地区的资源禀赋、文化传统、技术水平等因素，会导致生产要素配置的比重和模式存在差异。例如，一些国家或地区可能因为丰富的自然资源而形成以资源开采和出口为主导的经济模式，而另一些劳动力资源丰富的国家则可能发展出以劳动力输出为主的经济结构。

为了实现生产要素的优化配置，需要综合考虑各种因素，包括全球经济环境、国内市场状况、技术水平、社会制度等。通过制定和实施合理的经济政策，可以促进生产要素的合理流动和高效利用，推动经济的可持续发展。同时，还需要注重区域协调发展，发挥各地区的比较优势，实现资源的最优配置和经济的均衡增长。

（二）数据要素和劳动要素、中间投入品替代关系的形成

在农业产业链上游，农业数字化发展运用科技和数据对农业生产做出改进，结构效应体现在生产要素的替代和条件关系的形成，以及全要素生产率的改进两个部分，最终数字化发展将影响农业生产总值。数据要素替代关系主要包括劳动要素和中间投入品两个方面，这一部分主要讨论数字化发展过程中数据要素与其他要素替代关系的形成，替代关系不能完全替代劳动力的投入和中间投入品的投入，替代存在着合理的替代范围和替代不完全性。

数据要素对劳动的替代，升级农业劳动力，提高劳动者福利。劳动要素作为经济发展的重要驱动力，与我国人口数量和质量紧密相关。随着人口红利期的结束，我国面临着劳动力供给减少、劳动力成本上升的压力。然而，农业产业技术的进步和资本的增加，在一定程度上缓解了这种压力。农业机械化、自动化和智能化的发展，减少了农业对传统劳动力的依赖，提高了劳动生产率，从而提高了劳动报酬。劳动报酬与一个地区农业产业的收益和劳动人口数量密切相关。随着劳动力从重复性和低创造性的工作中解放出来，转向精细化、数字化的劳作模式，劳动力的技能和素质要求也在提高。劳动力为了适应社会发展的需要，必须提高数字化劳动技能和技术水平，这反过来又促进了工资水平的提升。从繁重劳动中解放出来的劳动力，将转向数字化应用和数字化管理岗位，这将提高工作福利和工作效率。劳动形式的转变最终影响了劳动从业人员的结构，形成了整体劳动力的结构转变。生产结构

和劳动力结构相辅相成、互相影响。劳动力向更高收益的生产环节流动，使得生产结构更加匹配当下社会的人口结构。总体来说，数字化的发展适应当前农业人口和农业劳动力的发展水平。在未来人口老龄化和乡村人口向城市转移的趋势下，数字化发展将更进一步适应这种发展规律。数据要素和劳动要素之间的替代关系存在一定的范围，数字化发展无法完全替代劳动力。劳动力仍然需要提升技能，参与数字化运营和数字化管理的工作。因此，数字化对于劳动力在有限范围内可实现结构效应价值的最大化，同时也为劳动力提供了新的发展机遇和挑战。

数据要素对中间投入品的替代，推动农业生产可持续发展。中间投入品，如化肥和农药，在农业生产中起着重要作用，它们是农业生产过程中不可或缺的一部分。在农业的早期发展阶段，化肥和农药的使用显著提高了农作物的产量，对抗病虫害，减少了农作物的损失，从而对农业生产的增长产生了显著的促进作用。然而，随着对环境保护意识的提高和对食品安全的关注，人们开始意识到过度使用化肥和农药对环境的负面影响，包括土壤退化、水体污染和生物多样性的减少。为了达到可持续发展的目标，各要素的配置需要达到一个最优平衡点。中间投入品作为可变成本的投入，其使用可以通过数字技术的应用来有效减少。数字技术，如农业物联网、智能监测系统和精准农业技术，可以帮助农民更准确地了解农田的实际情况，从而实现化肥和农药的精准投放，减少过量使用和无效投入。这样不仅能够降低生产成本，还能减少对环境的破坏，提高农产品的质量和安全性。

数据要素与中间投入品之间形成了替代关系，通过数据驱动的决策支持系统，农民可以更好地管理农业生产，减少对传统化肥和农药的依赖。然而，这种替代关系也有其范围，数字技术无法完全取代所有的中间投入品，但在一定程度上可以减少它们的使用。无人农场和自动化设备的使用可以将农业生产与自然环境隔绝，生产出绿色、有机的农产品，但这些技术的初期投资成本较高，难以在中小农户中推广。因此，对于大部分农业生产来说，成本范围内的数字技术是一个更为现实的选择，它可以在不增加太多成本的情况下，大幅减少中间投入品的使用，推动农业生产的可持续发展。

总之，随着数字技术的发展和应用，农业生产正在向更加智能化、精准化的方向发展，这不仅有助于提高农业的生产效率和经济效益，还有助于实现环境保护和食品安全的双重目标。

（三）数据要素和资本要素、土地要素之间的条件关系

数据要素条件关系主要包括资本要素和土地要素两个方面，这一部分主要讨论数字化发展过程中数据要素与其他要素条件关系的形成，以及数据要素对其他生产要素的赋能。

资本要素是数据要素的前提条件，两个要素之间存在条件关系，但是具有一定的滞后性。农业数据要素的形成是从资本要素对数字技术的购置开始的，在技术的使用过程中逐渐将对生产有效的数据提炼出来，并持续通过数字技术的使用运用在生产中，持续为农业生产提供效益。因此资本是数据要素的前置环节，离开资本购置和数字技术的使用，数据要素无法充分发挥价值。资本要素是农业经济发展的关键，农业劳作离不开农业生产工具，在现代农业生产中，资本要素已经成为不可少的农业生产工具。但是，资本的购置存在折旧，因此在一段时期后，需要重新购置农业机械。而资本的流动性是根据资本收益决定的，在农业产业中缺少收益的农产品可以获得资本投入的机会就会减少。农业产业本身带来的经济收益决定资本在农业行业的留存情况，或者是向二、三产业转移，寻求更高的收益，资本要素本身比土地要素和劳动要素流动性更强。资本投入的增长本身是存在界限的，资本投入本身没有带来收益，投入后产业发展带来的增值才具有意义。目前，在农业产业中，数字技术的使用和资本投入之间存在滞后关系，数字技术的使用在一段时期后才能产生有效的数据要素，而资本要素的投入受限于时间期间内农产品收益和农户的储蓄情况。农业产业的外部性要求农业产业发展，而农业产业的低利润影响了农业产业数字化发展的前期投入。农业生产中资本要素和数据要素在早期是相互融合的关系，而在后期数据要素可以独立成为要素发挥促进产值增长的作用。

数据要素可以成为土地要素的条件，辅助土地资源整合。农业生产通常以土地面积作为主要的收入分配标准，农业土地长期以来都是固定不发生变化的。在农业经济中，各类要素优化配置的方式各有不同，土地地租是土地要素配置中的主要依据。土地地租理论认为，土地地租价格由几个因素共同

决定，包括区域地租、总产量、农产品市场价格、农产品生产成本、单位距离的运费以及农作物产地与市场的距离。除了价格之外，合理使用资源需要重点开发气候生产潜力，根据气候规律安排农业生产、开发利用气候以及相匹配的优良品种。我国农业土地红线标准较为明确，对于土地的改建标准严格，大规模土地整改在我国农业生产中不被允许。数字化发展可以增加农业产业的生产模式，在工业用地进行农业生产从碳指标中获得产业收益也成为目前的一种生产模式。数据要素和土地要素的条件关系，有利于土地资源的进一步升级优化，增加农业生产的规模和模式。

生产要素作为经济活动的基础，其种类和作用机制随着时代的发展和科技的进步而不断演变。在数字经济时代，传统的生产要素如土地、劳动力、资本等仍然发挥着重要作用，但数据作为一种新的生产要素，正在成为推动经济增长的关键力量。

数据要素的特殊性在于其难以用传统经济理论完全解释。数据资源不同于物理资源，它具有非竞争性和非排他性，可以无限复制和共享。数据要素的引入，不仅改变了生产要素的传统定义，也改变了生产要素的配置方式和效率。数据要素的利用，如大数据分析、人工智能、物联网等，可以显著提高农业生产的智能化和精准化水平，从而提高生产效率和经济效益。在数据要素的使用过程中，它对传统农业要素产生了显著影响。例如，通过精准农业技术，可以减少化肥和农药的过量使用，降低对环境的负面影响，实现对劳动力和中间投入品的替代。同时，数据要素的使用也依赖于资本要素的投入（如信息技术设备）和土地要素的优化配置（如智能农业系统的布局），形成了条件关系。

数据要素的产生并非独立于原有经济系统，而是在原有系统基础上进行改进和完善。它通过与传统生产要素的相互作用，推动经济结构的优化和升级，进一步提高产值。数据要素的应用，不仅提高了农业的生产效率和经济效益，还为农村经济的转型升级提供了新的动力，促进了农村一、二、三产业的融合发展。作为数字经济时代的新兴生产要素，其重要性日益凸显。它不仅改变了生产要素的传统定义和配置方式，还推动了经济结构的优化和升级，为农业和农村经济的发展提供了新的机遇和挑战。因此，深入研究和分析数据要素的经济效应，对于制定相关政策、推动农业数字化转型和升级、实现农业高质量发展具有重要意义。

## 二、农业数据要素生产资源优化配置的重塑

### （一）数据要素和其他生产要素对产值的贡献度调整

农业数字化发展在生产环节由于数据要素的产生，运用数据要素过程中对劳动要素和中间投入品产生的替代作用，对资本要素和土地要素产生的条件作用，影响各农业生产要素对产值的贡献能力，最终形成农业生产要素的结构效应。但是条件和替代关系并不代表各要素对产值的贡献程度，优化资源配置更关键的是需要思考数据要素和各要素之间与产值之间的关系。产值增长是生产环节的关键，不同情况下不同要素对于产值提供价值的情况是不同的。辨别要素贡献情况是优化农业生产要素配置的前提。要素配置是实现优化生产结构、有效利用资源和形成产值最大化的有效途径。数据要素的形成和使用影响要素的优化配置方式，一方面是数据要素贡献能力的提升，另一方面是其他要素贡献能力的下降。

生产要素的贡献差异是经济活动中的一个基本现象，这种差异反映了不同要素的稀缺性和边际效用。马克思在《资本论》中详细分析了劳动要素和资本要素在价值创造和财富积累过程中的不同作用。劳动要素，作为人类劳动力的一种体现，是创造价值的基础；而资本要素，作为预付的资金和物质财富，则在生产过程中与劳动结合，实现价值的增值。

在不同历史时期，由于生产力水平和技术进步的变化，生产要素的稀缺性和边际效用也会发生变化。在农耕文明时期，土地和劳动力是主要的生产要素，它们的稀缺性决定了它们对产出的贡献度。土地的肥沃程度和劳动力的数量直接影响着农业生产的效率和产量。

进入工业文明后，资本的重要性逐渐上升，资本投入成为推动经济增长的关键因素。资本的稀缺性使得它能够带来较高的边际效用，资本的积累和投资成为扩大生产规模、提高生产效率的主要手段。资本密集型的生产方式逐渐取代了传统的劳动密集型生产方式。

生产要素的边际效用指的是每增加一单位要素投入所增加的产出量。随

着要素投入的增加，边际效用会逐渐减少，这是因为任何一种生产要素的投入都存在着递减的边际收益。例如，在农业生产中，初始的化肥和农药使用可能会显著提高产量，但随着使用量的增加，每增加一单位化肥和农药所带来的产量增加会逐渐减少，甚至可能产生负面效果，如土壤退化和环境污染。

因此，生产要素的有效配置需要考虑到要素的稀缺性和边际效用。在数字经济时代，数据作为一种新的生产要素，其边际效用和稀缺性也在逐渐显现。数据要素的利用可以显著提高生产效率和创新能力，但其价值和贡献也需要通过科学的方法进行评估，以确保生产要素的合理配置和经济的可持续发展。

不同地区农业生产所依赖的生产资料确实存在差异，这些差异主要由地理位置、气候条件、资源禀赋等因素决定。生产资料的稀缺性往往决定了它们对产值的贡献度。例如，水资源丰富的地区可能更加依赖灌溉设施和水利技术，而土地资源稀缺的地区则可能更加注重提高土地的利用效率。

在农业产业中，各类要素的贡献程度确实各不相同。不可再生的自然资源，如土地，由于其天然稀缺性，对农业生产有着重要的影响。土地的面积直接制约着农业生产的规模，而土壤的质量则影响着农作物的产量和质量。由于土地总量是固定的，提高土地的生产力就成为增加农业产出的关键。

劳动要素在农业生产中的贡献程度随着资本投入的增加和技术水平的提高而逐渐下降。农业机械化、自动化和信息化的推广减少了农业对传统劳动力的依赖。同时，随着城镇化的推进和人口红利的变化，农业劳动人口逐渐减少，这也影响了劳动要素在农业生产中的贡献度。

资本要素在现代农业中扮演着越来越重要的角色。农业机械化设备的投入使用显著提高了生产效率，但这也要求土地具有一定的平整程度，以便于机械的操作。资本要素的投入不仅限于机械设备，还包括农业科技创新、基础设施建设等方面。

数据要素的加入，为农业生产带来了新的变革。通过大数据、物联网、人工智能等技术的应用，农业生产的智能化和精准化水平得到提升，从而在一定程度上降低了其他要素对产值的贡献能力。数据要素通过优化生产过程、提高资源利用效率、减少浪费等方式，实现了农业生产的提质增效。

农业生产中各类要素的贡献程度受到多种因素的影响，随着科技的发展和时代的变迁，这些要素的贡献也在不断变化。合理配置和利用各类生产要素，是实现农业生产高效、可持续发展的关键。

在数字化发展过程中数据要素和其他要素的贡献度都有所改变。一方面，数据要素的贡献能力的提升。生产是分配、交换和消费的基础，是财富形成和分配的重要环节。科技和数据赋能生产环节，可以细分为种植业的数字化发展、畜牧业的数字化发展和渔业的数字化发展。已有学者关注和研究数字经济在生产环节的影响，人工智能、机器人及 3D 打印等数字技术可以提高劳动生产率（乔晓楠等，2019）。此外，杨凯生（2020）认为数字化的发展给社会带来的主要效应就是生产力的提高，数字化有助于提升人们利用各种资源进行生产活动和创造物质财富的能力。因此，农业数字化发展在生产环节方面产生的改变是合理存在的，数据要素对于多余生产要素进行替代。更具体地讲，生产环节的改变对于生产资料的分配具有影响，主要体现为生产要素结构上的变化，农业生产向精细化方向改进。因此，数据要素对于农业产值的贡献能力会在数字化发展的过程中逐渐提升。另一方面，其他生产要素在数据要素的影响下，形成生产要素对产值贡献度的挤占。

农业劳动要素的投入客观上在未来呈下降趋势；同时在一定时期范围内，劳动要素对于产值的影响呈现下降的趋势，一直持续到数字化发展成为市场平均水平。劳动要素在经济活动中的投入受到从业人员数量和劳动工资的共同影响。在农业领域，随着数据要素的增加和应用，传统的劳动要素投入正在发生变化。数据驱动的农业技术，如自动化机械、智能监控系统等，减少了农业生产对传统劳动力的依赖，导致劳动从业人员的数量下降。同时，随着劳动者技能的提高和工作效率的提升，劳动者的时薪也有所提高。

数字化发展带来了劳动要素从业人员下降、技能提高、时薪提高的自然过渡。这种转变反映了农业生产方式的现代化和智能化趋势。在数字经济时代，农业劳动力不再是简单的体力劳动，而是需要具备更高的技能和专业知识，能够操作和管理先进的农业技术设备。

今后，随着人口老龄化的进一步加剧和农业人口的进一步下降，农业劳动要素的投入预计将继续减少。这一趋势将对农业生产产生深远影响，要求农业领域采取相应的适应措施。一方面，需要通过教育培训提高现有劳动力的技能水平，使他们能够适应数字化农业的需求；另一方面，需要通过技术创新和设备升级，进一步减轻农业劳动的强度，提高生产效率。数据要素的增加和数字化的发展，农业劳动要素的投入正在经历重大变化。这些变化不仅体现在劳动从业人员数量的减少，还体现在劳动者技能的提高和工资水平的提升。适应这些变化，实现农业劳动力的转型升级，将是未来农业发展的重要任务。

中间投入品的投入在主观和客观上呈现下降趋势；同时数据要素将在成本范围内，逐步降低中间投入品的投入。部分中间投入品，如化肥和农药已经成为目前阻碍农业可持续发展的因素。中间投入品，如化肥、农药等，在农业生产中曾经对产值的贡献度非常高。在农业现代化的早期阶段，这些投入品的使用显著提高了农作物的产量和质量，减少了病虫害的损失，从而对农业产值产生了显著的正面影响。然而，随着时间的推移，这些投入品的滥用导致了土地盐碱化、环境污染和生物抗药性等问题，使得它们的边际效益逐渐下降。

在我国，由于农业生产长期缺乏有效的科学指导和劳动者技能提升的意识，导致农业生产模式一直以粗放型增长为主。这种模式下，中间投入品的使用往往缺乏精准性和效率，不仅增加了生产成本，还造成了资源浪费和环境污染。数字化发展的出现，为农业生产提供了新的解决方案。通过精准农业技术，如变量施肥、精准喷药等，可以显著减少中间投入品的使用量，提高其利用效率。数字化技术还可以通过监测和数据分析，为农民提供科学的种植建议，帮助他们更好地管理农作物，从而减少对化肥和农药的依赖。数据要素的出现和广泛应用，加速了中间投入品贡献度的下降。数据驱动的农业生产能够更准确地预测和应对农业生产中的各种问题，减少不必要的投入，提高农业生产的整体效益。这种转变不仅有助于环境保护，还能促进农业生产的可持续性。随着科技的发展和农业生产方式的变革，中间投入品对农业产值的贡献度已经呈现出下降趋势。数字化和数据要素的应用，为农业生产提供了新的发展路径，有助于实现更加精细化的管理，提高农业的生产效率和经济效益。

资本要素的增长不能涵盖数据要素的价值，数据要素的贡献度会逐渐独立于资本要素。资本要素从机械化生产向数字化生产的升级。农业资本要素的传统形式主要包括农业机械化、农田水利设施、农业科技研发等方面的投资。随着数字化的发展，资本要素在农业中的作用越来越重要，因为数字化技术的应用往往需要相应的硬件设施和技术支持。例如，精准农业技术的推广需要传感器、无人机、自动化机械等设备的投入，这些都属于资本要素的范畴。

数据要素的增长确实与资本要素的增长密切相关，因为数据的收集、存储、处理和分析都需要相应的技术设备和平台，这些都离不开资本的投资。然而，资本要素并不能完全涵盖数据要素的价值。数据要素的价值在于其能够提供决策支持、优化生产过程、提高资源利用效率等，这些价值并不仅仅是资本投入的结果。特别是在数据要素成熟的情况下，收集到的有价值的数据信息和数据信息的运用，已经超出了传统资本要素的范畴。数据要素的价值在于数据本身的质量、分析能力以及由此带来的洞察和决策优势。因此，数据要素和资本要素之间存在一种条件关系，但数据要素的贡献部分逐渐剥离出资本要素，成为独立的、具有自身特性的生产要素。随着数据要素的日益成熟和广泛应用，它对农业产值的贡献度将逐渐提高，而资本要素的贡献度可能会相对下降。这种趋势反映了农业生产的转型和升级，也体现了数字经济时代生产要素的新特点。因此，未来的农业生产将更加依赖于数据的收集、分析和应用，而不仅仅是资本的投入。这要求农业生产者和管理者重新审视数据的价值，加强对数据要素的投入和管理，以实现农业的可持续发展。

土地要素同样会受到数据要素的挤占，原有土地要素的贡献下降，但数据要素为土地资源的开发、整合和使用提供价值。由于土地资源的不可再生性，我国土地要素在农业生产中是固定不变的红线；在经济发展的过程中，土地还是存在一定程度的损失。数字化发展带来的多样化模式可以增加土地数量，数字化发展提供多样化的生产模式，将工业用地、商业用地转化为农业用地，无形中减轻土地压力，提高土地资源的供应。

（二）影响要素优化配置的外部因素

在农业产业的资源配置中，数据要素的融入和优化是一个复杂的过程，它不仅受到内部因素的影响，还受到外部环境的制约。数字化发展通过将数据要素融入农业生产经营活动中，提高了数据要素在农业生产中的比重，从而优化了产业结构中各要素的配置，提高了农业生产的效率，并通过结构效应促进了农业产值的增长。

然而，农业产业在我国主要集中在低收入群体和低教育水平的群体中，这成为三大产业中的短板。尽管如此，农业作为第一大产业具有重要的外部性，其发展不仅是一个经济问题，也是一个政治和社会问题。农业产业的数字化发展相比于工业和服务业来说较为滞后，存在所谓的"数字鸿沟"。

产业的优化配置在一定时期内是由市场进行调控的，但是农业产业的优化配置更需要外部因素的影响。这些外部因素包括政府的宣传、政策刺激、财政扶持等一系列手段。政府可以通过制定相应的政策，提供资金支持和技术援助，推动农业产业的数字化升级。同时，政府还可以通过教育和培训项目，提高农业劳动力的数字技能和知识水平，帮助他们更好地适应数字化农业的需求。

此外，政府还可以通过创建有利于数字化发展的环境，如改善农村基础设施、提供税收优惠、鼓励创新和研发等，来促进农业产业的数字化转型。通过这些外部因素的积极干预，可以加速农业产业的优化配置，促进农业生产的现代化和可持续发展。

资源配置理论的核心在于如何通过合理的方式将有限的资源分配到最需要的地方，以实现资源的最大效用。在数字经济时代，数据要素的诞生为资源配置提供了新的维度和挑战。从政府资源配置的角度来看，数字要素的出现意味着政府需要调整其资源配置策略，将数字要素作为经济增长的新动力。政府可以通过制定政策、提供资金支持以及制定相关法律法规来引导和规范数字要素的发展。政府主导的资源配置可以帮助确保数字要素的发展与国家的宏观经济目标和战略规划相一致，从而促进经济的稳定和可持续发展。

从市场资源配置的角度来看，数字要素的积极发展态势可以利用市场机制，即"看不见的手"，来推动市场的改革与创新。市场通过价格机制和供需关系，可以有效地分配资源，使得生产者和消费者的效用最大化。市场主导的资源配置可以促进竞争和创新，鼓励企业和个人开发与利用数字技术，从而提高整个经济的效率和生产力。政府和市场的资源配置需要相互协调与互补，以实现数字要素的有效融合和最大化利用。政府的角色在于提供公共产品和服务、制定政策框架、保护消费者权益以及监管市场行为。而市场则通过竞争和创新来优化资源配置，提高生产效率。通过政府和市场的共同努力，数字要素可以更好地融合到现有的生产结构中，优化资源配置，实现产业经济增长。这种融合不仅能够提高农业、工业和服务业的效率，还能够促进产业之间的融合，推动经济结构的优化和升级。

资源是指社会经济活动中的财力、人力、物力的总和，是社会经济向前发展的基本物质条件。资源配置是指相对稀缺的资源在不同种用途上比较后作出选择。社会发展的不同阶段，资源相较于人们的需求总是表现出稀有性，进而要求人们对相对稀缺、有限数量的资源进行合理配置，总之，就是用最少的资源获得最大的收益。对于国家而言，资源是否能够有效配置将直接影响本国的经济发展。从政府角度看，政府配置中较为古板的计划配置方式是以计划配额、行政命令来统一资源和分配资源；从市场角度看，主要是依靠市场机制进行的资源配置。

政府的资源配置理念最早是在《就业、利息和货币通论》一文中提出（凯恩斯，1936），凯恩斯的政府干预理论较为系统全面；计划经济体制是最能表现政府主导的资源配置方式，计划经济中政府是资源配置的总抓手，国家制定计划并根据本国经济的发展阶段进行工业生产、基础建设、协调区域发展等。因此，"看得见的手"是用来比喻政府主导的资源配置行为。在发展我国家的不同阶段，政府在资源配置中充当着不可或缺的主导作用。信息科技高速发展的今天，政府无论是主导资源配置还是辅助或指令市场，政府的主导力量都将帮助新生资源或要素的成长，更将引导优质新生资源与资本等资源相结合，促进发展我国家经济增长。

市场配置资源早在《国富论》（亚当·斯密，1776）中出现，他认为消费者与生产者都有利己的本性，想要在市场中追求自身利益需要通过市场

"看不见的手"进行自动调节，将各生产要素匹配到最适合的用途上。紧接着马歇尔分析在完全竞争市场中，给出了每一种产品的需求和供给都决定于价格和边际效用，这是在厂家追求利润最大化及消费者效用最大化的条件下进行的。列昂·瓦尔拉斯在马歇尔的基础上进一步发展，证实了存在完全竞争市场，在已知消费者偏好、生产函数、要素供给量的情况下，全部商品同时达到供求均衡是可以实现的，最后形成市场出清的价格，从而达到一般均衡状态。此后，帕累托率先提出了资源配置最优状态的问题，他认为在完全市场条件下可以达到"一个人或更多人的效用不能再因为生产和分配的协调再增加时"的资源配置最优状态（戴天柱，1996）。当前市场通过这只"看不见的手"将各新生要素重新安排在市场不同用途的位置，从而让生产者和消费者得到利益、效用最大化，促进市场的改革与创新，使经济得到优良发展。

### 三、数字化发展全要素生产率的增长

#### （一）数字化发展对农业全要素生产率的促进作用

数字经济的本质是科技和数据融入原有经济发展，全要素生产率是其中促进经济增长的关键。经济增长是生产方式的延续，体现生产过程中各类要素的投入和当下的技术水平。在一个发展时期内会形成一定的资源投入方式和经济增长模式。生产方式在长期的发展中会形成规律性，逐渐形成财富增长的本质。技术进步是经济增长的重要原因，我国农业生产率增长（3.05%p.a.）主要靠技术进步推动（2.35%p.a.）（Shen et al.，2019）。农业数字化发展把技术作为一个关键点加入经济发展中，如果数字技术的引入和数据要素的产生是数字经济的一条关键路径，那么数字技术带来的科技进步进一步对于生产率的影响就是其中的第二条路径。

农业数字化发展过程对于经济增长的影响符合经济学理论的描述，在数字经济发展阶段，科技和数据成为促进全要素生产率增长的原因。经济增长理论的发展经历了不同的阶段，每个阶段都有其独特的理论观点和分析框架。

古典经济增长理论，以亚当·斯密的《国富论》为代表，强调了劳动分

工在促进技术进步和经济增长中的作用。斯密认为，劳动分工可以提高劳动生产率，从而增加产出。他的理论奠定了劳动分工和专业化对经济增长的重要性。新古典经济增长理论则更加关注资本积累和技术进步对经济增长的影响。在这一理论框架中，索罗余值被用来衡量技术进步率，它是经济增长的一个关键因素。新古典经济增长理论强调了资本和劳动力的积累对经济增长的重要性，以及技术进步在推动长期增长中的作用。

内生经济增长理论则进一步探讨了技术进步的内生性，即技术进步不仅仅是由外生因素决定的，而是由经济系统内部的因素产生的。罗默等学者提出的内生增长理论强调了技术外部性和资本的溢出效应，认为这些因素可以内生地促进技术进步，从而推动经济增长。内生增长理论认为，技术进步不是简单的线性增长，而是可以通过正反馈机制自我强化。这种正反馈机制可以通过知识的外部性、人力资本的积累、研究和开发的相互作用等方式实现。因此，内生增长理论强调了教育和研发在经济增长中的作用，以及它们如何通过提高生产率和技术创新来推动经济增长。

高质量发展阶段经济增长已经告别粗放式增长，全要素生产率是该阶段实现经济增长的关键。全要素生产率可以用来衡量一国经济的发展质量，是一国经济可持续增长的核心。全要素生产率从20世纪单一的劳动生产率研究发展到后面将重点转向技术进步在生产增长的作用，生产率和经济增长的研究成为各国研究者的焦点。全要素生产率对我国经济增长有着重要的贡献（Borensztein，1996），经济增长的主要驱动力是投资，改革开放后全要素生产率也对我国经济增长的贡献保持较高水平。全要素生产率反映在一定时期内，每个国家或地区促进经济发展的努力程度和能力，能够综合地反映出技术进步对经济的促进作用。全要素生产率的三个来源分别是：效率改善、技术进步、规模效应。用这些指标可以衡量国家或地区的生产效率。从宏观经济学角度，政府在制定政策上将全要素生产率作为分析经济增长源泉的重要工具。具体而言，政策制定者通过全要素生产率来比较经济增长贡献与要素投入贡献，以此为依据调整经济结构，促进国家或地区技术进步、经济增长。

数字化发展的结构效应体现在全要素生产率的变化影响产值的增长。数字经济参与农业生产经营的三条路径是产生数据要素、影响其他要素、影响全要素生产率，最终影响农业产值。全要素生产理论通常叫作技术进步经济增长本质是指各要素的增长。从经济学角度解释，全要素生产率一般包括：人力、物力、财力的开发利用效率。本质是指由美国经济学家索罗（1924）提出的所有投入要素（资本、劳动、土地等），总产出仍能增加的部分，"索罗剩余"就是指总产出中不能用要素投入来解释的部分。全要素生产率除了反映生产的技术水平，也反映了制度水平、资源配置效率、公司治理策略和管理水平等无法用被投入要素所解释的相关因素。前文对数据要素的产生和其他生产要素的优化配置都展开了讨论，下文重点分析数字化发展对全要素生产率的影响。

　　路径一是整体社会环境技术水平的增长。数字经济的发展是科技进步的直接结果，它依赖于信息技术、网络技术和智能技术等一系列先进技术的支持。这些技术的应用，如云计算、大数据、物联网和人工智能，为数字经济的发展提供了强大的动力。农业数字经济的技术水平直接影响农业全要素生产率的水平值。技术效率的提升，即通过技术进步提高生产效率，是经济增长的一个重要组成部分。在数字经济时代，农业生产的数字化和智能化水平不断提高，这有助于提高农业生产效率，降低生产成本，提升农产品的质量和安全水平。数字经济发展水平较高的地区往往能够更快地吸收和应用新技术，从而在农业领域实现更高的生产效率。随着这些地区的发展，它们的技术水平和生产效率将逐渐向数字经济发展水平较低的地区溢出。这种技术溢出的过程，可以通过知识传播、人才流动和产业转移等方式实现，从而促进农业全要素生产率的提升。在这个过程中，数字技术带来的效率改变是外生于经济系统的。这意味着技术进步和效率提升并非由经济系统内部自发产生，而是由外部技术的引入和应用所驱动。因此，全要素生产率的发展依赖于一个地区在一定时间段内对于技术水平的衡量和应用。

　　路径二是数据要素对于技术水平的促进。资本购置数字技术，数据的积累和运用形成数据要素，数据要素使用过程中持续累积的生产经验和新的生产技术进一步影响全要素生产。经验积累从人力资源部分外化，成为掌握数据要素者都可以拥有的信息，数据要素成为技术进步内生增长的新源泉和依据。内生增长理论中，罗默等认为技术外部性、人力和其他资本的溢出效应可以内生地促进技术进步，进而促进经济增长。因此，数据要素发挥主动功能，积累生产经营信息，形成内生技术进步，进一步促进全要素生产率的增长。数据要素的引入和应用，为农业经济注入了新的活力，推动了农业生产的现代化和智能化。通过数据驱动的决策支持系统，农民可以更好地管理农业生产，提高生产效率和经济效益。同时，数据要素的利用也促进了农业产业的转型升级，实现了资源的优化配置和农业经济的可持续发展。数据要素的贡献和影响，不仅体现在农业生产中，还体现在农业产业链的各个环节，如农产品加工、物流和销售等。通过数据技术的应用，这些环节的效率和质量也得到了显著提升，进一步推动了农业经济的整体增长。总之，数据要素的引入和应用，为农业经济带来了新的发展机遇，有助于实现农业生产的现代化和智能化，推动农业经济的转型升级和可持续发展。

（二）数字化发展生产函数的构建

经济增长本质是各要素的增长和技术水平的增长，不同经济学模型对此进行刻画。索罗模型是讨论经济增长较为简单的模型，强调投资和资本积累，是宏观经济学中最常用的工具。技术进步是经济增长模型经常研究的问题，部分模型认为技术效率外生于经济增长，成为技术溢出的部分；另一部分模型认为技术是内生的部分，可以影响经济投入中的资本投入和劳动投入。模型背后的经济学理论主要分为古典经济增长理论、新古典经济增长理论和内生经济增长理论三个部分：一是古典经济增长理论，亚当·斯密认为劳动分工促进技术进步，进一步促进劳动增长。熊彼特提出技术创新理论，认为产品、工艺、市场、要素和组织这五个方面的创新，是经济增长的核心和源泉。二是新古典经济增长理论，索罗余值被认定为技术进步率，成为新古典经济增长理论的基础。三是内生增长理论，罗默等认为技术外部性、人力和其他资本的溢出效应可以内生地促进技术进步，进而促进经济增长。

在农业数字化发展的背景下，刻画生产函数模型需要将数据要素的参与方式、对其他要素的影响以及全要素生产率的改进都纳入考虑。生产函数作为经济学中从定性分析走向定量分析的重要工具，最早由索罗提出，它描述了投入要素与产值之间的相关关系，包括生产产出、全要素生产率和投入要素三个部分。柯布－道格拉斯生产函数是目前主流的生产函数模型，用于分析不同要素对产出贡献的相对重要性。

当数据要素加入生产函数时，投入测算和其他发展要素有所差异。数据要素的测量需要从其形成和运用中寻找规律，如数据收集、处理和分析的方法和技术。从生产函数的角度去解析数据要素与其他要素的关系，可以帮助我们更好地理解数据要素如何影响农业生产的效率和产出。

生产函数作为呈现劳动者、生产资料和劳动对象之间相关关系的数学模型，是分析农业数字化发展的重要工具。通过构建包含数据要素的生产函数模型，我们可以量化数据要素对农业生产的影响，评估不同生产要素的贡献，并预测农业生产的未来发展趋势。这有助于制定相关政策，促进农业数字化发展，实现农业经济的可持续增长。

上文在数据要素的分析部分对数据要素加入生产函数有基础性分析，认为在数字化发展的早期数字技术主要包含在资本投入内，而在数字化发展的后期数字技术逐渐从资本购置中剥离形成独立要素。因此数据要素的核算离不开资本要素、劳动要素和全要素生产率几个变量的讨论。希克斯中性生产函数认为技术变化时，其他要素的边际替代率不变，可以表示 $Y=A(t)F(L,K)$。索罗中性技术进步模型认为劳动与产出之间的关系不变，技术变化引起了资本的变化，其生产函数可以表示为 $Y=F[L,A(t)K]$。哈罗德中性技术进步模型认为资本与产出之间的关系不变，技术变化引起了劳动力的变化，可以表示为 $Y=F[A(t)L,K]$。同时认为同希克斯中性生产函数的思路一致，将 $A(t)$ 认为是生产函数的一个给定常数，而数据要素 $D(t)$ 成为技术效率的一部分，以给定常数的形式存在于 $A(t)$ 中。当数据要素共享时，数据要素才从"分蛋糕"转型为"做蛋糕"，充分实现数据要素独立测算的意义。假定数据充分共享，数据要素 $D(t)$ 独立存在。数据要素是假定经济平稳增长，在哈罗德中性技术进步模型 $Y=F[A(t)L,K]$ 基础上进行进一步分析。数据要素将哈罗德中性技术进步模型进一步引申为 $Y=F[A(t)L,D(t)K]$。运用是差异化生产的前提，差异化生产是产生价值增值的源泉，是数字劳动价值增值的体现。

首先，还是从索罗模型（Solow，1957）开始分析。索罗模型又被称为索罗增长模型，模型讨论资本要素、劳动要素、全要素生产率和经济增长之间的关系。一般而言，生产函数如下述方程所示：

$$Y(t) = F[K(t), L(t), A(t)] \qquad (3\text{--}1)$$

式中时间以 $t$ 表示，$t=0$，1，2…，$Y(t)$ 为第 $t$ 期的最终产品生产总量，$K(t)$ 为第 $t$ 期的资本投入量，$A(t)$ 为第 $t$ 期的技术。索罗模型被认为是经济增长的基准模型。

正如前文研究和分析所述，农业数字化发展描述为三条经济影响路径：一是数据要素逐渐产生；二是数据要素挤占原有要素对经济增长的贡献；三是数字经济中的平均技术水平影响全要素生产率，数据要素的积累产生内生技术影响全要素生产率。数字技术衍生成数据要素存在时间积累。最早的数字技术是信息通信技术，在数字技术逐步发展的很长一段时间里，并没有开展过单独成为生产要素的论证。数字技术是将设备购置纳入资本投入，将技术水平放在全要素生产率中。当数据要素纳入生产函数时，生产函数方程如下。式中 $D(t)$ 为第 $t$ 期的累计投入量。当时间 $t$ 固定时，数据要素 $D(t)$ 的出现是产出在资本要素、劳动要素和全要素生产率中的贡献进行重新划分，界定更为精确的弹性和贡献占比。因此构建数据要素加入生产函数的基准模型如下：

$$Y(t) = F[K(t), L(t), D(t), A(t)] \qquad (3\text{--}2)$$

其次，生产模型的函数形式并不唯一，主要是基于经济理论构建。希克斯中性生产函数将 $A(t)$ 认为是生产函数的给定常数，索罗中性技术进步模型和哈罗德中性技术进步模型则把技术进步分别纳入资本和劳动力的变化中。希克斯中性生产函数认为技术变化时，其他要素的边际替代率不变，可以表示 $Y=A(t)F(L, K)$。索罗中性技术进步模型认为劳动与产出之间的关系不变，技术变化引起了资本的变化，其生产函数可以表示为 $Y=F[L, A(t)K]$。哈罗德中性技术进步模型认为资本与产出之间的关系不变，技术变化引起了劳动力的变化，可以表示为 $Y=F[A(t)L, K]$。本书将从索罗模型、希克斯中性模型和哈罗德增长模型中探讨适配数字经济理论的增长模型。在对数据要素影响机制的分析过程中，我们发现数据要素与其他生产要素以及全要素生产率之间存在着紧密的联系。数字化发展将信息和内生技术积累与数据要素紧密关联，使得数字经济时代的技术进步无法独立于各要素单独存在。数据要素通过信息的手段将其他生产要素紧密结合在一起，形成了一个高效的生产系统。在数字经济时代，数据信息的创造、迭代和分享都隐含着数据在当今社会的巨大价值。数据不仅可以外部交易、影响决策，还可以辅助生产，这些都说明数据可以影响经济增长，成为一种重要的生产要素。因此，技术的变化和数据要素的变化是分不开的。数据要素在农业数字化发展中的作用日益凸显，通过数据驱动的决策支持系统，农民可以更好地管理农业生产，提高生产效率和经济效益。同时，数据要素的利用也促进了农业产业的转型升级，实现了资源的优化配置和农业经济的可持续发展。因此，数据要素在农业数字化发展中的价值不容忽视，它是推动农业现代化和智能化的重要力量。

在农业生产中，农业产业留存收益不足，资本要素的投入长期以来较为固定。资本要素只能影响前期的数字技术资本购置环节，农业数字化发展中资本设备的购置依赖于个人储蓄和企业留存收益，在一些较为贫困的地区农业资本要素的投入是较低的。新中国成立以来一直致力于改善农业产业，但整体发展的效果并不明显。原因在于我国农业经营者仍然具有小农思维方式，生产经营分散。而且发展农业的同时要解决农业从业人群的贫困问题，农业产业是一个陷入贫困陷阱的产业。正如前文所讨论的资本要素和数据要素之间的条件关系存在滞后性，数据要素是资本要素投入使用后的一段时期后才开始实现积累的。农业产业地域性特征明显，农户需要在观察到身边群体的收益后，才会把积蓄用于生产投入。因此农业产业整体来说，除了少数富裕地区会追随平均技术水平，技术的变化引起资本要素的变化；大部分地区市场技术水平对个体资本要素的影响不大。

在这种情况下，农业数字化发展需要政府和社会各界共同努力，通过提供资金支持、技术培训和市场信息等手段，帮助农民克服资本投入不足的难题，促进农业产业的转型升级。同时，也需要加强农业科技创新，提高农业生产效率，减少对传统资本和劳动力的依赖，从而降低农业生产的成本和风险。此外，还需要加强对农业从业人员的培训和教育，提高他们的数字技能和经营管理能力，使他们能够更好地适应农业数字化发展的需求。

农业数字化发展需要政府和社会各界的共同努力，通过提供资金支持、技术培训和市场信息等手段，帮助农民克服资本投入不足的难题，促进农业产业的转型升级。同时，也需要加强农业科技创新，提高农业生产效率，减少对传统资本和劳动力的依赖，从而降低农业生产的成本和风险。此外，还需要加强对农业从业人员的培训和教育，提高他们的数字技能和经营管理能力，使他们能够更好地适应农业数字化发展的需求。最后，数据要素将内生技术增长方式从劳动要素中转移过来。数字化发展将信息和内生技术积累都紧密和数据要素关联。劳动要素的投入依赖于一个地区长期的教育情况，劳动力向工资收入较高的地区聚集，农业产业吸引的劳动力取决于农业产业的收益情况。劳动者在数字化发展中会依赖数字技术和内部信息进行经营决策，劳动者主要从事数字技术管理和数字技术运用工作。信息和技术的积累从劳动要素向数据要素转移，全要素生产率的积累向数据要素倾斜，技术变化引起数据积累的变化。此外，阿西莫格鲁证明了哈罗德中性技术进步模型在平稳增长中的合理性（Acemoglu，2019）。因此，农业数字化发展问题最为匹配的模型是哈罗德中性技术进步模型，下文将基于哈罗德中性技术进步模型引入数据要素。本书沿用哈罗德模型内生增长理论，同时基于理论分析内生技术增长从劳动要素向数据要素集聚。因此数据要素生产函数内生增长模型如下：

$$Y(t) = F[K(t), L(t), A(t)D] \qquad (3-3)$$

## 第四节　从效用理论研究视角分析
## 农业数字化发展的规模效应

### 一、数字化发展优化市场交换流程

农产品交换的价格是由多主体博弈交换后形成的。农产品从初级原料进行加工再到市场进行销售，传统的进入市场方式其价格与物流损耗形成过程如图 3-3 所示：从价格形成方面，农户将农产品交由合作社等收购商，销往一级、二级批发市场，再到零售市场，最终到消费者手中。其中价格的层层递进包括在人工成本方面、场地租金以及各自所需承担的包装运输费用，从经济学角度来看，总价不变时，要想农户收益增多，需要缩减成本费用；其中流通的物流成本包括：生产端的验收、采购、分类，到仓储、物流、装卸，最后的加工定价等。这几个部分形成了整个农产品的价格。

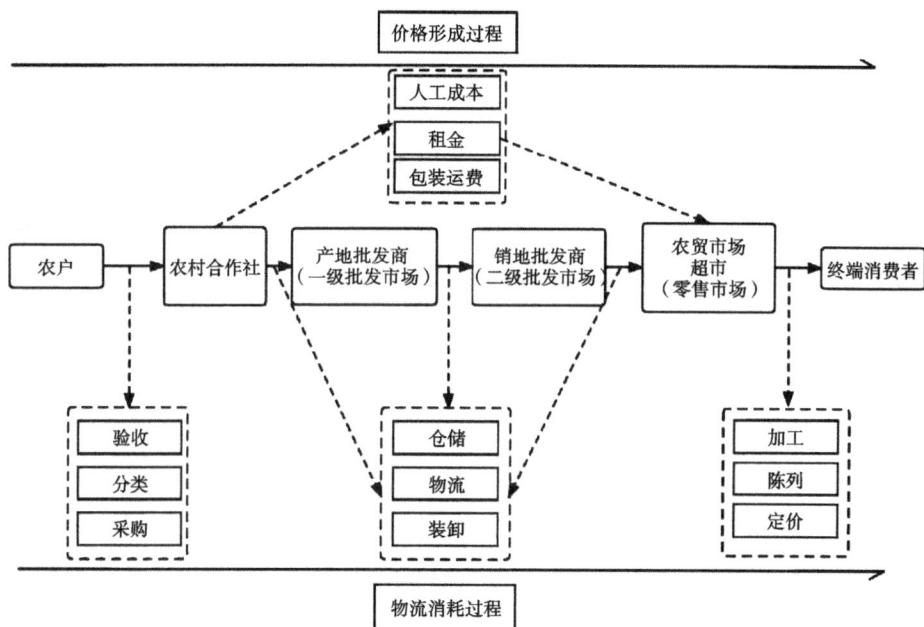

图 3-3 农产品价格形成过程图

（一）农产品快速获客和仓储成本下降

农产品价值随时间推移快速下降，具有时效性。由于农产品的特性，如易腐烂、不易储存等，其价值在短时间内可能发生较大变化。通过数字化平台的建设与物流的高效运作，可以大大减少流通环节中物流与存储的时间成本，从而减缓农产品价值降低的速度。此外，这还能减少中间商为此支付的高额仓储费用，将更多的利润让渡给生产者和消费者。

从实现行业的规模经济效应出发，本书分析了农产品首先通过农产品交易成本降低来实现规模经济效应的长期平均成本降低。这主要表现在商品流通时的成本有所降低，通过电子商务平台等数字化平台来缩短中间流程，使得信息的及时传递与物品的交易都变得简易、透明化。消费者与农户在其中均扮演着受益者的身份，数字技术的使用给商品销售的过程带来了前所未有的便捷，农产品市场的交易成本有所下降，各方需求在此得到满足。

此外，数字化平台的建设还有助于提高农产品的质量和安全性。通过精准农业技术、物联网和大数据分析等手段，可以实现对农产品的全程监控，确保农产品的质量和安全。同时，数字化平台还能帮助农民更好地了解市场需求，调整种植结构和生产计划，提高农产品的市场竞争力。

综上所述，数字化平台的建设对于农产品市场的交易成本降低、农产品价值的维护以及行业规模的扩大都具有重要意义。通过数字技术的应用，可以提高农产品的质量和安全性，降低交易成本，满足各方需求，实现农产品的长期稳定供应。这将为农业产业的可持续发展提供有力支持，同时也将促进农业经济的增长和农民收入的提高。

（二）农产品规模化运输可变成本的下降

人与物的信息共享与匹配，摊薄人均物流成本。物流作为电子商务发展中的重要环节，在农产品销售中区域地理的差异比较明显，但物流环节的成本控制也是构成流通交易成本中重要的一环。物流在整个流通环节中对于农业经济的促进作用尤为明显，其中更少不了网络等数字技术在贸易中的应用（Wicha et al.，2017）。现在的农产品贸易现状大都达到了比较平稳饱和的状态，有部分学者已经开始研究从创新物流模式的角度来创造价值。这种创新物流模式可以从几个方面进行：物流技术创新，利用现代物流技术，如物联网、大数据分析、人工智能等，实现农产品的实时监控和追溯，提高物流效率，降低物流成本。物流理念创新：引入绿色物流、循环物流等理念，注重环境保护和可持续发展，减少农产品在物流过程中的浪费和污染。物流组织创新：优化物流网络布局，提高物流服务水平，实现农产品的快速配送和及时交付。物流服务接口创新：通过与电商平台、社交媒体等渠道的融合，提供一站式物流服务，提高农产品的市场竞争力。不同组合：结合以上几个方面的创新，形成具有竞争力的物流模式，为农产品贸易创造更多价值。通过这些创新物流模式，可以提高农产品的流通效率，降低物流成本，增强农产品的市场竞争力。同时，这也有助于推动农产品贸易的转型升级，实现可持续发展。在实施这些创新物流模式时，需要考虑农产品的特性和市场需求，以及物流技术的可行性和经济性。此外，还需要加强政策支持和行业间的协作，共同推动农产品贸易的发展。物流服务创新创造价值的机制是：降低物流成本，提高物流服务质量，提供新的物流服务，进而提升物流服务能力。

（三）农产品精准配送和中间交易成本的减少

人与物通过大数据计算实现精准配送，减少中间环节费用。创新的商业模式层出不穷，社会商务模式（e-fairs），又称团购模式，在这种模式下，卖家和买家都会被分组以获得最大的利益。产品价格往往上涨，但用户合作获得动态价格，费用往往下降。e-fairs扩展了团购模式，将需求和供应聚合在一起，以优化价格，并整合发货，优化提款，以确保额外的节省（Gallo et al.，2017）。从以上分析可以看出，流通环节与新型商业模式的崛起确实能够使农产品在数字技术引导下的交易市场达到成本的进一步降低，从而实现规模效应。近年来，如盒马鲜生等新型概念的超市异军突起，改变了传统消费者对于农产品的需求方式。越来越多的年轻人甚至中年人开始使用超市外卖的方式来选择品质优良、口味丰富的农产品，满足了各个年龄、阶层对于高品质生活的追求。

根据研究表明，以这种方式购买产品的消费者在体验感与乐趣感上有所提高，在生活便捷度、舒适度提高上也有所满足。这进一步培养了消费者新的购物习惯，让购买频率得到提高。这种新型商业模式的出现，不仅提高了消费者的购物体验，还降低了农产品的交易成本，实现了规模效应。此外，这种新型商业模式还具有几个优势：首先是个性化服务，新型超市能够根据消费者的需求和喜好，提供个性化的产品推荐和服务，满足消费者的个性化需求。其次是高效配送，新型超市通过高效的物流配送体系，能够快速将农产品送达消费者手中，提高了消费者的购物体验。此外还有质量保证，新型超市对农产品的质量进行严格把关，确保消费者购买到的是品质优良的农产品，提高了消费者的信任度。最后是价格优势，新型超市通过规模效应和数字化运营，能够降低农产品的成本，为消费者提供更具竞争力的价格。

综上所述，新型商业模式的崛起为农产品交易市场带来了新的机遇，通过降低交易成本、提高购物体验和满足消费者需求，实现了农产品的规模效应。这将为农业产业的可持续发展提供有力支持，同时也将促进农业经济的增长和农民收入的提高。

## 二、数字化发展对边际效用的影响

数字时代的到来，农业生产者的利益与消费者的需求差异备受关注。随着电子商务技术的成熟与发展，电商行业生态环境越来越丰富，新零售、新媒体、社群电商、跨境电商、农村电商等不同电商形态快速发展，特别是农村电商与实体经济的融合更加紧密，向着贴近消费者、提升运营效率的方向发展。

农村电商平台的发展变化包括两个方面：

重点布局下沉市场，融入社区生态。农村电商平台通过深入农村市场，了解当地消费者的需求和习惯，提供符合他们需求的产品和服务。这种布局有助于农村电商平台更好地融入当地社区生态，提升品牌影响力和市场份额。

社区拼团、熟人拼购、直播、论坛、短视频等竞相发展。这些新型电商模式不仅能够提高消费者的购物体验，还能够满足消费者对农产品的差异化需求。通过这些模式，农村电商平台能够更好地满足消费者的个性化需求，推动城市消费潜力不断释放。

这些变化充分说明了农村电商已告别野蛮生长时代，逐步走向转型发展的新阶段。在这一阶段，农村电商平台需要更加注重用户体验和品牌建设，通过技术创新和模式创新，不断提升自身的竞争力和市场份额。同时，也需要加强与农业产业的合作，推动农业产业的数字化转型，实现农业产业的可持续发展。

总的来说，农村电商的发展不仅为农业生产者提供了新的销售渠道，也为消费者提供了更多元化的购物选择。通过数字技术的应用，农村电商能够更好地满足消费者的需求，推动农业产业的转型升级，实现农业经济的增长和农民收入的提高。

（一）数字化发展带来农业生产者收益的稳定和提升

数字化发展与农业生产者收益之间的关系可以从经济学角度来解释。微笑曲线理论指出，产品的附加值主要集中在产业链的两端，即研发和营销环节，而生产环节（如农户的种植和养殖）则处于微笑曲线的低端，获得的利润相对较低。因此，农户需要在产业链的下游中增加收益，以提高其整体的经济效益。

数字经济带来的电子商务发展能够帮助农户缩短曲线的后半段，将更多利润空间让渡给了农户。数字技术带来的电子商务的蓬勃发展为农户提供了农产品销售的平台，如在线直播、在线订购、网上预订等方式，这些新兴的销售渠道提高了农户手中的农产品销售成功的概率。此外，对电子商务平台进行精细管理还能够稳定新增加的客源，把握物流运输的节奏，建立有保障的信任桥梁，从而进一步增加农户的收入。

同样地，农户对于农业数字技术的应用也能够带来经济效益的提升。通过更加科学、高效、低碳的方式对农产品进行培养，农户可以减少劳动力资源的浪费，并选择进行更多高附加值的活动，如农产品深加工、品牌建设等，从而增加整个农村家庭的收入，优化了农村资源的配置。

总的来说，数字化发展通过电子商务平台和农业数字技术的应用，帮助农户提高了其产品的附加值，缩短了"微笑曲线"，实现了产业链下游的收益增长。这对于提高农户的经济收入、优化农村资源配置以及推动农业经济的可持续发展具有重要意义。

福利经济学解释的是数字化带来的要素禀赋升级进而优化生产效率，最终影响农业生产者收益。一方面，经济效率的提升是研究社会福利最重要的内容，经济效率是指社会经济达到帕累托最优，包括交换和生产的最优。此后的研究大都倾向优化交换的效率和生产的效率。本书研究要点是在科学技术进步的大背景下，数字要素在新福利经济学中表现为生产效率的优化，生产效率的提高最终影响经济效率的相同变化。另一方面，资源配置效率也是新福利经济学关注的中心，在福利经济学第二定律中，政府通过对初始要素禀赋的合理再分配，交由市场进行自由交易，社会依然可以实现帕累托最优。映射到本书，表现为政府通过数字要素实现禀赋的合理分配，提高生产效率，促使社会经济效率的转化，从而得到社会福利的最大化。在数字经济的背景下，农业生产者通过运用数字技术，如农业物联网、大数据分析、人工智能等，能够实现生产效率的显著提升。这些技术的应用不仅提高了农作物的产量和质量，还优化了资源配置，减少了浪费。通过数字技术，农业生产者能够更精准地掌握作物生长状况，及时调整种植和养殖策略，提高农产品的市场竞争力。同时，数字技术的发展也为政府提供了新的工具和手段，以实现对农业生产要素禀赋的合理再分配。政府可以通过数字平台，如农业大数据平台，收集和分析农业生产的相关数据，了解各地农业生产的情况，从而制定更加精准的政策和措施。政府还可以通过数字技术，提供农业生产者所需的培训和指导，帮助他们掌握数字技术，提高生产效率。总的来说，数字技术的发展不仅优化了农业生产者的生产效率，提高了他们的收益，还促进了社会经济效率的提升，实现了社会福利的最大化。数字技术在农业生产中的应用，为农业生产者提供了新的机遇，也为政府提供了新的工具和手段，以推动农业经济的可持续发展。

进一步讲，公平的制度规则是保证要素禀赋在社会经济发展中转化效率提升的关键。因此，新福利经济学中有关效率和公平的研究就显得尤为重要。福利经济学第一定律只涉及效率问题未涉及公平问题，认为无需政府干预的情况下，市场会自动进行有效的资源配置，实现帕累托最优。但是仅有效率没有公平并非符合人类社会发展的经济态势。接着福利经济学第二定律就站在公平的角度进行了补充：通过政府对初始禀赋的合理再分配，交由市场进行自由交易，社会依旧可以达到帕累托最优。可见从本书的研究角度出发，福利经济学第二定律表明，政府通过重新安排数字要素技能是吸纳公平又不抑制效率，市场进行自由调节，实现数字经济社会中的帕累托最优点。政府在这一过程中扮演着至关重要的角色，它不仅需要制定公平的制度规则，保证市场交易的公平性，还需要通过政策引导和监管，确保数字技术在农业生产中的应用不会加剧社会不平等，而是能够促进社会公平。例如，政府可以通过提供资金支持、技术培训和市场信息等手段，帮助那些缺乏数字技术的农户，使他们能够平等地参与到数字化农业的发展中来。同时，政府还需要加强对数字市场的监管，防止市场垄断和不正当竞争，保护农户的合法权益，确保他们能够从数字化农业中获得公平的收益。

综上所述，公平的制度规则和政府的作用是实现数字经济社会中帕累托最优的关键。通过政府的合理干预和市场自由调节，我们可以实现效率与公平的平衡，促进农业经济的可持续发展，提高农业生产者的收益，实现社会福利的最大化。

**（二）数字化发展满足农业消费者需求差别**

数字化发展与消费者需求差异的关系。随着电子商务技术的成熟与发展，电商行业生态环境越来越丰富，新零售、新媒体、社群电商、跨境电商、农村电商等不同电商形态快速发展，特别是农村电商与实体经济的融合更加紧密，向着贴近消费者、提升运营效率的方向发展。中小企业电子商务的发展表明，59% 的被调查对象愿意开展电子商务。企业现状、市场状况和基础，这是影响农产品电子商务实施的主要因素（Wang et al.，2018）。其中农产品电子商务有着许多优秀的案例，比如利用台湾农业发展的丰富经验和技术，探索海南与台湾"互联网 + 农业"的发展模式（Song et al.，2018）；云南省武定县实力雄厚的养鸡企业实施 B2C 电子商务案例（Dekun et al.，2017）；福建省三明市通过电子商务扶贫案例（Chen et al.，2017）。在通过产地与消费者通过视频直播、O2O、B2C 形式以及高效地物流运输将农产品从原产地直接送到消费者手中的流通买卖形式将产品等多方面信息传递给消费者，缩短了消费者与生产者的空间距离，减少了中间流通环节，增加了消费者购买农产品的机会，这满足了产品与消费者之间的需求差异结果。

农产品市场数字化发展前景广阔，能够吸引到更多优质的生产者、消费者、第三方服务机构等参与其中，构成可持续的循环生态环境。从实际案例看，我国生鲜农产品电子商务市场规模已达 1000 亿元，但面对质量控制、储运、消费习惯等问题，生鲜农产品电子商务发展难度较大（Zhang et al.，2017）。虽然生鲜产品市场占有有限的、微薄的利润，但蓝海效应使资本进入了大规模发展（Zhu et al.，2017）。让整个农产品数字化产业链条在曲线中的研发端与销售端，发展以大数据为核心的互联网新产品电子商务升级改造路径，以提高农户收益，进而增加农业数字化发展的经济效应。

在社会福利的背景下，数据分析得出的个人喜好匹配结果将对整个农业产业链产生重要影响。社会福利从个人偏好的角度出发，通过一定的程序把不同种类的个人偏好次序归纳推导出单一的社会偏好次序，然后从社会偏好次序中确定最优社会位置。从理论的角度讲，不可能存在适用于所有人偏好的社会福利函数，但对于本书所探讨的新生事物——数字要素来看，研究个人偏好对于数字要素的发展主要表现在对于生产者生产环境的提升以及产品质量等关键步骤。

在数字经济迅速发展的今天，个人偏好的数据分析在农业产业链中起着不可或缺的作用。通过大数据分析，农业生产者可以了解消费者的需求和喜好，从而调整种植结构和生产计划，生产出更符合市场需求的产品。这不仅提高了农产品的市场竞争力，也增加了农户的经济收入。

此外，数据分析还可以帮助农业生产者优化生产环境，提高产品质量。通过监测和分析农作物的生长状况，农业生产者可以及时调整种植和养殖策略，提高农产品的产量和质量。同时，数据分析还可以帮助农业生产者减少资源浪费，实现资源的优化配置。

总的来说，个人偏好的数据分析在农业产业链中发挥着重要作用。通过分析消费者的需求和喜好，农业生产者可以调整生产策略，提高农产品的市场竞争力，增加经济收入。同时，数据分析还可以帮助农业生产者优化生产环境，提高产品质量，减少资源浪费，实现资源的优化配置。这有助于推动农业产业的可持续发展，提高农业生产者的收益，实现社会福利的最大化。

### 三、市场主体行为对农业产业经济增长的影响

农产品交换数字化规模效应机制可以反映为，在数字技术引入时，其改进了交换环节的流程，减少了交易成本；同时，数字技术也在促进数据共享行为的发生，使得农业生产者获得新客户、把握老客户的能力提高，也满足了农业消费者的需求，对于农业生产而言使其信心增加，农业消费者而言购买增加，以三种方式影响着农产品交换数字化的规模经济效应（如图3-4所示），最终影响农业经济发展。农业经济更高质量的发展反过来影响数字技术的资本投入，从而改进数字技术，提高生产者生产积极性。

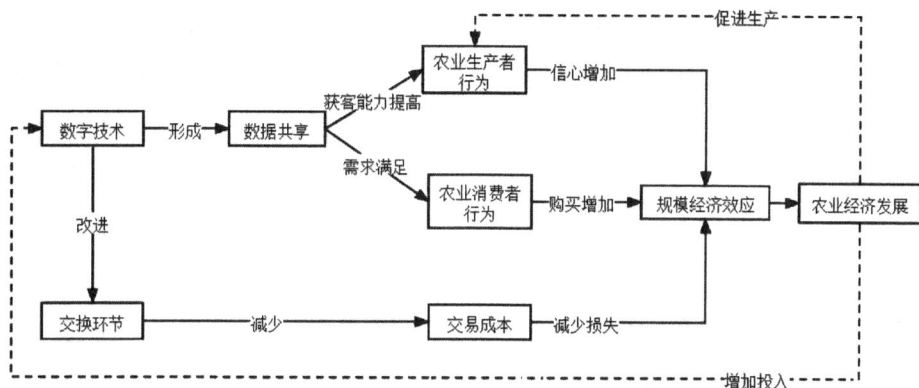

图 3-4　农产品交换数字化规模效应机制图

　　农产品交换环节数字化发展使用数字技术解决了从农业生产者到农产品之间多层主体信息不对称的问题。从信息不对称理论来看，社会、政治、经济等活动中一些成员拥有其他成员无法拥有的信息，由此造成信息的不对称。在市场经济活动中，各类人员对有关信息的了解是有差异的；掌握信息比较充分的人员，往往处于比较有利的地位，而信息贫乏的人员，则处于比较不利的地位。不对称信息可能导致以下问题。一是劣货驱逐良货。在交易者难辨真假的情况下，假货与真货价格相同，因真货成本高于劣货成本，所以使真货减少或消失。二是市场缩小或使市场不存在。原因之一在于消费者为保护自身利益，在难以分辨真假时，会拒绝购买商品。原因之二在于消费者担心买到假货，而尽可能地减少购买量。三是造成需求缺口与供给过剩并存。交易双方资信缺乏，往往会减少交易量，造成一些产品供给不足，另一些过剩。四是造成不公平交易和不公平竞争。信息优势方会采用欺诈手段对信息劣势方进行损害。五是造成消费者和生产者行为扭曲或不能合理决策。反之，信息对称则是指销售利益驱动生产商主动生产透明化，通过云计算软件对产品和生产的数据进行交换和同步，实现供需正确匹配和质量自律双重目标，依靠信用营销和自动化执行营销模式和解决方案。能够达到以下三个效果：（1）建立客户信任机制，信任透明化在于帮助潜在客户下决心行动，为第一次采购新产品定决策，从而促进企业营销转化为订单，它可以应用于开发潜在客户。（2）实现智能化管理，智能化管理系统部署在供应链管理和交易平台，一方面帮助潜在客户建立起针对生产者质量的问责机制；另一方面帮助制造商或供应商建立起针对渠道由平台统一管理和控制在市场流通的产品，生产商主动生产透明化，可以为生产企业节省质量认证的大笔开支，而且更值得客户信赖。同时，对于新产品进入新市场，或者新企业树立新品牌有促进作用，降低实施成本。在政府部门监督管理角度，生产企业主动生产透明化所形成的市场机制，能够大幅降低全社会在质量管理方面投入的成本。（3）实现质量约束，质量约束是指基于销售利益驱动的生产者自我约束机制，区别于政府部门的质量监督管理机制。建立一个有助于树立企业及其产品良好形象的信任基础至关重要。由此，达到一个更加透明的市场环境。

在信息对称的市场环境下，农业生产者的生产积极性提高，农产品消费者的购买欲望增加。对于生产者而言，能够快速洞悉消费者青睐的产品，从而转变自身来满足需求，以销定产可以理解为：通过置前备货以引导计划、采购、生产等活动，达到缩短交期、提高项目履约效率的目的。一方面对商品的数量、品种、规格、质量、包装等要按照市场的需要来安排生产；另一方面还要瞻前顾后、统筹安排，长远规划，使生产能适应市场需要的发展变化。农业生产者可以利用信息化透明的优势将自身产品做"模块化"处理。依据市场需求，采用模块化组合、提前备货的方式安排生产，最大化满足消费者需求。同样地，对于消费者而言，需求长尾指异质性较大的、小众的、个性化、个人化的需求。由于需求量小，需求长尾常常被追求低成本的规模经济所忽视。根据幂律分布，这条长尾虽无限延伸并趋近于0但永远不为0，这意味着对于任意商品的需求永远存在，也意味着任何商品都有产生收益的能力；忽视需求长尾就是忽视其所代表的潜在收益。此时，需求长尾的存在要求市场从规模经济向范围经济转变。随着信息技术的不断发展，网络音乐、网络视频、电子商务等线上经济迅猛发展。线上经济能够突破实体商店有限仓储空间的限制，能够有充足空间存储体量巨大的"长尾"产品，成为新的经济增长点。

市场主体个人行为的转变促进整体农业经济发展，形成更为公平有序的农业经济系统。市场出清是指商品价格具有充分的灵活性，能使需求和供给迅速达到均衡的市场。在出清的市场上，没有定量配给、资源闲置，也没有超额供给或超额需求。供给方能够在一定的范围内给到需求方所需商品，从而达到市场均衡状态。

宏观经济学是对整个经济行为的研究。这与微观经济学不同，微观经济学更多地关注个人以及他们如何做出经济决策，但宏观经济的发展也离不开微观经济体的行为。行为经济学根据心理学发现修正经济学模型的设定，旨在更好地理解人在现实环境下的决策，及其对经济的影响。宏观经济中包括：国民经济的总量、国民经济的构成、产业结构、经济发展程度等，而社会经济活动本身就是一个整体，宏观与微观之间，生产、流通、分配、交换的各个环节之间都是密切联系在一起的。个人行为始终在终端表现出宏观经济总量的成效，因此市场个人行为转变进而转变了农业经济的结构与发展。

在新兴的农业经济系统中，数字要素的加入为农业市场提供了更为灵活的价格机制和更有效的信息传递手段。通过电子商务平台和大数据分析，农业生产者可以更准确地了解市场需求，及时调整生产计划，提高农产品的市场竞争力。同时，消费者也能够更方便地获取农产品信息，根据自己的喜好和需求进行购买。这种市场个人行为的转变有助于形成更为公平有序的农业经济系统。通过数字技术，农业生产者能够更加平等地参与到市场竞争中，提高自己的经济地位。同时，消费者也能够根据自己的需求和喜好，选择更加适合的产品，实现个性化消费。总之，市场个人行为的转变对于农业经济的结构与发展具有重要意义。通过数字技术的应用，农业生产者能够更好地适应市场需求，提高自己的经济地位。同时，消费者也能够根据自己的需求和喜好，选择更加适合的产品，实现个性化消费。这种市场个人行为的转变有助于形成更为公平有序的农业经济系统，推动农业经济的可持续发展。

数据共享创造的市场环境刺激了市场主体行为的改变，形成规模效应，最终推动农业产业经济增长。数据共享的程度反映了一个地区、一个国家的信息发展水平，数据共享程度越高，信息发展水平越高。随着信息时代的不断发展，不同主体、不同地区间的信息交流逐步增加，计算机网络技术的发展为信息传输提供了保障，可以让更多的信息公开、透明化，促进市场主体更加积极、主动地投入高效率的运转与产出中。

在农业交换环节，数字化发展将科技和数据融入农产品交换中，数字技术高效链接生产者和消费者信息，减少中间交易环节成本，将更多的生产收益留在农业生产环节。客户为需求差异进行选择和消费，从终端影响农业生产，最终扩大农业产业经济的规模。这一节讨论了农产品市场数字技术的参与，数据要素与交易成本的下降，数字化发展、农业生产者收益和消费者需求差异，以及市场主体行为对农业产业经济增长的影响。

数字技术在农业交换环节的应用，使得农业生产者和消费者之间的信息传递更加高效和便捷。通过电子商务平台、移动支付等数字化工具，农业生产者可以更快速地将农产品推向市场，同时消费者也能够更方便地获取农产品信息，根据自己的需求和喜好进行购买。

此外，数字技术还降低了农产品交易的成本。传统农产品交易过程中，存在多个中间环节，如批发商、零售商等，这些环节会增加交易成本，降低生产收益。而数字技术的应用，使得农业生产者和消费者可以直接进行交易，减少了中间环节，降低了交易成本，从而将更多的生产收益留在农业生产环节。

同时，数字技术的发展也满足了消费者对农产品需求差异的需求。消费者可以根据自己的口味、营养需求等，选择不同品种、不同产地的农产品。这使得农业生产者可以根据市场需求，调整种植结构和生产计划，生产出更加符合消费者需求的产品。

市场主体行为的转变对农业产业经济增长产生了重要影响。随着数字技术的发展，农业生产者逐渐从传统的生产方式转向数字化生产方式，提高了生产效率，降低了生产成本。同时，消费者也越来越多地通过数字化平台进行购买，提高了消费体验。

综上，数字技术在农业交换环节的应用，降低了交易成本，提高了生产收益，满足了消费者对农产品需求差异的需求，推动了农业产业经济的增长。这一节讨论了农产品市场数字技术的参与，数据要素与交易成本的下降，数字化发展、农业生产者收益和消费者需求差异，以及市场主体行为对农业产业经济增长的影响。这些因素共同推动了农业产业经济的转型升级，实现了农业经济的可持续发展。

# 第四章　农业数字化发展典型案例剖析

在本章的分析研究中，首先分析农业数字化发展现状，其次分析数据要素在数字技术使用过程中产生的典型事实，最后分析数据要素影响农业生产经营的典型案例。

## 第一节　农业数字化发展现状

### 一、农业数字化技术和场景概述

我国始终重视数据农业的发展，"十三五"时期强调农业农村"信息化"，逐渐强调"互联网＋农业"。近年来，智能感知、智能分析、智能控制等数字技术加快向农业农村渗透。"十四五"时期提出农业数字经济发展方向：种植业信息化、畜牧业智能化、渔业智慧化、种业数字化、新业态多元化（电子商务）、质量安全管控全程化。未来农业数字化呈现快速发展态势。有统计指出 2016 年全球农业数字化市场规模为 90.2 亿元，预计到 2025 年能到达 700 亿美元（中商产业研究院，2019）。《数字农业农村发展规划（2019—2025 年）》统计 2018 年我国农业数字经济占农业增加值的比重达到 7.3%，预计到 2025 年达到 15%，年均增速达到 10.8%。

农业数字技术伴随着新一代信息技术的发展而发展。各类技术包含大数据、物联网、智联网、区块链、数字孪生、5G、3S 技术、人工智能、移动互联网等（如表 4-1 所示）。

表 4-1　农业产业数字化主要应用场景

| 新一代信息技术 | 产业数字化 | 应用场景 | 具体解释 | 代表企业 |
|---|---|---|---|---|
| 大数据、物联网、智联网、数字孪生、5G、3S 技术、人工智能、移动互联网、区块链等 | 种植业数字化 | 数字农情检测 | 土壤墒情、作物长势等生产管理信息化 | 极飞、大疆、麦飞、久保田、洋马、沃得等 |
| | | 数字植保防御体系 | 重大病虫害智能化识别和数字化防控 | |
| | | 数字田园和无人农场 | 各类数字技术的集成应用 | |
| | 畜牧业数字化 | 数字养殖牧场 | 畜禽养殖环境智能监控、精准饲喂等集成应用 | 省饲儿农牧科技等 |
| | | 个体体征智能检测技术 | 动物疫病疫情精准诊断、预警和防控,如猪脸识别 | |
| | | 生产动态数据库 | 养殖场数据直联 | |
| | 渔业数字化 | 数字渔场 | 水体环境实时监控、饵料精准投喂、病害检测预警等集成应用 | 武汉中易天地物联科技、浙江庆渔堂农业科技、海南智渔可持续科技发展研究中心等 |
| | | 海洋牧场信息系统 | 渔船智能化航行 | |
| | | 远洋渔业资源系统 | 渔船动态监控 | |
| | 农业产业链下游数字化 | 农副产品加工数据化平台 | 农产品可溯化管理信息平台 | 智云农、拓普云农、拼多多、淘宝等 |
| | | 物流销售数字化平台 | 农产品线上营销、农业大数据金融产品 | |

农业数字化强调数字技术和农业细分产业的进一步融合。农业数字化包括种植业信息化、养殖业智能化、渔业智慧化以及农业产业链下游数字化;又具体细分为一系列应用大类(如表 4-1 所示)。一是种植业数字化,包含数字农情检测、数字植保防御体系以及数字田园和无人农场。二是养殖业数字化,包含数字养殖牧场、个体体征智能检测技术和生产动态数据库。三是渔业数字化,包含数字渔场、海洋牧场信息系统和远洋渔业资源系统。四是农业产业链下游数字化,包含农副产品加工数字化平台和物流销售数字化平台。

应用场景是数字技术与生产经营融合成果的体现(如表 4-1 所示)。经典的应用场景包括:种植业数字化对应的需求(包括土壤墒情、作物长势等种植业生产管理信息化,重大病虫害智能化识别和数字化防控,环境控制、水肥药精准施用、精准植保、农机智能作业);养殖业数字化对应的需求（包括圈舍设备智能化改造、集成应用、精准检测，动物疫病疫情精准诊断、预警和防控，养殖场数据直联）；渔业数字化对应需求（包括水体环境实时监控、饵料精准投喂、病害检测预警，渔船智能化航行、集成应用，渔船动态监控）；农业产业链下游数字化（包括农副产品云平台、"互联网＋农产品"、农产品线上线下营销渠道、农业服务业大数据）。

我国农业数字化的发展已经催生了众多相关企业，这些企业涵盖了种植业、养殖业、渔业以及农业产业链下游的各个环节。

在种植业数字化方面，极飞、大疆、麦飞、久保田、洋马、沃得等企业通过无人机、智能农机、农业遥感等技术，提高了农业生产的自动化和智能化水平。这些技术不仅提高了农业生产效率，还降低了生产成本，有助于实现精准农业和绿色农业。

在养殖业数字化方面，省饲儿农牧科技等企业利用物联网、大数据等技术，实现了对养殖场的实时监控和管理。通过智能设备，企业能够精准控制养殖环境，提高养殖效率，降低养殖成本。

在渔业数字化方面，武汉中易天地物联科技、浙江庆渔堂农业科技、海南智渔可持续科技发展研究中心等企业通过渔业物联网、远程监控等技术，实现了对渔业的精准管理和高效运营。这些技术有助于提高渔业资源的可持续利用，保护海洋生态环境。

在农业产业链下游数字化方面，智云农、拓普云农、拼多多、淘宝等企业通过电子商务平台、农产品交易平台等，实现了农产品的在线销售和交易。这些平台不仅为农产品提供了更大的销售渠道，还通过数据分析等技术，帮助农业生产者更好地了解市场需求，调整生产计划。

总的来说，我国农业数字化各类应用场景已经催生了众多企业，这些企业通过技术创新和模式创新，推动了农业生产的现代化和智能化，实现了农业经济的转型升级。这些企业的发展为我国农业数字化提供了有力的支撑，也为农业产业的可持续发展注入了新的动力。

## 二、我国农业数字化现状

农业农村部信息中心县域数字农业农村发展水平数据库涵盖全国 2094

个县，44.31万个行政村（约占全国总数的80%）的农业数字化水平。其中，包括种植业、设施农业、畜牧业、渔业、农业销售、农业全产业链质量安全和农业基础设施数字化程度。以种植业数字化程度为例，指的是"全县粮棉油、麻丝茶、糖菜烟、果药杂等农作物种植中应用物联网、大数据、人工智能等2种以上信息技术的种植面积在全县农作物总种植面积中的占比（%）"。

根据农业农村部信息中心2019年和2020年全国县域数字农业农村发展水平评价的研究结果，全国数字农业农村总体发展水平在2018年达到33%，2019年较上年提升3个百分点，到达36.0%，较上年提升3个百分点。以2019年为例，农业生产数字化水平达23.8%，全国县域农产品网络零售额占农产品交易总额的比重为10.0%，农产品质量安全追溯信息化水平为17.2%，行政村电子商务站点覆盖率达74.0%，应用信息技术实现行政村"三务"综合公开水平为65.3%。

根据《数字农业农村发展规划（2019—2025年）》，2018年我国农业数字经济占农业增加值的比重达到7.3%，到2025年目标是达到15%，年均增速达到10.8%。2018年农产品网络零售额占农产品交易总额的比重为9.8%，到2025年目标是达到15%，年均增速达到5.5%。2018年农村互联网普及率为38.4%，到2025年目标是达到70%，年均增速为10.5%。

农业数字技术的供给方主要是企业。微观企业主要的工作方向是数字产业化和产业数字化两种方向，部分企业专注于农业数字化发展，而部分企业专注于产业数字化发展。农业数字技术智能技术的推广成为近年来农业企业发展的一个突破口。在农民日报社评选的"2024年中国农业企业500强"榜单中，有不少企业从事农业智慧技术的研发和推广。对于农业企业来说，将数字技术有效的供给对各层次的农业生产者都是实现经济价值的重要解决方案。

农业数字技术的扩散受限于需求方和供给方两个主体，主要围绕效益、价格、可使用和推广四大限制因素展开。效益主要是指数字技术以及数字技术服务的买卖双方对于经济活动中花费的成本和劳动与成果之间的比较。需求方在购买过程中普遍在偏低货单价、波动性供给和获客渠道中无法对农产品小规模生产购买复杂设备，而规模生产者具有购买数字技术的潜力。供给方同样更加青睐于大规模生产者，而非小规模生产者。价格主要是指数字技术和数字技术服务对应的价值。需求方对于数字技术的使用价值持肯定态度。小规模生产者更愿意接受数字技术服务，摊薄资本购置成本。而大规模生产者更倾向于购买设备，并调试为符合生产经营所需的状态。供给方对于大规模生产者可以提供标准化技术指导。而小规模生产者由于数量众多，无法充分对接，转而寻求农资店或者合作社中愿意学习技术的人群合作，由此类人群进一步向周边生产者扩散。需求者中大规模生产者相较于小规模生产者更倾向于标准化的技术使用，而小规模生产者更青睐于便携和低成本的技术使用。供给者在可使用性的开发上，更倾向于推广大规模生产者所需的标准使用技术。事实上，我国农产品种类多样、种植面积分散、各地同品种作物的环境差异大等因素，制约了农业数字技术的标准化使用。推广是指一项成熟技术在各类生产群体中的宣传和购置。需求者的经济水平和知识储备决定了数字技术的推广情况，大量收入较低、知识技能储备不足的农业生产者在数字化发展过程中远远落后于其他群体。供给方在推广农业数字技术的过程中需要和广大的农户进行对接，对于有效进行技术推广的模式还在逐步地探索过程中。

具体来说，在效益方面，数字技术的扩散受限于需求方和供给方对于成本和劳动与成果之间比较的效益评估。需求方在购买过程中普遍面临偏低货单价、波动性供给和获客渠道的挑战，这使得小规模生产者难以购买复杂设备，而规模生产者则具有购买数字技术的潜力。供给方同样更倾向于向大规模生产者提供服务，而非小规模生产者。

在价格方面，数字技术和服务的价值对于需求方和供给方都至关重要。需求方对于数字技术的使用价值持肯定态度，而小规模生产者更愿意接受数字技术服务，以摊薄资本购置成本。供给方则更倾向于向大规模生产者提供标准化技术指导，而小规模生产者由于数量众多，无法充分对接，转而寻求农资店或者合作社中愿意学习技术的人群合作，由此类人群进一步向周边生产者扩散。在可使用性方面，需求者中大规模生产者更倾向于标准化的技术使用，而小规模生产者更青睐于便携和低成本的技术使用。供给者在可使用性的开发上，更倾向于推广大规模生产者所需的标准使用技术。然而，我国农产品种类多样、种植面积分散、各地同品种作物的环境差异大等因素，制约了农业数字技术的标准化使用。

在推广方面，需求者的经济水平和知识储备决定了数字技术的推广情况。大量收入较低、知识技能储备不足的农业生产者在数字化发展过程中远远落后于其他群体。供给方在推广农业数字技术的过程中需要和广大的农户进行对接，对于有效进行技术推广的模式还在逐步地探索过程中。

综上所述，农业数字技术的扩散受限于需求方和供给方两个主体，主要围绕效益、价格、可使用和推广四大限制因素展开。这些因素共同影响着农业数字技术的扩散和应用，需要政府和市场共同努力，通过政策引导、技术创新和教育培训等措施，促进农业数字技术的普及和应用，推动农业产业的转型升级，实现农业经济的可持续发展。

### 三、农业生产中数字技术的参与

（一）农业生产中数字技术的供给和生产者的需求

农业生产数字技术的使用是农业数字化发展的前置条件。数字经济强调科技和数据，但是无法使用和发挥作用的数据与科技对于经济发展是没有价值的，所以需要数据和科技真实运用在生产中才可以真正发挥作用。在农业生产中，劳动要素和劳动要素对需要依据数据要素的存在进行调整，调整的过程是技术成熟的过程和从业人员学习的过程，因此真正实现数字化发展需要一定的时间积累。

在时间积累的同时，初期数字技术的投入也是必不可少的。数字技术在农业生产中的应用，需要一定的资金投入，以购买和维护相关设备和技术平台。这些投入虽然短期内可能会增加农业生产成本，但从长远来看，数字技术的应用可以提高生产效率，降低生产成本，提高农产品的质量和市场竞争力。

此外，数字技术的应用也需要相应的培训和教育，以提高从业人员的数字技能和知识水平。通过培训和教育，从业人员可以更好地理解和掌握数字技术，将其应用于农业生产中，提高生产效率和质量。

　　在农业生产环节，充分调动数字技术是数字化发展的前置条件。融合科技和数据的数字技术是数字经济发挥作用的关键部分。我国农业数字化发展目前仍然受限于数字技术的供给方和需求方。数字技术的供给方主要是我国农业数字技术的研发和制造企业，以及提供工业数字技术服务的农机站等小微企业。数字技术的需求方主要是我国农业生产的多样化主体。伯恩施坦认为在任何情况下，小资本家都越来越依赖于大资本，在农业领域尤其如此，在这个领域土地使用状况的数据掩盖了经济力量有效集中的增长（霍华德等著，顾海良等译，2014）。由于农业生产主体的多样化，农业数字技术供给企业面临较多挑战，同时农业数字化发展也存在较多困境。

　　农业数字技术的需求端群体庞杂，一是发展"一村一品、一县一业"的县域对于大规模数字化生产的需求。发展"一村一品、一县一业"的县域更倾向于将发展列入县域规划中，需求对象更适合对应于政府财政，因此不在该部分市场化的供需研究范围中。二是已经具有一定发展规模的农业企业，下文和图 4-1 中统一称为规模生产需求方。三是发展中的合作社、新型农业主体和大农户的需求。该部分群体具有了一定层次的生产分工，但是规模不足，经济效益不高。相对应规模生产需求方，下文将该部分群体统一称为小规模生产需求方。四是中小农户和脱贫户。该部分群体在农业生产中具有特殊性，他们拥有土地生产资料，但是不具备规模生产能力。例如，子女进城务工，而年纪较长，因此不再进行农业生产；又例如，土地面积较小，只自己种植可供自己食用的作物，不进行交易。又因为该部分群体拥有土地面积较多，因此农业生产发展中局限性较高的群体。下文对于农业数字技术需求端的分析包含了规模生产需求方和小规模生产需求方（如图 4-1 所示），这两群体是市场上目前对于农业数字技术具有市场化理性需求的群体。

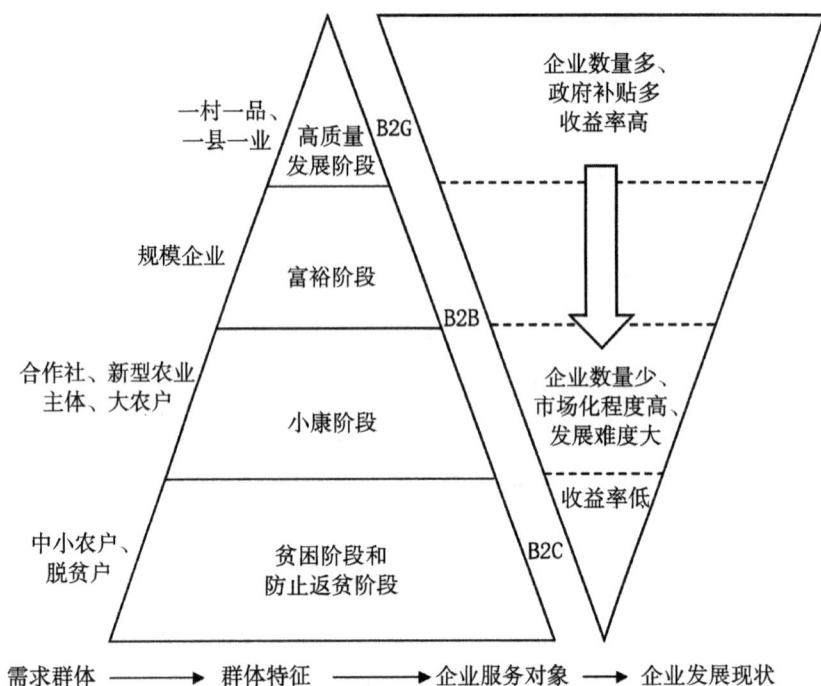

图 4-1　农业生产数字技术需求方和供给方图示

## （二）数字技术的短期成本和长期可持续发展

在上文的论述中可以发现，数字技术在生产中的投入还是有所不足的。数字化发展是一个持续累积的过程，在前期发展中需要前期资本投入。但是目前数字技术仍然处于完善阶段，技术的成熟度以及与生产衔接的紧密度都有提高的空间。从技术的兴起到成熟，数字技术产品价格会逐渐下降，最终形成可以被市场农业生产者接受的价格水平，形成普遍可使用的农业生产资料。

生产者从原有生产方式过渡到数字经济时代的生产方式，是社会行为的自然选择。数据要素的形成需要思考生产者自主选择的机理，特别是从生产者实际的投入产出角度去思考。数字要素的使用是根据生产者的生产环境、产品质量等来决定，将生产者个人偏好推导至社会群体中，是数字要素不断优化并推动数字经济向前发展的重要一环。

在这个过程中，生产者会根据自己的实际情况和市场需求，选择适合的数字技术。例如，一些生产者可能会选择使用农业无人机进行喷洒作业，而另一些生产者可能会选择使用农业物联网技术进行作物生长监测。这些选择都是基于生产者的个人偏好和实际需求，也是数字要素不断优化和发展的体现。

农业劳动者工作习惯和技能水平会在农业数字化的发展过程中逐渐转变。劳动是生产中的重要环节，理解劳动行为对于理解生产具有重要作用。人的劳动具有主动性、目的性、创造性、多层次性和相依性。生产者在社会的发展过程中，思想意识和行为能力都是会逐步变化的。从农耕社会到信息化社会，生产者的行为主要受到文化、教育水平和社会环境的影响。在目前阶段，生产环境很大程度上影响了劳动者的生产决策。

随着农业数字化的发展，劳动者的行为习惯和技能水平也会发生变化。生产者需要适应新的生产方式，学会使用数字技术，提高自己的数字技能和知识水平。这需要政府和社会各界提供支持和帮助，通过政策引导、资金支持和技术培训等措施，帮助生产者更好地理解和掌握数字技术。

同时，生产者也需要主动适应社会环境的变化，提高自己的文化、教育水平，培养自己的创新能力和适应能力。这有助于生产者更好地适应农业数字化的发展，提高自己的生产效率和质量，实现农业生产的现代化和智能化。

农业生产成本随数字化生产习惯和方式的改变而产生变化。生产要素在生产投入中产生费用通常被视为成本，而生产获得的产出被视为是收益，成本收益理论围绕生产过程中的投入和产出展开。生产成本从时间周期上进行划分可以区分为短期成本和长期成本，同时也会在这一基础上进一步划分为不变成本和可变成本。短期来看不变成本是没有变化的，可变成本随产品数量的增加而增加。在长期发展视角来看，不变成本同样会在不同的产业链上发生改变，符合一定时期内的生产模式和技术水平。

数字化发展对于微观农业生产产生影响，转换原有农业生产的发展模式，将原有农业生产剥离劳动者体力劳动的方式，运用科技和数据，转变为更科学有效的方式进行生产，形成更为高效的农业产业链。这种转变使得农业生产成本在短期内和长期内都可能产生变化。

短期来看，数字化生产可能需要较高的初始投资，如购买设备和技术平台等，这可能导致短期内的生产成本上升。然而，随着数字化技术的成熟和普及，这些成本有望逐渐降低。同时，数字化生产可以提高生产效率，降低生产成本，这可能会抵消一部分短期成本的增加。

长期来看，数字化生产可以提高生产效率，降低生产成本，提高农产品的质量和市场竞争力。这将有助于提高农业生产者的收益，推动农业经济的可持续发展。此外，数字化生产还可以优化资源配置，减少资源浪费，进一步降低生产成本。

数字化发展在未来可以促进农业产业的可持续发展。要素投入与收益不是无限增长的正相关性，边际收益存在递减的现象。要素投入的整体平均成本在一定阶段内会下降，但在后期还是会呈现上升趋势。劳动资本密集投入发展模式中，生产者会增加劳动和资本的投入，带来收益。但是要素投入无法带来无限增长，因此会转向产品差异化的发展模式。在产品差异化的发展过程中，自然形成了一个时期内产品成本结构的变化，不变成本的组成随之发生改变。

从生产者行为上来说，增加的数据要素，改变了农业生产的工作节奏。在农业数字化发展中，生产者可以增加数据要素生产资料，促进生产产值进一步增长，形成农业产业成本投入的可持续发展。数据要素的使用可以提高生产效率，优化资源配置，减少资源浪费，从而降低生产成本。同时，数据要素的应用还可以帮助生产者更好地了解市场需求，调整生产计划，生产出更符合消费者需求的产品。

此外，数字化发展还可以促进农业产业的结构调整和升级。通过数字技术，农业生产者可以实现生产的智能化和自动化，减少对传统劳动力的依赖。这有助于提高农业生产效率，降低生产成本，提高农产品的质量和市场竞争力。同时，数字化发展还可以促进农业产业链的延伸和拓展，如农产品深加工、品牌建设等，进一步提高农业产业的附加值。

## 四、农产品交换中的数字技术参与和数据共享

农产品交换环节是农业生产者和农产品消费者之间实现价值和使用价值交换的环节，数字化为农产品交换提供便利，通过使用数字技术和数据共享

改变过往交换中信息不对称的现象。农产品流通是指农产品中的商品部分，通过买卖的形式实现从农业生产领域到消费领域转移的一种经济活动。通常包括农产品的收购、运输、储存、销售等一系列环节。传统农产品在市场上的流通，大致可以分为四个板块：从生产者构成的产地市场到收购商、批发商、零售商构成的批发市场，最后到达以消费者构成的零售市场（如图4-2所示）。

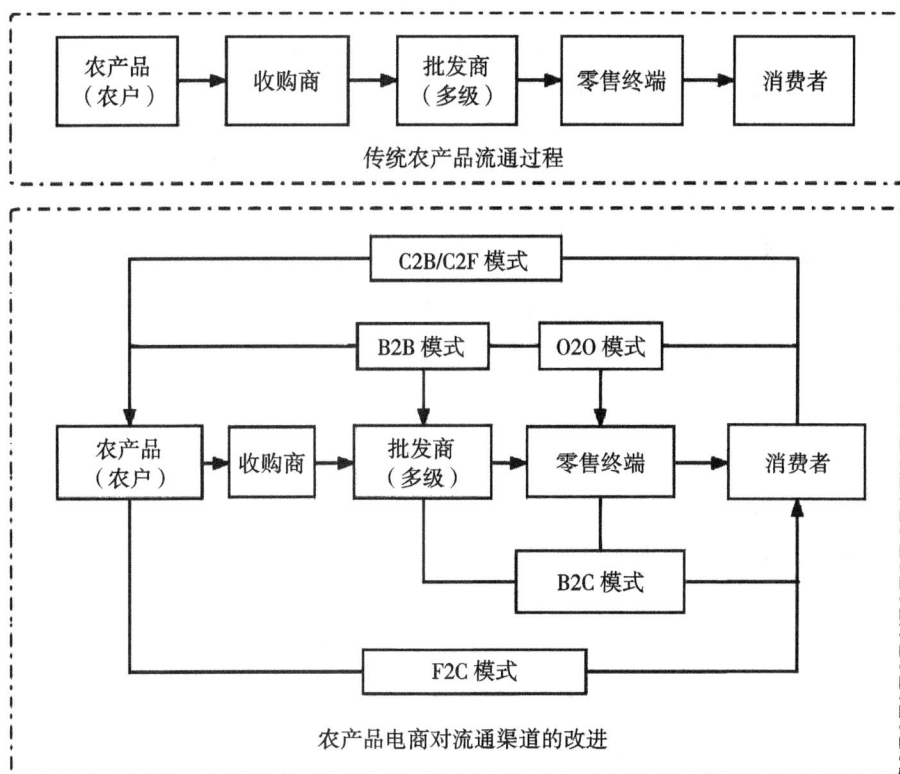

图4-2 农产品交换数字化

农产品交换从原有的直线型链状环环交换，转变为数字化后的发散式多元交换组合，多主体共享数据提高交换效率同时降低交换成本（如图4-2所示）。电子商务是农产品交换环节的典型数字技术。电子商务对于农产品销售主要体现在几种新型模式的对接下，比如农户直接与消费对接的形式：C2B是指消费者直接将需求与生产者沟通的形式；C2F是指消费者直接将需求与工厂沟通的形式。农户与多级批发商和零售端可以利用B2B或者C2C

的形式来对接，减少了中间流程。再到批发商对于终端消费者也可以采用 B2C 的形式完成（如图 4-2 所示）。随着数字技术在农产品市场的应用，传统的流通环节凸显了消费端与生产端的信息传递不及时、不对等之类的问题，导致了农户与消费者之间信任度的降低。从现有数据统计来看，我国在线购买和销售产品的人数从 2000 年的几乎为零增长到 2015 年的 4 亿多人，电子商务的发展通过网络直播、B2C、B2B、C2B、O2O 等多样化的形式将消费者与生产者联系得更为密切。数字技术在市场端表现可以分开描述为：对于消费者，其对于平台使用的黏性与较好的额购物体验感，数字技术可以通过计算机算法了解消费者偏好，实现精准商业销售模式（Zhu et al.，2017）。这样对于不同等级的客户，平台的匹配功能可以将其现实与需求进行完美匹配，增加农户收益的同时也满足了客户需求；对于农户，对于电子商务平台的使用便是将自有或者整个村、整个地区有竞争优势的农产品通过网络宣传等手段让更多的有需求的消费者了解与购买这些产品，信息传递更为密切与便捷，减少了层层中间商赚取差价，将更多的利润空间让给农户，因此，农户的收益也能得到一定的提高。

数字平台终端服务的客户群体越多，交换成本的摊薄越多，农业生产者的收益越高，农产品消费者的需求满足感越高，提升数字化发展的规模效应。数字技术带来数据共享，同时提高了整个产业链的效率。数字技术在市场端表现可以分开描述为：对于消费者，数据共享其对于平台使用的黏性与较好的额购物体验感，数字技术可以通过计算机算法了解消费者偏好，实现精准商业销售模式（Zhu et al.，2017）。对于不同等级的客户，平台的匹配功能可以将其现实与需求进行完美匹配，增加农户收益的同时也满足了客户需求。通过 LSTM 和注意力机制整合所有相应的内容、行为和时间信息建模等新型获取信息的方式以及分布式网络搜索红外线模型电子商务目录检索的方式（Brenner et al.，2018）以上数字技术的方式来提高消费者与生产者的信息传递效率，能更多地以数据共享的形式，进而增加了整个农产品产业链经济效益。

## 第二节　典型事实——数据要素在数字技术使用过程中产生

### 一、数字化过程中农业数据要素的形成过程

数据要素的形成是经济发展到一定程度的产物，其基础是资本要素的充分积累。资本要素的投入和数字技术充分融合，又被称为装备购置和智能感知。数字化发展过程经历了数字技术的设计和实验的漫长阶段，通常农业领域的数字技术和生产经营的融合过程需要两到三年的开发周期。

目前大部分的数字技术仍然属于直接产品销售，真正有效结合地方农业生产实际情况的运用场景仍然较少。这主要是因为农业生产的复杂性和多样性，导致数字技术在实际应用中需要根据不同地区的实际情况进行调整和优化。此外，农业生产者的知识水平和技能水平也影响了数字技术的应用效果。

为了更好地促进农业数字技术的发展和应用，需要政府和社会各界共同努力。政府可以通过政策引导、资金支持和技术培训等措施，帮助农业生产者更好地理解和掌握数字技术，提高他们的数字技能和知识水平。同时，政府还可以制定相应的法律法规，保护农业生产者的合法权益，促进数字技术的健康发展。

此外，农业生产者也需要主动适应社会环境的变化，提高自己的文化、教育水平，培养自己的创新能力和适应能力。这有助于生产者更好地适应农业数字化的发展，提高自己的生产效率和质量，实现农业生产的现代化和智能化。

数据要素效益的最大化离不开数字劳动。资本要素的富集有赖于数字劳动意识的提升。农业生产者的经济状况和受教育水平在三大行业中都比较靠后，数字技术在农业生产中的使用仍然缺乏长期投入意识。数字技术的使用很多时候停留在装备购置阶段，原因在于数字劳动没有有效开展。生产者不对生产进行数字化设计，没有意识到数据要素的作用，更没有围绕数据要素开展生产相关的数字劳动。

在实际生产中，数字化过程需要经过"装备购置""智能感知""智能分

析"和"智能控制"四个阶段。"装备购置"是数字化过程的原始阶段，是农业生产者购买带有数字技术的农业装备的阶段。例如拖拉机在数字经济发展中进化为带有 GPS 的拖拉机。购置带有 GPS 的拖拉机就实现了数字化过程中的装备购置阶段。"智能感知"阶段，数字技术的使用在生产过程中感知周围生产经营环境，获得足量生产经营数据。例如带有 GPS 的拖拉机，进一步安装了物联网技术，记录一个农业生产周期内拖拉机的行驶数据。"智能分析"阶段，数字技术的使用在生产过程中分析已有的生产经营数据，总结并形成规律。例如拖拉机行驶数据库，可以进一步设计出农户生产过程中拖拉机的使用规律和标准，这一标准可以在每一个生产周期中重复使用。"智能控制"阶段，数字技术在生产过程中直接对劳动对象进行改造。例如在已有的拖拉机行驶规律基础上，加入人工智能等数字技术，最终实现拖拉机在生产经营过程中的自动驾驶。

数字化过程的目的是实现数据收集、数据分析和数据运用三个步骤。在多种多样的数字技术和装备中选择合适的种类，匹配农业生产经营，重点需要对数字化过程的目的有所了解。

第一步是数据收集，从装备购置阶段到智能感知阶段，需要对生产经营有足够的了解，添加适合在生产过程中有效收集数据的数字技术。事实上，在装备购置阶段，大部分农业生产者并没有自主的选择过程，受限于数字技术的发展水平和装备价格，通常对应政府补贴和地方流行技术进行选择。从装备购置阶段到智能感知阶段会淘汰大量冗余数字技术和装备，淘汰的标准是能否有效收集数据，在各产区对应各品种形成具有市场优势的有效数字技术产品。

第二步是数据分析，从智能感知阶段到智能分析阶段，需要数字技术在使用时间和空间上都有一定程度的积累，形成一定容量的数据库。目前，大量数据库所掌握的数据为统计数据，数据来源不从生产经营中获得，无法有效结合生产经营进行分析。农业生产经营数据的获取受限于现阶段农业数字经济发展的阶段，只有少数规模化生产企业在数字化发展过程中走在前列。有效数据库的标准是能否总结生产经营规律。随着数字技术的推广和使用，有效数据库会逐渐形成体系，并形成产区产品生产经营规律。在当前阶段，农业生产经营数据的获取和应用主要依赖于少数规模化生产企业。这些企业通常拥有较为先进的数字技术和设备，能够有效地收集和分析农业生产经营数据。然而，对于大多数小规模农户来说，由于技术、资金和知识的限制，他们难以获取和利用农业生产经营数据。数据库需要能够准确地反映农业生产过程中的各种因素，如气候条件、土壤状况、作物生长周期等，以及这些因素对农业生产的影响。通过分析这些数据，农业生产者可以更好地了解和预测农业生产的结果，从而制订更科学、更有效的生产计划。随着数字技术的推广和使用，有效数据库会逐渐形成体系，并形成产区产品生产经营规律。这将为农业生产者提供更多的数据支持，帮助他们更好地进行生产决策。同时，有效数据库的形成也有助于政府和社会各界更好地了解农业生产的实际情况，制定更科学、更有效的农业政策。

第三步是数据运用，从智能感知阶段到智能控制阶段，强调适用于产区产品的集成数字技术的设计，与生产经营高度融合是设计的关键。现阶段，大量数字技术和装备技术等的集成装备被设计和展示，但是使用率较低。如前文所述，数字经济是数字劳动产生增量价值的时代，强调广大劳动者在生产过程中共同开展数字劳动。数字技术难以在农业产业中形成普适，原因在于我国地理环境多样化、农产品品质多样化、农业生产者众多。广大农业生产者和农技工作者在生产经营中需要转变思路，积极寻求产值的增长，形成具有区域特色和产品特色的可使用装备，才能有效实现数据运用的目标。首先，农业生产者和农技工作者需要转变传统农业生产思维，从依赖经验和技术到更加依赖数据和科学方法。他们需要学习和掌握数字技术，将其应用于农业生产中，以提高生产效率和质量。其次，农业生产者和农技工作者需要积极寻求产值的增长。这需要他们不断创新和优化生产方式，提高农产品的附加值，从而实现产值的增长。同时，他们还需要关注市场需求，调整生产计划，生产出更符合消费者需求的产品。最后，农业生产者和农技工作者需要形成具有区域特色和产品特色的可使用装备。这需要他们在使用数字技术的过程中，根据当地的生产环境和产品特点，进行定制化和个性化的设计。只有这样，才能有效实现数据运用的目标，推动农业生产的现代化和智能化。总的来说，农业生产者和农技工作者在生产经营中需要转变思路，积极寻求产值的增长，形成具有区域特色和产品特色的可使用装备。这有助于推动农业生产的现代化和智能化，实现农业经济的可持续发展。政府和社会各界也需要提供支持和帮助，通过政策引导、资金支持和技术培训等措施，促进农业生产者和农技工作者更好地理解和掌握数字技术。

在数字化过程中逐渐形成独立的数据要素。在装备购置阶段，数字技术随资本投入引入生产中，并没有收集到数据。因此这一阶段数据要素是不存在的。在智能感知阶段，数据库在数字技术的使用过程中逐渐形成，数据要素属于资本的一部分。技术购置资金目前属于资本要素的一部分，数据要素通过影响资本要素来参与生产经营。在智能分析阶段，数据被分析形成生产经营规律。随着数据的存储和迭代，部分通过数据掌握生产经营规律的生产者，直接通过人工劳动影响生产。数据要素已经开始发挥价值，但还没有实现数字化发展的理想状态。数据开始形成一种独立的要素，数据要素的形成仍然大量依赖于资本要素的投入。在智能控制阶段，数据开始直接通过数字技术作用于生产。数据要素的发展过程中，传统农业劳动要素被替代，数字劳动的高价值劳动要素快速增长。智能控制阶段是数据要素真正成为一种要素影响生产经营的阶段。

数据要素的形成对于微观农业经济产生经济影响。为简化分析，这一部分着重关注农业投入中的劳动要素投入和资本要素投入，以及农业生产中的产量和质量两个部分。在装备购置阶段，要素投入为劳动要素和资本要素，记录为起始水平，分别为两星；产量和质量记录为起始水平，分别为一星。在智能感知阶段，数据要素内涵于资本要素中，数据要素通过影响资本要素，进而影响劳动要素和农业投入产出。相较于初始水平，资本投入有所增加；产量和质量没有因为数据的收集产生变化。在智能分析阶段，生产经营规律和标准逐渐被创造出来，数据要素逐渐独立出资本要素中，发挥数据的作用影响产出。相较于上一阶段，数字劳动投入增加，数据要素增加，产量和质量有所提升。在智能控制阶段，数据开始直接影响生产经营，数据要素成为独立的要素。相较于上一阶段，一方面，减少传统农业劳动的投入；另一方面，由于规避传统农业劳动在生产经营中的体力波动、情绪波动和智力波动等因素，进一步提高了产品的质量。数字技术带来的投入产出影响具有大致趋势，但是具体情况有所不同，在下文进一步详细展开分析。

### 二、案例事实选择——无人机变量植保技术

无人机变量植保可以形成数据要素，是数字技术成熟使用的一个应用场景。传统喷雾器是植保中主要使用的劳动工具。药物喷洒过程中，需要农业劳动者背上药箱，走过植株喷洒药物。植保过程容易受到人工操作熟练度和劳动状态的影响。而无人机变量植保需要进行两次无人机飞行。第一次无人机飞行，首先识别地块的虫害情况，并绘制光谱图像，收集数据。第二次无人机飞行，根据识别的光谱图像，使用数据，再进一步进行药物喷洒。

无人机变量植保技术是为数不多有效实现装备购置、智能感知、智能分析和智能控制四阶段的数字技术。无人机本身属于装备技术，具有便携和易于操作的特点，属于装备购置阶段。无人机安装摄像机，拍摄农田光谱图片，属于智能感知阶段。对光谱图片进行分析，识别农田整体虫害情况，区分虫害严重区域和轻微区域，属于智能分析阶段。无人机携带农药进行旋转喷洒，依据虫害情况改变停留时间，属于智能控制阶段。

无人机变量植保技术通过这四个阶段的数字技术，实现了精准农业和绿色农业的目标。在装备购置阶段，无人机作为装备技术，具有便携和易于操作的特点，使得农业生产者能够方便地使用无人机进行农田管理。在智能感知阶段，无人机通过安装摄像机拍摄农田光谱图片，能够获取农田的实时信息，为后续的智能分析提供数据支持。在智能分析阶段，通过对光谱图片进行分析，无人机能够识别农田整体虫害情况，区分虫害严重区域和轻微区域，为农业生产者提供准确的虫害分布信息。在智能控制阶段，无人机携带农药进行旋转喷洒，依据虫害情况改变停留时间，实现了对农田的精准喷洒，减少了农药的使用量，提高了农药的使用效率，降低了农药对环境的污染。这有助于提高农业生产效率，降低生产成本，提高农产品的质量和市场竞争力。同时，这也有助于保护农业生态环境，实现农业的可持续发展。

无人机变量植保技术，相较于传统喷雾器植保，带来一定的经济效应，主要体现在省水、省药和省工上。传统喷雾器打药每亩地需要 20 升水，无人机喷洒，每亩地用水量为 1 升。无人机相较于喷雾器节约农药 30%。10 亩

地是传统喷洒一个人每天工作量的上限，70 亩地是无人机变量植保每人每天的工作量。可以明显看出无人机植保在大田作业中可以显著影响农业投入。因此，无人机变量植保技术成为近年来为数不多市场化的数字技术，发展中形成大型农业生产者购买和小型农业生产者共享的有效推广模式。

无人机变量植保是农业数字化发展的重要案例，一是独立的数据要素是否在生产经营中发挥作用，二是完整实现数字化过程四个阶段的数字要素对微观农业的投入产出如何产生影响，以上问题是研究的重点。本书使用苏州麦吉数字科技有限公司吴江农业数字化试点变量植保工作实验数据，深入分析无人机变量植保和无人机匀量植保中数据要素发挥的重要作用，及其带来的投入产出影响。

### 三、数据要素对农业投入影响计量分析

（一）统计描述

数据来源于苏州麦吉数字科技有限公司吴江农业数字化试点变量植保工作。2020 年 7 月和 8 月，该公司对拔节期水稻进行了五次植保的水稻病虫防治，包括稻飞虱和稻卷叶螟虫卵的防虫作业工作。公司将试验田划分为 10 块，在防虫作业后，人工观测虫卵数量，比较植保效果。该实验中无人机变量植保依据光谱数据进行无人机农药喷洒。

遥感光谱图片是无人机变量植保中收集的关键数据。遥感观测将地块进一步划分成不同颜色的小块（ 5m × 5m ），小块的颜色深浅由植株虫卵的数量决定。无人机匀量植保是以 2 升每亩为标准均匀喷洒农药。无人机变量植保根据光谱图片数据喷洒农药。

研究数据包括被解释变量、解释变量和控制变量三大类（如表 4-2 所示）。被解释变量喷洒总量（ $Y$ ），描述喷洒过程中使用的农药总量（升 / 亩）。数字技术使用过程中，形成两个核心解释变量，分别是虫害识别（ $PI$ ）和喷洒模式（ $MO$ ）。虫害识别（ $PI$ ）是描述光谱识别虫害的严重程度，主要通过遥感光谱数据整理比较后获得，是一个 0 到 1 之间的连续变量。喷洒模式（ $MO$ ）是匀量喷洒（ 0 ）和变量喷洒（ 1 ）的虚拟变量。控制变量包括温度（ $WW$ ）、风（ $WIN$ ）和相对湿度（ $H$ ）三个指标。其中，温度（ $WW$ ）是

描述植保当日的最高温度、最低温度和天气的综合指标。该指标通过最高温（TH）、最低温（TL）和天气（W）虚拟变量计算获得，W 的赋值情况为：雨是 0，阴是 1，晴是 2，公式是 $WW = (TH+TL) \cdot W$。风（WIN）是描述植保当日风向和风速的综合指标。该指标通过风向（WD）虚拟变量和风速（WS）计算获得，公式是 $WIN = WD \cdot WS$。相对湿度（H）是描述植保当日相对湿度的指标。

表 4-2　喷洒模式对于农药使用情况的统计描述

| 变量名 | | 变量定义 | 均值 | 标准差 | 最小值 | 最大值 |
|---|---|---|---|---|---|---|
| 被解释变量 | 喷洒总量（Y） | 喷洒中使用的农药总量（升/亩） | 1.78 | 0.30 | 0.00 | 2.00 |
| 解释变量 | 虫害识别（PI） | 光谱识别虫害的严重程度 | 0.74 | 0.32 | 0.00 | 1.00 |
| | 喷洒模式（MO） | 匀量喷洒（0），变量喷洒（1） | 0.50 | 0.50 | 0.00 | 1.00 |
| 控制变量 | 温度（WW） | $WW = (TH+TL) \cdot W$ | 101.13 | 73.99 | 0.00 | 174.00 |
| | 最高温（TH） | 当日最高气温（℃） | 33.60 | 1.71 | 31.00 | 36.00 |
| | 最低温（TL） | 当日最低气温（℃） | 26.69 | 1.66 | 23.00 | 29.00 |
| | 天气（W） | 当日天气类型 | 1.71 | 1.27 | 0.00 | 3.00 |
| | 风（WIN） | $WIN = WD \cdot WS$ | 3.93 | 3.43 | 0.00 | 12.00 |
| | 风向（WD） | 当日风向 | 1.52 | 1.08 | 0.00 | 4.00 |
| | 风速（WS） | 当日风速（级） | 2.41 | 0.60 | 0.00 | 4.00 |
| | 相对湿度（H） | 当日相对湿度（%） | 0.61 | 0.16 | 0.40 | 0.80 |

数据来源：苏州麦吉数字科技有限公司吴江农业数字化试点变量植保工作总结（2020 年）

（二）模型构建

基准模型是数字技术使用 $X_{it}$ 对于每亩农药使用量 $Y_{it}$ 的影响研究，如方程 4-1 所示。其中 $X_{it}$ 是数字技术使用过程中的核心解释变量，$\beta_n$ 是核心解释变量的系数。影响农药使用量的控制变量为温度 $WW_t$、风 $WIN_t$ 和相对湿度 $H_t$，均为植保当日的温度、风和相对湿度。$\gamma_1 \gamma_2 \gamma_3$ 分别为以上控制变量的系数，$\varepsilon_{it}$ 为扰动项。

$$Y_{it} = \beta_0 + \beta_n X_{it} + \gamma_1 WW_t + \gamma_2 WIN_t + \gamma_3 H_t + \varepsilon_{it} \qquad (4\text{-}1)$$

研究基于虫害识别（$PI$）和喷洒模式（$MO$）两个核心变量展开。进一步讨论两个核心变量对于每亩农药投入（$Y$）的影响方式。因此模型将基准模型设定为四个具体模型，分别讨论两个核心变量的单独影响、交互影响和共同影响。

模型一是虫害识别 $PL_{it}$ 单独对于每亩农药投入 $Y_{it}$ 的影响，模型如方程 4-2 所示。其中，$\beta_1$ 是虫害识别 $PL_{it}$ 的系数。

$$Y_{it}=\beta_0+\beta_1PI_{it}+\gamma_1WW_t+\gamma_2WIN_t+\gamma_3H_t+\varepsilon_{it} \qquad （4-2）$$

模型二是喷洒模式 $MO_{it}$ 单独对每亩农药投入 $Y_{it}$ 的影响，模型如方程 4-3 所示。其中，$\beta_2$ 是虫害识别 $MO_{it}$ 的系数。

$$Y_{it}=\beta_0+\beta_2MO_{it}+\gamma_1WW_t+\gamma_2WIN_t+\gamma_3H_t+\varepsilon_{it} \qquad （4-3）$$

模型三是虫害识别 $PI_{it}$ 和喷洒模式 $MO_{it}$ 交乘后对每亩农药投入 $Y_{it}$ 的影响，模型如方程 4-4 所示。其中，$\beta_3$ 是虫害识别 $PL_{it}\cdot MO_{it}$ 的系数。

$$Y_{it}=\beta_0+\beta_1（PI_{it}\cdot MO_{it}）+\gamma_1WW_t+\gamma_2WIN_t+\gamma_3H_t+\varepsilon_{it} \qquad （4-4）$$

模型四是虫害识别 $PI_{it}$ 和喷洒模式 $MO_{it}$ 对每亩农药投入 $Y_{it}$ 的共同影响，模型如方程 4-5 所示。其中，$\beta_1$ 是虫害识别 $PI_{it}$ 的系数，$\beta_2$ 是虫害识别 $MO_{it}$ 的系数。

$$Y_{it}=\beta_0+\beta_1PI_{it}+\beta_2MO_{it}+\gamma_1WW_t+\gamma_2WIN_t+\gamma_3H_t+\varepsilon_{it} \qquad （4-5）$$

上述模型只控制时间固定效应。一方面，虽然植保工作具有时间跨度，但是苏州麦吉数字科技有限公司并没有对每个地块在统一日期进行植保。由于数据限制原因，所以模型无法设定为面板模型，而是选择对时间固定效应进行控制。另一方面，为实现遥感光谱识别防治，公司把不同地块细分为（5m×5m）的小块，研究数据以（5m×5m）小块为单位进行数据整理，因此不对地块分类进行个体聚类。

（三）无人机变量喷洒对农药投入的影响

四个模型的拟合优度存在差距。四个模型分别讨论虫害识别（$PI$）和喷洒模式（$MO$）对于农药投入的单独影响、交互影响和共同影响。其中，研究共同影响的模型四，$R$ 平方值最高，模型拟合优度最佳，为 0.623；研究单独影响的模型一和模型二 $R$ 平方值都稍低，分别为 0.596 和 0.529，模型拟合优度次之；而研究交互影响的模型三 $R$ 平方值较低，为 0.162，模型拟合优度较差。结果说明虫害识别和喷洒模式两个核心变量对于农药使用量的影响更偏向于单独影响和共同影响两种形式。

拟合优度较佳的三个模型中，虫害识别和喷洒模式对于农药使用量都产生显著的影响。模型计量结果如表4-3所示。模型一，虫害识别（$PI$）环节单独影响每亩农药投入（$Y$）时，虫害识别程度每增加一个单位，农药使用量增加0.71升的农药使用（约35.7%）。模型二，喷洒模式（$MO$）环节单独影响农药投入（$Y$）是，变量植保相较于匀量植保可以节约0.43升的农药（约21.3%）的用量。模型四，虫害识别（$PI$）和喷洒模式（$MO$）分别影响农药投入（$Y$）时，虫害识别程度每增加一个单位，农药使用量增加0.50升（约24.8%）；变量植保相较于匀量植保可以节约0.17升的农药（约8.5%）的用量。此外，温度$WW$、风$WIN$和相对湿度$H$三个控制变量在模型中对于农药投入均具有显著影响。其中，温度$WW$和湿度$H$与农药使用量呈负相关，而风$WIN$与农药使用量呈正相关。

表4-3 农业数字技术投入对于农药使用量的影响分析

| 变量 | （1） | （2） | （3） | （4） |
|---|---|---|---|---|
| 虫害识别（$PI$） | 0.713*** （395.490） | | | 0.496*** （165.160） |
| 喷洒模式（$MO$） | | −0.426*** （−344.45） | | −0.169*** （−88.850） |
| 虫害识别·喷洒模式 （$PI \cdot MO$） | | | −0.375*** （−138.43） | |
| 温度（$WW$） | −0.001*** （−16.21） | −0.001*** （−14.230） | −0.001*** （−10.36） | −0.001*** （−16.520） |
| 风（$WIN$） | 0.028*** （22.910） | 0.026*** （19.730） | 0.025*** （14.210） | 0.027*** （23.220） |
| 相对湿度（$H$） | −2.035*** （−21.690） | −1.914*** （−18.890） | −1.850*** （−13.70） | −1.998*** （−22.060） |
| 时间固定效应 | 控制 | 控制 | 控制 | 控制 |
| 常数项 | 2.155*** （47.490） | 2.846*** （58.120） | 2.698*** （41.33） | 2.385*** （54.35） |
| $R$平方 | 0.596 | 0.529 | 0.162 | 0.623 |

注：（1）括号内为稳健标准误；（2）***、**、* 分别表示在10%、5%、1%水平上显著。

无人机变量喷洒是数据要素发挥作用的典型案例。无人机匀量喷洒和无人机变量喷洒都已经实现装备购置。差别在于匀量喷洒使用统一指标指导无人机喷洒，而变量喷洒使用数据要素指导无人机差异化喷洒。无人机变量喷洒包含智能识别、智能分析和智能控制的完整环节。理论上，无人机变量喷洒过程中，独立的数据要素直接影响农业生产。

数据要素的使用和数据要素指导农机装备进行农业生产可以带来显著的经济效应影响。一方面，喷洒模式（MO）本质上是描述是否在植保过程中使用数据要素的指标。变量植保相较于匀量植保可以节约 0.17 升的农药（约 8.5%）的用量。结论显示，数据要素是否使用对于无人机植保具有显著节约农药使用量的影响。

另一方面，虫害识别（PI）本质上是描述数据要素如何在植保过程中发挥作用的指标。虫害识别程度每增加一个单位，农药使用量增加 0.50 升（约 24.8%）。结论显示，数据要素可以有效指导无人机喷洒，影响喷洒过程中的农药使用量。所以，数据要素的使用显著减少了农药使用量，数据要素对指导农机装备进行农业生产具有较高的使用效率。

## 四、数据要素对农业产出的影响情况分析

使用数字技术是否具有相同的防治效果仍然有待研究。研究数据来源与苏州麦吉数字科技有限公司的稻飞虱和卷叶螟虫虫害防治效果数据。实验结果是通过人工观测百穴虫数量，比较无人机操作试验田、人工操作试验田和无操作对照田的植保效果获得。第一次植保后，在 7 月 30 日进行了一次虫卵数量观测。第二次植保后，在 8 月 4 日、10 日、14 日和 20 日进行了四次虫卵数量观测。第三次植保后，在 8 月 25 日、31 日和 9 月 4 日进行了三次虫卵数量观测。

结果显示，数字技术的使用在植保中获得了相同的防治效果（如图 4-3 所示）。无人机植保选用数字技术进行植保，人工操作使用传统喷雾器进行植保，而对照田没有进行植保处理。整体来看无对照组的百穴虫数量较多，而无人机操作试验田和人工操作试验田的百穴虫数量相近。图 4-3 中展示稻飞虱和卷叶螟虫两种类型的虫害的防治效果，每个图标的上下两端显示稻飞

虱和卷叶螟虫的百穴影响情况。结果表明，喷洒农药过程中无人机操作和人工操作具有相同的洒药效果，因此无人机洒药在大规模节约劳动要素和资本要素的同时，具有相同的防治有效性。

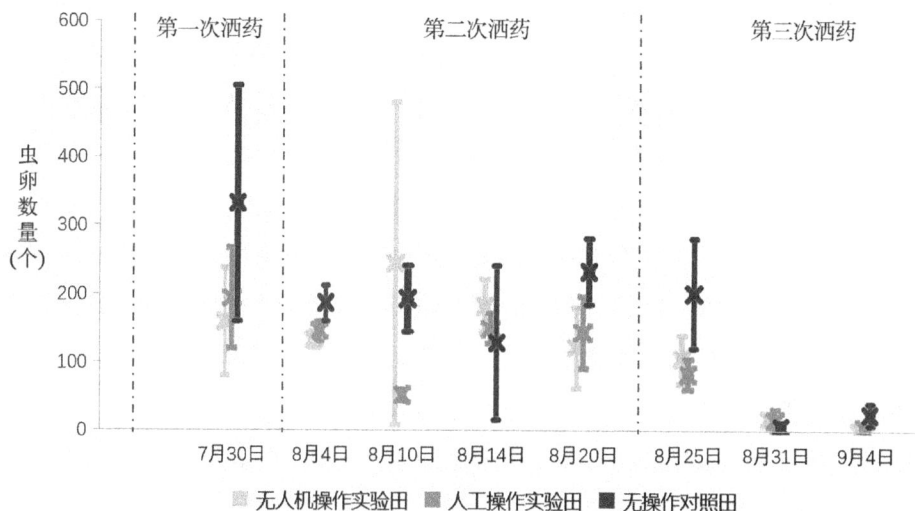

图 4-3　技术选择与洒药病虫害情况图

# 第三节　典型案例——数据要素影响农业生产经营

## 一、数据要素对农业经济发展的具体影响

数据要素的形成改变原有的成本收益结构，即固定成本和变动成本结构的变化，最终为产业升级提供契机。数字技术本身是趋向于推进产业向高效、健康和绿色的方向发展，但是发展需要时间积累，特别是农业产业的数字化发展。在农业产业的数字化发展过程中，数据要素的形成和应用逐渐改变了原有的成本收益结构。固定成本和变动成本的结构发生了变化，使得农业生产者能够更有效地控制成本，提高收益。固定成本通常是指在一定时期内不随产量变化而变化的成本，如设备购置、技术研发等。

在农业数字化发展中，固定成本的构成发生了变化，例如，农业生产者需要投入资金购买数字设备和平台，进行技术研发和培训。这些固定成本的投入虽然短期内可能会增加农业生产成本，但从长远来看，数字技术的应用可以提高生产效率，降低生产成本，提高农产品的质量和市场竞争力。变动成本通常是指随产量变化而变化的成本，如劳动力、原材料等。在农业数字化发展中，变动成本的构成也发生了变化。例如，农业生产者可以利用数字技术实现生产自动化和智能化，减少对传统劳动力的依赖，降低劳动力成本。同时，数字技术还可以优化资源配置，减少资源浪费，进一步降低变动成本。数据要素的形成和应用为农业产业升级提供了契机。

数字技术本身是趋向于推进产业向高效、健康和绿色的方向发展。通过数字技术的应用，农业生产者可以实现生产的自动化和智能化，提高生产效率，降低生产成本，提高农产品的质量和市场竞争力。同时，数字技术还可以促进农业产业链的延伸和拓展，如农产品深加工、品牌建设等，进一步提高农业产业的附加值。然而，农业产业的数字化发展需要时间积累。农业生产者需要学习和掌握数字技术，适应新的生产方式。同时，政府和社会各界也需要提供支持和帮助，通过政策引导、资金支持和技术培训等措施，促进农业生产者和农技工作者更好地理解与掌握数字技术。因此，本书农业数字化发展对于农业投入产出的影响具体体现在以下方面。

数字化对于投入的影响主要体现在成本投入的调整（如图4-4所示）。具体包括劳动投入减少、资本投入增加、数据投入增加、生产流程优化、生产环节可控、生产风险降低等。成本在整体投入要素之间进行调整，对生产流程进一步优化，生产环节可控，降低农业生产中不可控的风险。短期来看数据要素的投入体现在资本要素、数据要素的增加和劳动要素的减少，但是长期来看，对于总体生产成本是减少的。

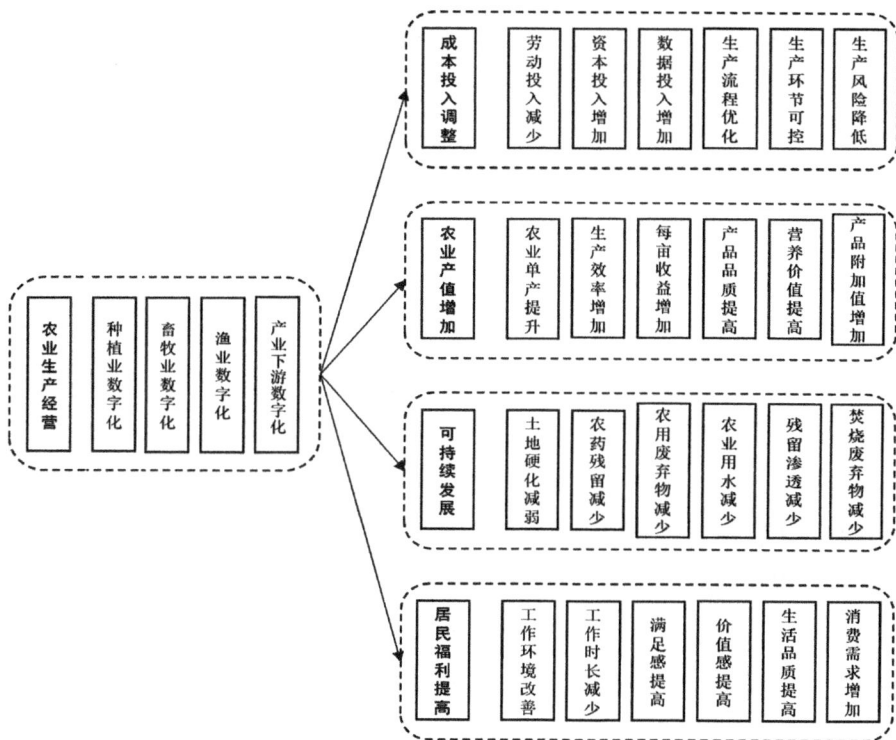

图4-4　农业数字化发展对投入产出的影响类型

首先是生产流程的优化，不必要环节的减免对于生产而言就是从根本上对生产成本的减少。通过数字技术的应用，农业生产者可以对生产流程进行优化，去除不必要的环节，提高生产效率。例如，利用无人机进行植保，可以减少人工喷洒农药的时间和劳动力成本。

其次是生产环节可控，在环境的精准控制下，才能实现高效的成本投入，从而减少资源的无效浪费。数字技术可以帮助农业生产者实时监测和调整生产环境，如通过农业物联网技术监测土壤湿度、温度等，从而实现对生产环境的精准控制，减少资源的浪费。

最后是生产风险降低，在农业生产中，生产风险对于农户来说是极高的。数字化生产对有效地降低生产风险、减少农户损失具有重要作用。例如，通过大数据分析预测天气变化，可以帮助农业生产者提前采取措施，减少自然灾害对农业生产的影响。

总的来说，数字化对于投入的影响主要体现在成本投入的调整。通过生

227 ‹

产流程优化、生产环节可控、生产风险降低等方式，数字化可以提高农业生产效率，降低生产成本，实现农业生产的现代化和智能化。政府和社会各界需要共同努力，为数字技术的发展和应用提供支持和帮助，推动农业生产的现代化和智能化，实现农业经济的可持续发展。

另一方面，数字化对于产出的影响主要体现在农业产值的增加、可持续发展和居民福利的提高（如图 4-4 所示）。一是农业产值的增加，包含农业单产提升、生产效率增加、产品品质提高、营养价值提高和产品附加值增加等。数据要素的形成在几个阶段分别提升了农业的产值。农业单产量由于技术的改善得到提高，从而增加了农业的整体产出及每亩收益。由于减少了人力因素的波动，从而进一步提升了产品标准，也减少了生产过程中的产品病害。对于生长环境要求较为复杂的品种，通过数字技术对于环境的调控，品种得到了有效改善。由于标准化的生产流程，农产品中包含的营养价值也得到了有效提升。对于农业产品质量的提升，有效增加了农产品溢价。二是可持续发展，包含土地硬化减弱、农药残留减少、农用废弃物减少、农业用水减少、残留渗透减少和焚烧废弃物减少等。精准施肥、洒药、喂食等行为，减少了过度化肥打药等的出现，从而减少了对于环境的破坏。三是居民福利的提高，包含工作环境改善、工作时长减少、满足感提高、价值感提高、生活品质提高和消费需求增加等。在数字技术的支持下，农业劳动从事者减少了劳动时间和劳动强度。

研究受限于农业数字化的实际发展，因此需要兼顾典型和一般。目前收集到的典型数据要素主要是种植业行业的无人机实验数据，因此对上述数据进行了计量分析，讨论数据要素和数字技术在生产过程中发挥的作用。

## 二、案例选择和数字技术使用概述

本节选取设施农业、养殖业和渔业的农业生产组织进行案例分析，研究目前微观生产中数字技术的使用情况，及其对投入产出产生的经济效应。在农户调研、走访的过程中，发现数字技术在中小农户中的使用水平偏低，部分地区没有使用数字技术。研究过程中发现目前使用数字技术的主要是具有一定规模的生产组织。因此，案例选取云南省内设施农业、养殖业和渔业发展较好的企业进行研究。

设施农业、养殖业和渔业分别选取了昆明库森农业开发有限公司、寻甸振焜生猪养殖协会和昆明倘浩水产养殖有限公司作为案例（如表4-4所示）。昆明库森农业开发有限公司主要从事草莓育种和草莓种植，已形成工厂化生产的规模。寻甸振焜生猪养殖协会主要从事仔猪育繁和生猪养殖，通过技术协会的形式带动周边中小农户参与养殖并给予保底价保障，目前已经形成较大养殖规模。昆明倘浩水产养殖有限公司是云南省主要从事鱼苗繁殖和商品鱼养殖，该企业是云南省龙头企业，具有较大生产规模。

表4-4　设施农业、养殖业、渔业案例生产者选取

| 产业 | 农业生产者名称 | 成立年份（年） | 主营业务 | 生产面积（亩） |
|------|---------------|--------------|---------|--------------|
| 设施农业 | 昆明库森农业开发有限公司 | 2017 | 草莓育种和种植 | 523.4 |
| 养殖业 | 寻甸振焜生猪养殖协会 | 2017 | 生猪养殖 | 55 |
| 渔业 | 昆明倘浩水产养殖有限公司 | 2012 | 鱼苗扩繁和鱼类养殖 | 176 |

三个案例生产者均投入和使用了数字技术。（1）设施农业案例生产者使用水肥一体化一项数字技术。相较于膜下滴灌、地膜覆盖和常规种植三种施肥方式，水肥一体化仅在出苗后通过滴管为植株施加水溶肥。（2）养殖业案例生产者使用智能监测系统、自动喂料系统和仔猪舍地暖保温系统三项数字技术。监测系统用于生猪养殖实时监控，监控信息可以在线上反馈给管理人员和专家。保温系统用于仔猪舍温度数据收集和温度控制，调整为仔猪生长适宜温度。自动喂料系统用于生猪养殖过程中的精确定时定量的饲料投喂。（3）渔业案例生产者使用水体监测系统、增氧机—纯氧机组和水产品质量安全追溯三项数字技术。水体监测系统主要利用溶氧传感器、pH 传感器、氨氮传感器等设备收集水体数据、监测鱼池水况。增氧机和纯氧机组用于加速水体对流，提高水体中、下层溶氧量，抑制水中厌氧菌的生长，促进有机物的氧化分解，降低饲料系数。水产品质量安全追溯主要用于实现水产养殖全过程信息化，支持水产品从养殖基地到餐桌各环节信息录入查询。

### 三、案例生产者的农业数字化发展阶段分析

案例生产者的数字化发展均已处于装备购置阶段。昆明库森农业开发有限公司、寻甸振焜生猪养殖协会和昆明倘浩水产养殖有限公司都已围绕生产经营投入使用两到三项数字技术。农业规模生产者在过往发展中形成了有效经营的理念和先进生产的习惯，因此在农业数字化发展的初期，已经投入资本购置装备。

农机装备均是为解决生产经营中的具体问题而购置。设施农业案例中，水肥一体化是针对化肥使用的数字技术。养殖案例中，智能监测系统和仔猪舍地暖保温系统都是针对养殖环境管理的数字技术，自动喂料系统是针对养殖饲料投喂的数字技术。渔业案例中，水体监测系统和增氧机——纯氧机组是针对水体环境管理的数字技术，水产品质量安全追溯是针对农产品下游数字化的数字技术。

智能感知阶段是产生数据要素的重要阶段，养殖业和渔业生产者选择购置一到两项相应的数字技术。养殖业案例中购置的智能监测系统以及渔业案例中水体监测系统和水产品质量安全追溯都可以实现收集数据目标，发展处于智能感知阶段。智能监测系统摄像头采集数据，掌握生猪的实时动态。水体监测系统利用溶氧传感器、pH 传感器、氨氮传感器等设备收集水体数据，监测鱼池水况。水产品质量安全追溯主要用于实现水产养殖全过程各环节信息的录入和查询。

但是，大部分智能感知阶段的装备与智能分析和智能控制无法形成一个系统连续性工作。养殖业案例中购置的智能监测系统和渔业案例中水体监测系统单纯以收集实时视频数据和指标数据为目的，缺少智能分析和智能控制链条的延续。案例生产者考虑过加入分析和控制，但主要以人工作业为主。养殖业生产者在出现病虫害时，会将视频数据发给有关专家咨询应对方案；渔业生产者会在观测的水体环境出现问题的时候，做出相应的改善。智能感知与智能分析、智能控制的断链现象内含的问题是劳动者的数字劳动还没有充分调动。装备购置不是在政策激励和市场带动下的行为决策，数据要素对于生产经营的增效和生产流程的优化有待农业生产者共同的探索

和发展。

　　而其他停留在装备购置阶段的农机，装备操作过程与数据收集不同步。现阶段，农机装备主要由人工进行操作，劳动者没有养成数字化发展过程中的数据思维。以设施农业案例为例，水肥一体化技术只解决了施肥方式的问题，而无法为各产区各品种提供施肥准则。生产者在水肥一体化作业过程中，增加程序自动录入施肥过程数据，同时增加数字技术收集作物长势数据，数据最终可以分析形成作业规律和生产规律，指导后续生产经营。装备操作与数据收集不同步，其主要原因在于劳动者对数据要素的认识不充分。生产经营过程中，无法从长远的角度去持续改善经营流程。而是在短期内收集数据，在长期使用数据指导生产。

　　综上所述，案例生产者在数字化发展中，大部分处于装备购置阶段和智能感知阶段；且装备购置阶段与智能感知阶段存在断层，智能感知阶段和智能分析阶段存在断层；整体发展呈现出"有用的技术，不记录数据；记录数据的技术，不会用"的现状。打破装备购置阶段到智能感知阶段的断层，主要在于增加数据思维。而解决智能感知到智能分析之间的断层，主要在于生产者积极开展数字劳动。

# 本章小结

　　本章介绍农业数据要素的典型特征事实，数据要素的形成是一个使用数字技术的循序渐进的过程，在数字化的过程中进一步影响生产者的投入产出。首先，分析农业数字化发展现状；其次，分析数据要素在数字技术使用过程中产生的典型事实，使用种植业无人机典型特征事实的实验数据讨论数据要素对农业生产投入产出的量化影响；最后，分析数据要素影响农业生产经营的典型案例，使用设施农业、畜牧业和渔业的典型案例综合讨论现阶段和对经济效应产生的不同影响。本章研究主要得出三点研究结果。

　　一是数字化过程对于投入产出的影响具有阶段性特征。数字化发展对于投入的影响体现在成本投入的调整；数字化对于产出的影响主要体现在农业产值的增加，可持续发展和居民福利的提高。数字化发展是一个循序渐进的过程，需要时间积累。数字化过程需要经过"装备购置""智能感知""智能分析"和"智能控制"四个阶段。数字化过程的目的是实现数据收集、数据分析和数据使用三个步骤。在数字化过程中逐渐形成独立的数据要素。

在数字化发展的初期阶段，农业生产者主要面临的是成本投入的调整。他们需要投入资金购买数字设备和平台，进行技术研发和培训。这些投入虽然短期内可能会增加农业生产成本，但从长远来看，数字技术的应用可以提高生产效率，降低生产成本，提高农产品的质量和市场竞争力。

随着数字化过程的深入，农业生产者逐渐进入智能感知阶段。在这个阶段，农业生产者通过安装摄像机、传感器等设备，实时监测农业生产环境，获取大量数据。这些数据为后续的智能分析提供了基础。

在智能分析阶段，农业生产者利用大数据分析等技术，对收集到的数据进行分析，识别农业生产中的问题和机会。通过智能分析，农业生产者可以更准确地预测市场需求，调整生产计划，提高农产品的质量和市场竞争力。最后，在智能控制阶段，农业生产者利用数字技术实现生产的自动化和智能化。通过智能控制，农业生产者可以更精确地控制生产过程，提高生产效率，降低生产成本，实现资源的最大化利用。总之，数字化过程对于投入产出的影响具有阶段性特征。在数字化过程中，农业生产者需要逐步适应和应用数字技术，实现数据收集、数据分析和数据使用三个步骤。随着数字化过程的深入，农业生产者可以更好地调整成本投入，提高农业产值，实现可持续发展，提升居民福利。

二是无人机农药变量喷洒是实现智能识别、智能分析和智能控制的数字技术，形成完整数据要素。数据要素的使用和数据要素指导农机装备进行农业生产可以带来显著的经济效应影响。变量植保相较于匀量植保可以节约0.17升（约8.5%）的农药用量，虫害识别程度每增加一个单位，农药使用量增加0.50升（约24.8%）。结果显示，一方面数据要素的使用显著减少了农药使用量；另一方面数据要素对指导农机装备进行农业生产具有较高的使用效率。无人机洒药在大规模节约劳动要素和资本要素的同时，具有相同的防治有效性。

无人机农药变量喷洒技术的应用，不仅减少了农药的使用量，还提高了防治效率。通过智能识别和分析技术，无人机能够准确识别农作物的病虫害情况，并针对性地喷洒农药，避免了农药的过度使用和浪费。这不仅降低了农业生产成本，还减少了农药对环境的污染，实现了绿色农业的目标。无人机农药变量喷洒技术还节约了劳动和资本的投入。传统的农药喷洒需要大量的人工操作，而无人机农药变量喷洒技术可以自动完成农药喷洒工作，减少了劳动力的需求。同时，无人机的高效作业也减少了资本的投入，因为不需要大量的人力和机械设备。无人机农药变量喷洒技术在经济效应上的显著影响，表明了数据要素在农业生产中的重要性。数据要素的使用不仅提高了生产效率，还降低了生产成本，提高了农产品的质量和市场竞争力。同时，数据要素的使用也有助于保护农业生态环境，实现资源节约和环境友好型农业。

总的来说，无人机农药变量喷洒技术是数字技术在农业生产中应用的一个典型案例。通过智能识别、智能分析和智能控制，无人机农药变量喷洒技术实现了精准农业和绿色农业的目标，提高了农业生产效率，降低了生产成本，提高了农产品的质量和市场竞争力。政府和社会各界需要共同努力，为数字技术的发展和应用提供支持和帮助，推动农业生产的现代化和智能化，实现农业经济的可持续发展。

三是农业数字技术的投入和使用大多是规模生产者，目前农业数字技术的使用还停留在装备购置阶段和智能感知阶段，装备购置到智能感知之间衔接不恰，智能感知到智能分析之间运用模式有待发展。案例中的数字化发展较少由数据要素的参与，数字化发展的投入经济效应短期内以成本结构调整为主，长期才会引起成本的下降，数字化发展不是全面数字化，数字化发展是找准生产经营核心痛点的数字化改进。

在农业数字技术的发展过程中，规模生产者通常具备更强的资金实力和更先进的技术需求，因此他们更倾向于投入和使用数字技术。然而，目前农业数字技术的使用还主要停留在装备购置阶段和智能感知阶段，这表明农业数字技术的发展还有很大的提升空间。

装备购置到智能感知之间的衔接不畅，智能感知到智能分析之间运用模式有待发展。这意味着农业生产者需要进一步学习和掌握数字技术，以便更好地利用智能感知设备获取的数据进行智能分析和决策。同时，农业生产者也需要探索如何将智能感知设备的数据与智能分析技术相结合，以实现更高效的农业生产。

案例中的数字化发展较少有数据要素的参与，这可能是因为农业生产者对于数据要素的认识和应用还不够充分。数据要素的使用和数据要素指导农机装备进行农业生产可以带来显著的经济效应影响，但农业生产者需要进一步了解和掌握数据要素的重要性，以便更好地利用数据要素进行农业生产。数字化发展的投入经济效应短期内以成本结构调整为主，长期才会引起成本的下降。这意味着农业生产者需要耐心等待数字技术的发展和应用，以便在长期内获得成本的下降和生产效率的提升。

数字化发展不是全面数字化，数字化发展是找准生产经营核心痛点的数字化改进。这意味着农业生产者需要根据自身的实际情况和需求，选择适合的数字技术进行改进。通过有针对性地应用数字技术，农业生产者可以解决生产经营中的关键问题，提高生产效率和质量，实现农业生产的现代化和智能化。

本章研究发现：数据要素的形成和数字技术设备的使用密切相关，本质是资本要素在经济发展过程中的积累达到一定程度，劳动逐渐升级成为数字劳动的过程；使用数据要素的无人机变量喷洒充分利用智能感知和数据分析，开展智能控制，与不使用数据要素的无人机匀量喷洒相比，农药将进一步节约 8.5% 的用量，充分体现了数据要素的价值；我国农业产业的数字化发展大部分还停留在装备购置阶段。

# 第五章　农业数字化发展的结构效应

第四章介绍了数字化发展中数字技术和数据要素的典型特征事实，发现数据要素是在数字技术的使用过程中产生的，同时数字技术使用影响农业生产经营。本章将对数字技术的使用进行实证分析，探讨农业数字化发展中的结构效应。首先，拟合全国数字农业农村水平四维指标为全国农业数字化程度一维指标，描述全国农业数字化发展现状以及分产业、分区域的现状。其次，使用农业数字化程度作为数据要素的代理变量，分析数据要素对全国农业产值的影响，具体包括弹性系数、技术效率、全要素生产率和要素贡献度的情况。最后，分析不同产区农业数据要素的影响情况，包括技术效率、全要素生产率和要素贡献度的比较分析。

农业数字化发展的结构效应，是指数据要素加入农业生产经营中，通过改变数据要素和其他要素以及全要素生产率的结构最终影响农业产值的路径过程（如图 5-1 所示）。下文将结合农业数字化发展的结构效应机制对我国农业数字化发展展开评价和实证分析。

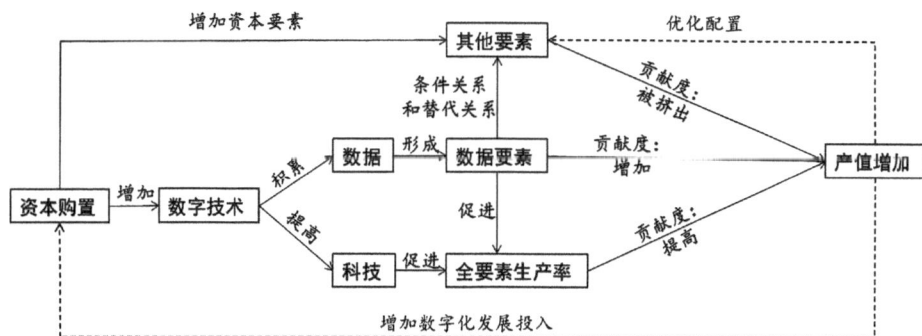

图 5-1　农业数字化农业产值增长机制图

路径一是整体社会环境技术水平的增长。数字经济的发展本身就是科技在信息技术、网络技术和智能技术等一系列技术的支持下逐步形成的。数字经济的技术水平和农业数字经济的技术水平直接影响农业全要素生产率的水平值。技术效率外生于经济增长，成为技术溢出的部分。数字经济发展水平较高的地区逐渐向数字经济发展水平较低的地区溢出技术，在溢出的过程中逐渐增加全要素生产率水平值。在这样的影响路径下数字技术带来的效率改变外生于经济系统，全要素生产率的发展基于一个地区一定时间段内对于技术水平的衡量。

路径二是数据要素对于技术水平的促进。资本购置数字技术，数据的积累和运用形成数据要素，数据要素使用过程中持续累积的生产经验和新的生产技术进一步影响全要素生产。经验积累从人力资源部分外化，成为掌握数据要素者都可以拥有的信息，数据要素成为技术进步内生增长的新源泉和依据。内生增长理论中，罗默等认为技术外部性、人力和其他资本的溢出效应可以内生地促进技术进步，进而促进经济增长。因此，数据要素发挥主动功能，积累生产经营信息，形成内生技术进步，进一步促进全要素生产率的增长。

## 第一节　农业数字化发展水平分析

### 一、数据来源和指标拟合

（一）数据来源

如前所述，数据要素是资本要素积累到一定程度后的产物，大部分数据要素隐含在资本要素的累积中，主要是数字技术装备的使用。我国数据要素在农业产业的发展中处于早期阶段，大部分仍然属于装备购置阶段；因此现阶段农业数据要素是聚集在数字技术的使用中的。根据农业数字经济的阶段性发展特点，数据要素的核算需要借助数字技术的使用情况来衡量。本书使用农业数字化发展程度作为数据要素的代理变量展开研究。

数据来源之一是农业农村部信息中心的全国县域数字农业农村发展水平数据库（2018 年）。相关成果体现在《2019 年全国县域数字农业农村发展水平评价报告》中，这是首个对于数字农业农村发展的水平评价，也是目前农业农村部研究农业数字化发展的重要成果。评价指标包含植业数字化程度、设施农业数字化程度、畜牧业数字化程度和渔业数字化程度四类与农业数字化生产程度紧密相关的指标。以种植业数字化程度为例，统计指标描述为"全县粮棉油、麻丝茶、糖菜烟、果药杂等农作物种植中应用物联网、大数据、人工智能等信息技术中三种及以上技术的种植面积在全县农作物总种植面积中的占比（%）"，其他指标定义均类似。该数据库由县（市、区）农业农村部门填报、省级农业农村部门信息中心审核把关，涵盖2094个县，44.31万个行政村（约占全国总数的80%），包括种植业、设施农业、畜牧业、渔业的数字化程度，以及县域水平的农业总产值、农作物种植面积等。

数据来源之二是我国农业科学院的全国分县农业农村经济基础资料数据库，使用了其中的县级农业机械总动力、农业从业人员和农用化肥用量等数据。本研究选用2016年数据，与第一套数据年份相差两年。鉴于县域数据获取的难度及相对稳定性，假设两年内县级农业机械总动力、农业从业人员和农用化肥用量变化比较小，且实际生产中也具有类似的规律，那么对本章研究结果及结论造成影响较小。

在借鉴前人研究的基础上，本书选用机械动力、劳动、土地、化肥和数据要素，作为农业产业生产函数的投入要素，研究农业数字化发展对农业产业整体的经济效应影响。林毅夫（1992）使用增长核算法测算研究了农业制度对于农业产业增长的影响，选用了土地、劳动、资本和化肥四种投入要素构建农业产业生产函数。龚斌磊（2018）使用随机前沿模型分析了政治制度对于农业产业增长的分省份影响，选用劳动、土地、化肥和机械动力四种要素构建农业生产函数。

（二）我国农业数字化程度指标拟合

多维数据拟合成一维数据可以通过基于遗传算法的投影寻踪模型实现。该方法可以解决衡量多维度指标呈现出多维度、多峰值和非连续性的复杂特征。投影寻踪模型有几个优点，一是排除与结构不相关数值的干扰，二是有效地将高维数据投影到一维数据。遗传算法是模仿生物在自然环境下的竞争、自然选择、杂交和变异的一种解决复杂非线性组合和目标函数优化的方法。改良版本的加速遗传算法克服了遗传算法二进制编码的缺点，得到了更为广泛的运用。

在农业领域，多维数据拟合成一维数据的应用非常广泛。例如，在农业生产过程中，需要对多种因素进行综合评价，如土壤质量、气候条件、作物生长状况等。这些因素构成了多维数据，而一维数据则可以更直观地反映这些因素的综合影响。基于遗传算法的投影寻踪模型能够排除与结构不相关数值的干扰，在处理多维数据时，可能会出现一些与评价目标无关的噪声数据。投影寻踪模型能够有效地排除这些干扰，确保评价结果的准确性。且有效地将高维数据投影到一维数据，通过将高维数据投影到一维数据，可以更直观地展示评价结果，便于分析和决策。

纵然传统的遗传算法在处理复杂问题时存在一些局限性，如计算效率较低、容易陷入局部最优解等。但为了解决这些问题，研究者提出了改良版本的加速遗传算法。这种算法通过改进遗传算法的搜索策略和编码方式，提高了算法的计算效率和搜索能力，使得遗传算法在投影寻踪模型中的应用更为广泛。

综上所述，基于遗传算法的投影寻踪模型是一种有效的多维数据处理方法，尤其在农业领域具有广泛的应用前景。通过该方法，农业生产者可以更好地理解和管理农业生产过程中的多维度因素，实现科学决策和精准管理。同时，改良版本的加速遗传算法为投影寻踪模型提供了更为高效的计算手段，有助于进一步提高农业生产的智能化水平。

当农业数据要素被引入生产函数，并测算数字全要素生产率，首先需要拟合一个有效的农业数据要素指标。根据前文分析，数字技术在运用到实际农业生产经营过程中可以有效实现农业生产带来的节本增效。在现有研究基础上，使用《2018年全国县域数字农业农村发展水平评价报告》中种植业数字化程度、设施农业数字化程度、畜牧业数字化程度和渔业数字化程度四项指标代表农业生产数字化程度指标。指标描述使用三种及以上技术的生产规模占总体规模的比重。

基于遗传算法的投影寻踪模型可以将农业数字化生产过程中的多维数据拟合成一维数据。首先要测算 $z(i)$ 为反映综合指标特性的投影特征值，其

中 $x(i,j)$ 为第 $i$ 个县域的第 $j$ 个指标，模型需要拟合种植业数字化、设施农业数字化、畜牧业数字化和农业数字化四个指标，方程如下：

$$z_i = \sum_{j=1}^{p} z(j)x(i,j) \tag{5-1}$$

构造投影指标函数 $Q(a)$，建立投影值 $z(i)$ 与因变量之间的一一对应关系，方程如下：

$$Q(a) = S_z D_z \tag{5-2}$$

其中，$S_z$ 是投影值的标准差，$D_z$ 是投影值的局部密度，方程如下：

$$S_z = \sqrt{\frac{\sum_{i=1}^{n}[z(i) - E(z)]^2}{n-1}} \tag{5-3}$$

$$D_z = \sum_{i=1}^{n} \sum_{j=1}^{n} \left(R - r_{ij}\right) u\left(R - r_{ij}\right) \tag{5-4}$$

使用加速遗传算法解决优化问题。算法需要具备两个条件，投影指标 $Q(a)$ 为目标函数；规定投影方向的长度范围为单位长度，投影矩阵 DD 的模为 1。方程如下：

$$\text{Max} Q(a) \tag{5-5}$$

$$\|DD\| = 1$$

基于遗传算法的投影寻踪模型（GAPP）通过在数据上构建一个网面，在空间中寻找数据区域，通过算法模型最终实现多维指标向一维数据的最优化拟合。因此实现从种植业数字化程度、设施农业数字化程度、畜牧业数字化程度和渔业数字化程度四维指标，拟合成农业数字化程度的一维指标。

## 二、我国农业数字化程度

种植业数字化、设施农业数字化、畜牧业数字化和渔业数字化四个指标使用投影寻踪模型进行拟合后获得的一维农业数字化程度指标，全国平均水平为 16.6%。拟合后农业数字化程度指标在分布上具有上述四维指标的共同分布特征。

我国土地较为广阔，农业生长环境整体差异较大。我国农业生产可以划分为七大产区，包括东北产区、黄淮海产区、长江中下游产区、华南产区、西北产区、西南产区和青藏产区。每个产区的农业生产具有不同的特点。全国各地适用的数字技术具有差异，全国农业数字化发展水平围绕 16.6% 有上下波动。

全国农业生产数字化程度主要分为三个梯队：第一梯队是长江中下游产区和华南产区，农业数字化程度分别为 18.4% 和 19.8%；第二梯队是东北产区、黄淮海产区、西南产区和西北产区，数字化程度分别为 16.9%、17.3%、17.0% 和 17.9%；第三梯队是青藏产区，数字化程度为 10.0%。

## 三、我国细分产业农业数字化发展水平

农产品生产经营上下游和细分产业的数字化水平也存在差异，主要原因是各个行业运用农业数字技术的难易程度以及数字技术对于各个行业发展的效益不同。数字化程度数据使用生产规模加权平均处理后，得到各行业数字化程度指标。

整体来看，设施农业和畜牧业的数字化发展水平略高于种植业和渔业。原因是设施农业和畜牧业收益较好，具有使用数字技术的积极性，整体来看数字化程度要高一些。种植业数字化程度为 16.2%，大田生产面临技术使用年限短、生产环境不可控等因素，因此数字技术使用较为复杂。设施农业数字化程度为 27.2%，设施农业在温控环境下可以更好地使用农业数字技术。畜牧业数字化程度为 19.3%，畜牧业工厂化生产是高质提供市场所需农产品的方式。渔业数字化程度为 15.3%，水产养殖中的数字技术投入折旧率较高，有效使用需要重复多次投入，因此提高了渔业生产过程中的整体成本。

这些差异表明，农业数字技术在不同行业中的应用程度和效益存在差异，这可能与行业特点、生产环境、技术需求等因素有关。为了促进农业数字技术的全面发展和应用，需要根据不同行业的特点和需求，制定相应的政策和措施，以提高农业数字技术的应用效果和效益。

具体来说，对于种植业，可以加强技术研发和推广，提高数字技术在农业生产中的应用水平。对于设施农业，可以进一步推广温控技术和智能化设备，提高生产效率和质量。对于畜牧业，可以加强工厂化生产模式的研究和应用，提高生产效率和质量。对于渔业，可以探索适合水产养殖的数字技术应用模式，降低生产成本，提高生产效益。

　　此外，政府和社会各界也需要提供支持和帮助，通过政策引导、资金支持和技术培训等措施，促进农业数字技术的发展和应用。同时，农业生产者也需要主动学习和掌握数字技术，提高自己的数字技能和知识水平，以便更好地利用数字技术进行农业生产。

　　总之，农产品生产经营上下游和细分产业的数字化水平存在差异，需要根据不同行业的特点和需求，制定相应的政策和措施，以提高农业数字技术的应用效果和效益。政府和社会各界需要共同努力，为农业数字技术的发展和应用提供支持和帮助，推动农业生产的现代化和智能化，实现农业经济的可持续发展。

## 第二节　农业数字化对全国农业经济的影响分析

### 一、农业生产函数模型设定

　　全要素生产率的测算方法一般以生产函数为基础进行计算，综合以前学者的研究方法，全要素生产率的测算方法可以分为非前沿和前沿分析方法两大类。从宏观视角来看，前沿分析中的随机前沿分析（SFA）、非前沿分析中的增长率回归法可以研究国家、区域或产业的总量生产率，它所侧重的是全要素生产率在经济增长中的作用。从微观角度来看，前沿分析中的随机前沿分析（SFA）也可以用来分析微观经济增长，非前沿分析中的 OP、LP 都是针对企业层面的全要素生产率研究，其特点是已知自身技术水平的条件下，运用配置其他要素以达到企业全要素生产率最优，从而促进整个国家、区域及行业的经济增长。

　　生产函数是探讨投入要素和产出之间关系的有效模型。根据生产函数设定本书主要的研究模型。其中，$X_j$ 是生产过程中投入的各类要素，$\beta_j$ 是各要素的指数，而 A 是生产函数的全要素生产率，模型如下：

$$Y = A\prod_j^n X_j^{\beta_j} \tag{5-6}$$

上述生产函数两边求导后得到如下方程：

$$\ln Y = \ln A + \sum_j^n \beta_j \ln X_j \tag{5-7}$$

分析农业生产过程中农业数据要素对于产值的影响，需要将数据要素也作为一种投入要素，引入生产函数模型中。与此同时，考虑农业生产的特殊性，将土地要素的投入和中间投入品化肥的使用也考虑到模型之中。模型如下：

$$Y=f(D, K, L, S, F) \tag{5-8}$$

生产函数测算全要素生产率的模型中较为流行的是传统生产函数、随机前沿分析和数据包络分析三种。随机前沿模型在原有生产函数求解的基础上，构建了实际产出的随机前沿面。因此随机前沿模型既可以分析生产函数中各要素的弹性，同时分析各研究主体的技术效率和全要素生产率。下文模型设定依据随机前沿分析的形式展开。为研究数据要素对于农业产值的影响，本书设定没有数据要素投入的标准生产函数模型一（方程5-10），和测算数据要素投入的模型二（方程5-11）如下：

$$y_i=\beta_0+\beta_1 k_i+\beta_2 l_i+\beta_3 s_i+\beta_4 f_i+v_i-u_i \tag{5-9}$$

$$y_i=\beta_0+\beta_5 d_i+\beta_1 k_i+\beta_2 l_i+\beta_3 s_i+\beta_4 f_i+v_i-u_i \tag{5-10}$$

其中，$i$ 为每个县的指标情况。$y_i$ 为农业产值 $Y$ 的导数；$k_i$、$l_i$、$s_i$ 和 $d_i$ 分别为各县域资本要素 $K$、劳动要素 $L$、土地要素 $S$ 和数据要素 $D$ 的导数；$f_i$ 为中间投入品化肥 $F$ 的导数。为测算各要素的影响系数，扰动项由 $v_i-u_i$ 共同体现，其中 $v_i$ 为随机效应，$u_i$ 为技术无效率。

## 二、生产要素投入对农业产值影响的弹性分析

弹性系数用于衡量生产要素投入对于产值的影响情况，反映生产要素投入的增减情况对产值增减情况的影响。本书对模型一（基准模型）和模型二（数据要素投入）分别采用最小二乘法和随机前沿分析进行分析和比较。结果显示，最小二乘法估计的各解释变量系数小于随机前沿分析估计的系数，而常数项的估值大于随机前沿分析的常数估值。两个模型随机前沿分析的拟合优度要优于最小二乘法的拟合优度，随机前沿模型是更适合分析本书的模型方法。

模型一随机前沿分析测算出的资本要素、劳动要素、土地要素和中间投入品的系数分别为 0.06、0.32、0.07、0.28，基准模型整体弹性系数和为

0.73，整体增长服从规模报酬递减的规律。测算的弹性系数对应的生产函数如方程 5-12 所示。

$$Y=AK^{0.06}L^{0.32}S^{0.07}F^{0.28} \tag{5-11}$$

模型二随机前沿分析测算出的数据要素、资本要素、劳动要素、土地要素和中间投入品的系数分别为 0.02、0.05、0.31、0.06、0.27，整体弹性系数和为 0.71，整体增长依然服从规模报酬递减的规律。测算的弹性系数对应的生产函数如方程 5-13 所示。

$$Y=AD^{0.02}K^{0.05}L^{0.31}S^{0.06}F^{0.27} \tag{5-12}$$

农业数据要素的存在对产值增长有促进效应，结果显示，农业数据要素投入的模型弹性系数为 0.02。目前农业生产呈现规模报酬递减的趋势，农业生产要素投入对于产值的增长效果并不明显。因此，农业经济发展需要新的增长点的形成，刺激经济进入新一轮快速发展阶段。

同时，农业数据要素对资本、劳动和中间易耗品等各投入要素的影响有削弱效应。结果显示，测度农业数据要素投入的模型相较于没有测度农业数据要素投入的模型，各要素投入的弹性系数均小 0.01。本书选用数字技术使用程度作为代理变量来测算数据要素的大小。事实上，数据要素本身已经隐含在原有的生产模式中，只是还没有形成独立测算的标准和可视的形态，所以离不开数字技术装备的使用。

### 三、技术效率与全要素生产率测算

全要素生产率和技术效率是衡量农业生产效率的两个重要指标，它们描述了生产函数中除了实际投入之外的技术水平问题和效率问题。

技术效率是实际产出与市场理想产出之间的比值，它反映了农业生产中在现有技术水平下达到的技术效率。技术效率的提高意味着农业生产者能够在相同的投入条件下生产出更多的产品，或者以更低的成本生产出相同数量的产品。技术效率的提高可以通过改进生产技术、优化资源配置、提高管理水平等方式实现。

全要素生产率则是农业产值中不能被各投入要素（如土地、劳动、资本等）解释的部分，通常情况下代表技术水平和生产经验等。全要素生产率的提高意味着农业生产者能够通过提高技术水平和生产经验，实现产出水平的增加，而不仅仅是通过增加投入要素的数量。全要素生产率的提高可以通过技术创新、生产工艺改进、生产组织优化等方式实现。

在农业生产中，全要素生产率和技术效率的提升对于提高农业生产效率、降低生产成本、增加农民收入具有重要意义。政府和社会各界可以通过提供资金支持、技术培训、政策引导等措施，帮助农业生产者提高技术效率和全要素生产率。

模型一和模型二分别使用投影寻踪模型和增长核算原理测算技术效率和全要素生产率。

数据要素对应更高阶的市场理想产出水平。未测算数据要素投入和测算数据要素投入的两个模型，其技术效率有所不同。模型一的技术效率为0.63。未测算数据要素的模型中，现有产出水平占市场理想产出的63%，存在技术使用效率的不足。模型二的技术效率为0.62。测算数据要素的模型中，现有产出水平占市场理想产出的62%，存在技术使用效率的不足。测算数据要素的模型相较于未测算数据要素的模型，技术效率降低1%。在现有产出水平不变的前提下，有数据要素投入的模型具有更高的市场理想产出水平。

数据要素测算增加全要素生产率对产值的影响力。模型一的全要素生产率的水平值为4.63。未测算数据要素的模型中，不能被投入要素解释的产出水平值为4.63。模型二的全要素生产率的水平值为5.09。测算数据要素的模型中，不能被投入要素解释的产出水平值为5.09。数据要素的投入让模型中各要素投入的原有解释力下降，而全要素生产率的解释力增加。

## 四、农业投入与全要素生产率贡献度分析

根据增长核算法的原理，生产函数可以分析全要素生产率、各投入要素和中间品投入对于农业产出贡献程度的情况。农业生产产值的影响因素如下：

$$Y=f(TFP, D, K, L, S, F, ) \tag{5-13}$$

各要素的产值贡献程度在基准模型和测算数据要素的模型中均不同，我国农业产出整体大部分依赖于生产率、劳动投入和中间品投入的贡献（如图5-2所示）。未测算数据要素的模型中各要素占比分别为，全要素生产

率 37.64%、劳动要素 28.78%、中间品投入 21.71%、资本要素 6.02% 和土地要素 5.85%。测算数据要素的模型中各要素占比分别为：数据要素 0.24%、全要素生产率 41.23%、劳动要素 27.75%、中间品投入 20.84%、资本要素 4.97% 和土地要素 4.96%。整体来说，全要素生产率、劳动要素和中间投入品要素的贡献程度较高，约占整体贡献的 90%。

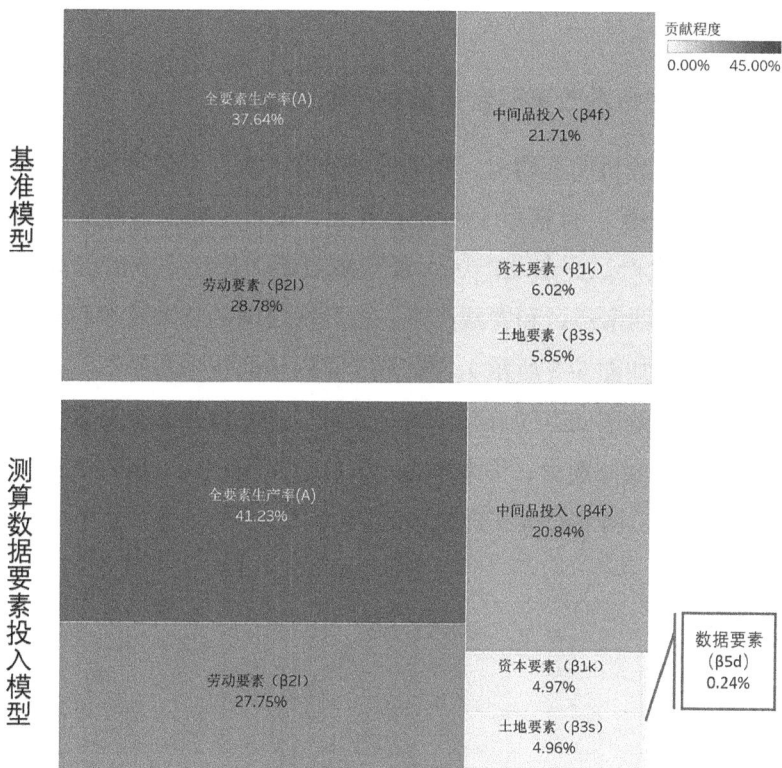

图 5-2　要素投入对产值贡献程度图

测算数据要素投入后，全要素生产率和数据要素的贡献程度增加，而其他投入要素的贡献程度减少。（1）当数据要素加入生产函数后，数据要素对产值产生了 0.24% 的水平贡献程度。每万元产值的产生，数据要素参与并贡献了 24 元的产值。（2）全要素生产率的贡献程度增加了 3.59%。每万元产值的产生，数据要素可以促进全要素生产率，多贡献 359 元的产值。（3）资本要素、劳动要素、土地要素和中间投入品的贡献程度分别减少了 1.05%、1.03%、0.89% 和 0.87%。每万元产值的产生，数据要素削弱资本要素、劳动要素、中间投入品和土地要素，分别少贡献 105 元、103 元、89 元和 87 元的产值。总之，数据要素减少了其他要素投入对于产值的贡献程度，同时提高了生产率的贡献程度。

## 第三节　农业数据要素与全国农业产区发展

### 一、各产区技术效率和全要素生产率对比分析

在整体模型分析的基础上，将全国划分为七大产区进行异质性分析。全国 31 个省、自治区、直辖市（不含港澳台）按照地域特征和功能性可以划分为七个农业生产区，东北产区、黄淮海产区、长江中下游产区、华南产区、西北产区、西南产区和青藏产区。各产区之间的技术效率和全要素生产率是不相同的（如图 5-3 所示）。在 2018 年的相同技术水平下，各产区全要素生产率和技术效率的空间分布具有一致性。技术效率和全要素生产率水平值的排序由高到低分别为，华南产区、长江中下游产区、西南产区、黄淮海产区、东北产区、西北产区和青藏产区。

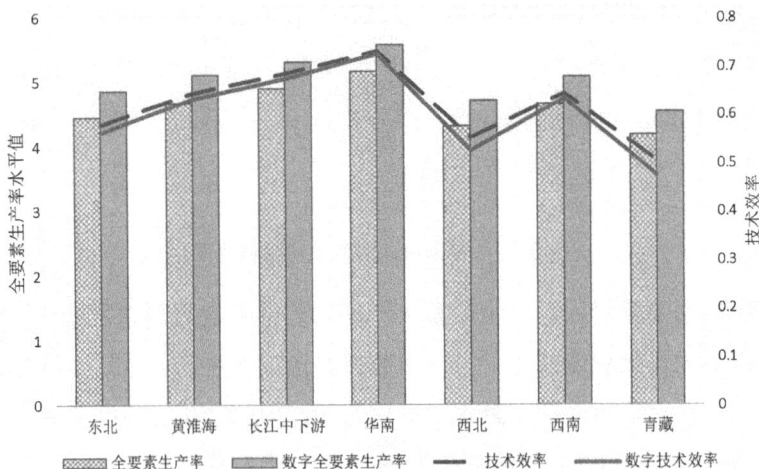

图 5-3　各产区技术效率和全要素生产率

农业生产技术效率最高和第二高的地区分别为华南产区和长江中下游产区。整体来看，各产区测算数据要素的技术效率均低于未测算数据要素的技

术效率。技术效率描述在现有技术水平下，农业生产中达到的效率情况。测算数据要素时，全国产出水平占市场理想产出的 62%，华南产区和长江中下游产区的技术效率分别为 72.5% 和 67.4%。

农业生产全要素生产率水平值最高和第二高的地区分别为华南产区和长江中下游产区。整体来看，各产区测算数据要素的全要素生产率均高于不测算数据要素的全要素生产率。测算数据要素时，全国全要素生产率水平值为 5.09。华南产区是全要素生产率水平值最高的地区。测算数据要素的模型中，华南产区和长江中下游产区的全要素生产率水平值分别为 5.58 和 5.32。华南产区和长江中下游产区的全要素生产率水平值分别高于全国平均水平 9.65% 和 4.44%。

## 二、各产区要素投入与生产率贡献度对比分析

各产区要素投入与生产率贡献度可以有效分析农业产值增长的来源。各个产区各要素和生产率之间的贡献程度也有所不同。图 5-4 展示各个产区在测算数据要素投入模型和不测算数据要素的模型中，各要素和生产率的贡献度情况。

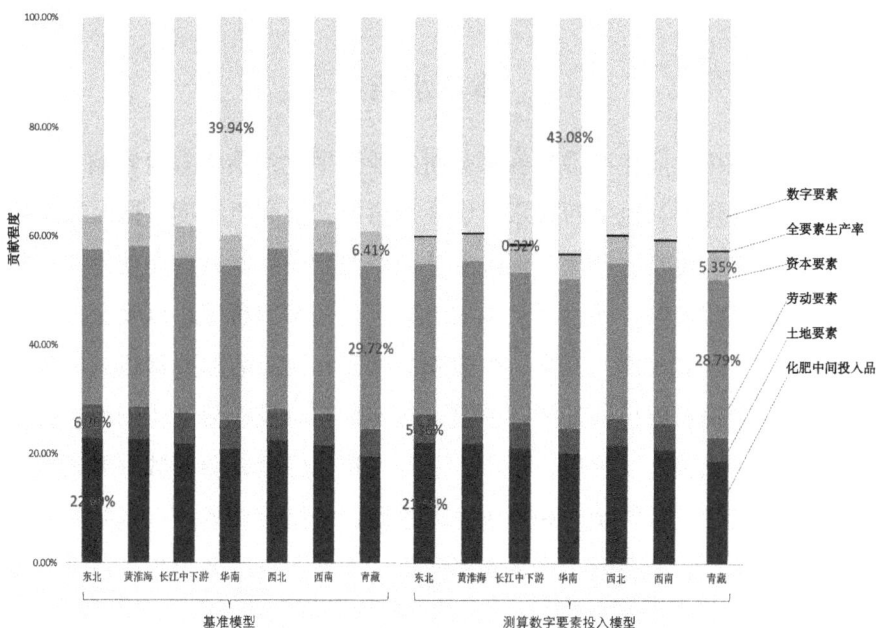

图 5-4　各产区产值水平和要素投入贡献度

各产区的要素和生产率贡献程度与全国水平保持较为一致的趋势，同时产区之间也存在差异。整体来看，各产区农业产出依赖比重较大的是生产率、劳动投入和中间品投入。其中，华南产区是生产率贡献程度最高的产区，达到43.08%（测算数据要素投入）。东北产区是土地要素投入和化肥中间投入品贡献程度最高的产区，达到27.34%（测算数据要素投入）。青藏产区是资本要素和劳动要素贡献程度最高的产区，达到34.14%（测算数据要素投入）。

测算和未测算数据要素投入，各产区要素和生产率投入的贡献程度与全国变化趋势一致，产区之间的变化幅度存在差异。测算数据要素的模型相比未测算数据要素的模型，一方面，增加各产区数据要素投入和全要素生产率的贡献程度；另一方面，减少各产区资本要素、劳动要素、土地要素和化肥中间品投入的贡献程度。长江中下游产区是数据要素贡献度最大的产区，数据要素贡献度约为0.32%。东北产区是数据要素投入后对全要素生产率贡献程度增加最大的产区，约为3.42%。每万元产值的产生，数据要素促进全要素生产率，多贡献342元的产值。

## 本章小结

本章是使用农业生产数据实证分析农业数字化的结构效应影响，结果显示，数据要素挤占其他生产要素对农业产值的弹性和贡献度，同时数据要素可以有效赋能全要素生产率，促进农业经济的增长。本章首先使用多维数据拟合的投影寻踪模型，展示了全国农业数字化的发展程度，以及分产业产区农业数字化的发展程度。其次，构建基准模型和测算数据要素投入两类生产函数模型，分别求解模型的弹性系数、技术效率以及全要素生产率、要素投入和生产率贡献程度。最后，分产区展开讨论，延续未测算数据要素投入和测算数据要素投入两类生产函数模型的思路，分别分析各产区的技术效率和全要素生产率以及全要素生产率贡献程度。本章研究主要得出了以下三点研究结论。

一是全国农业数字化程度平均为16.6%。全国农业生产数字化程度主要分为三个梯队：第一梯队是长江中下游产区和华南产区，第二梯队是东北产区、黄淮海产区、西南产区和西北产区，第三梯队是青藏产区。长江中下游产区和黄淮海产区的畜牧业数字化发展程度最高，青藏产区和西南产区数字化程度普遍较低，东北和西北产区的种植业、设施农业和畜牧业数字化程度高于该地区渔业数字化程度。

在2018年全国农业数字化程度平均为16.6%，这意味着我国农业生产正在逐步向数字化方向发展，但整体水平仍有提升空间。全国农业生产数字化程度主要分为三个梯队，这反映了不同地区的农业数字化发展水平存在差异。

第一梯队包括长江中下游产区和华南产区，这些地区的农业数字化程度较高，可能与当地经济发展水平、农业现代化程度和政策支持有关。长江中下游产区和黄淮海产区的畜牧业数字化发展程度最高，这可能与这些地区畜牧业规模较大、产值较高有关。

第二梯队包括东北产区、黄淮海产区、西南产区和西北产区，这些地区的农业数字化程度较高，但与第一梯队相比仍有一定差距。这些地区在种植业、设施农业和畜牧业方面的数字化程度较高，但渔业数字化程度相对较低，这可能与这些地区渔业资源禀赋和渔业生产方式有关。

第三梯队包括青藏产区，这些地区的农业数字化程度相对较低，可能与当地经济发展水平、地理环境条件和农业传统生产方式有关。青藏产区的农业数字化程度普遍较低，可能需要更多的政策支持和技术投入，以促进这些地区的农业数字化发展。

二是农业数据要素对农业产值的弹性为0.02，这意味着农业数据要素的存在对产值增长有促进效应，同时对各投入要素有削弱效应。数据要素对应更高阶的市场理想产出水平，这意味着数据要素的使用可以提高农产品的市场竞争力，从而增加农业产值。

数据要素测算增加全要素生产率对于产值的影响力。全要素生产率是指在农业生产中，除去劳动、资本等投入要素之外，通过技术进步、管理创新等因素实现的产出增长。数据要素的使用可以提高农业生产效率，促进技术创新和管理优化，从而提高全要素生产率。

我国农业产出大部分依赖于生产率、劳动投入和中间品投入的贡献。这意味着农业产出的增长主要依赖于生产效率的提高、劳动力的投入以及中间品的投入。数据要素对于产值的贡献度为 0.24%，这表明数据要素在农业产值增长中起到了一定的作用。

测算数据要素投入后，全要素生产率和数据要素的贡献程度增加，而其他投入要素的贡献程度减少。这表明数据要素的使用可以优化资源配置，提高生产效率，从而对农业产值增长产生积极影响。同时，数据要素的使用也可以减少对传统投入要素的依赖，实现农业生产的可持续发展。

三是在 2018 年的相同技术水平下，各产区全要素生产率和技术效率的空间分布具有一致性。这意味着在相同的技术水平下，不同地区的农业生产技术效率和全要素生产率存在一定的规律性。

农业生产技术效率最高和第二高的地区分别为华南产区和长江中下游产区。这些地区在农业生产中可能采用了更先进的技术和管理方法，从而提高了技术效率。农业生产全要素生产率水平值最高和第二高的地区也分别为华南产区和长江中下游产区。这表明这些地区的农业生产者在提高技术水平和生产经验方面取得了显著成效。

各产区的要素和生产率贡献程度与全国水平保持较为一致的趋势，同时产区之间也存在差异。这可能与各地区的资源禀赋、经济发展水平、政策支持等因素有关。例如，长江中下游产区可能因为其地理位置、气候条件、农业生产历史等因素，具有较高的要素和生产率贡献程度。

测算和未测算数据要素投入，各产区要素和生产率投入的贡献程度和全国变化趋势一致，产区之间的变化幅度存在差异。这意味着数据要素的投入对各产区的要素和生产率贡献程度产生了影响，但这种影响在不同产区之间存在差异。

以长江中下游产区为代表，数据要素形成各产区农业产业的新增长点。数据要素的投入可以提高农业生产效率，促进技术创新和管理优化，从而推动农业产业的发展。政府和社会各界需要根据不同地区的实际情况，制定相应的政策和措施，以促进数据要素的发展和应用，推动农业产业的现代化和智能化。

# 第六章　农业数字化发展的规模效应

第五章讲述农业数字发展中结构效应的形成和实证论证，本章将进一步探讨农业数字化发展中的规模效应。规模效应来源于两个方面：一是流通成本的减少，二是农业生产者收益的增加和农产品消费者需求差异。本章将具体讨论农业生产者和农产品消费者行为模式的均衡分析，农业产业规模效应的实现以及农业产业链下游数字化对于个人收入的影响分析。

农业数字化发展的规模效应，是指数据要素参与到农业生产经营中，通过数据共享提高边际效用的满足程度，进而拓展市场规模，最终影响农业经济的路径过程（如图6-1所示）。下文将结合农业数字化发展的规模效应机制对我国农业数字化发展展开评价和实证分析。

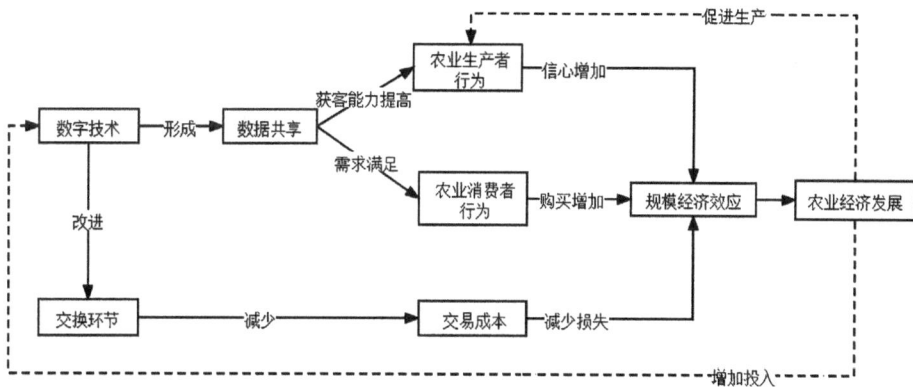

图6-1　农产品交换数字化规模效应机制图

农产品交换数字化规模效应机制可以反映为，在数字技术引入时，其改进了交换环节的流程，减少了交易成本；同时，数字技术也在促进数据共享行为的发生，使得农业生产者获得新客户、把握老客户的能力提高，也满足了农业消费者的需求，对于农业生产者而言使其信心增加，农业消费者而言购买增加。以农业生产者行为的信心增加、农业消费者行为的购买增加以及农业交换环节的成本减少三种方式影响着农业数字化的规模经济效应。最终影响农业经济发展。农业经济更高质量的发展反过来影响数字技术的资本投入，从而改进数字技术，提高生产者生产积极性。

首先，数字技术在农产品交换环节的应用，通过电子商务平台、移动支付等数字化工具，简化了交易流程，提高了交易效率，降低了交易成本。这使得农业生产者能够更快速地将农产品推向市场，同时消费者也能够更方便地获取农产品信息，根据自己的需求和喜好进行购买。其次，数字技术的发展也促进了数据共享行为的发生。通过大数据分析等技术，农业生产者可以了解消费者的需求和喜好，从而调整种植结构和生产计划，生产出更符合市场需求的产品。同时，消费者也能够根据自己的口味、营养需求等，选择不同品种、不同产地的农产品。最后，数字技术的发展还提高了农业生产者的信心。农业生产者通过数字技术可以更好地了解市场需求，调整生产计划，生产出更符合消费者需求的产品。这有助于提高农产品的市场竞争力，增加农业生产者的收益。

这些因素共同作用，形成了农业数字化的规模经济效应。农业生产者行为的信心增加、农业消费者行为的购买增加以及农业交换环节的成本减少，都促进了农业经济的增长。农业经济更高质量的发展反过来又影响数字技术的资本投入，从而改进数字技术，提高生产者的生产积极性。

## 第一节　数字化交换中农业生产者和农产品消费者的行为分析

### 一、农业产业链下游数字化各利益方博弈模型设定

#### （一）模型概述

数字化发展过程中，各群体在理性经济人假设的前提下，最终趋向于实现更大收益，同时满足自己差异化需求。农产品电子商务平台是目前主要的数字化交换的平台，从生产者利润最大化和消费者效用最大化为出发点，分析行为决策依据。农业产品数字化的平台涉及几大利益方。首先是农业生产

者，他们是农产品价值的拥有者，通过电商平台销售农产品，向电商平台和物流商支付服务费，同时向消费者发货。农业生产者通过电商平台可以更好地了解市场需求，调整生产计划，生产出更符合消费者需求的产品，从而实现利润最大化。其次是农产品消费者，他们需要向电商平台提供平台服务费，同时接受物流商寄来的农产品，获得使用价值。消费者通过电商平台可以更方便地购买到多样化的农产品，满足自己的差异化需求，从而实现效用最大化。电商平台作为农产品数字化的平台，需要运营维护好平台，有效进行数据共享的维护，以吸引更多的农业生产者和消费者，实现平台的可持续发展。电商平台通过提供交易平台、数据分析等服务，为农业生产者和消费者提供便利，从而实现平台自身的收益。最后是物流，他们需要向农业生产者和农产品消费者提供服务，包括农产品从产地到消费者手中的运输、配送等。物流通过提供高效、便捷的服务，可以提高农产品的流通效率，降低流通成本，从而实现物流自身的收益。

假设电商平台为中介型服务平台，本身不参与交易活动，通过向买卖双方提供服务收取合理佣金等服务费用以维系运营，假设对双边用户实行两部收费制，即收取注册费和交易费。设平台向消费者和商家收取的注册费分别为 $f_b$ 和 $f_s$；每交易一次收取的交易费用为 $tr_b$ 和 $tr_s$。令单个消费者和商家的加入给平台带来的固定成本分别为 $c_{pb}$ 和 $c_{ps}$，表示电商平台上入驻商家的数量，$q$ 表示在电商平台消费者的交易次数，$p$ 表示商品价格，$w$ 表示进货价格，$l$ 表示单位商品的物流收费。那么农产品价格 $p>w+l+tr_s$，农产品生产成本为 $w$，$w \in (0, p)$。$a$ 表示买家的网购基本需求，$a>t$；$t$ 表示物流时效，$t>0$；表示平均商品效用，$A_b=\xi-q$ $A_b>p+tr_b>0$；$\xi$ 表示商品的基本效用，$\xi>q$；电商利润为 $\pi_s$，卖家效用为 $u_b$，电商平台利润为 $\pi_p$，$\pi_p>0$，物流企业利润为 $\pi_l$，$\pi_l>0$ 商品的基本效用为 $\xi$，物流商的基本物流成本为 $\eta$；平均物流成本为 $A_l$，$\eta$ 表示物流商的基本物流成本，$\eta>t$。

（二）决策目标函数的构建

农业生产者使用数字化交易平台更容易实现利润扩大。农业生产者，特别是中小农户在生产能力有限的情况下，大多数农产品都需要交由中间商或合作社进行销售，很难跨越区域的利润水平，始终处于财富创造的底层。农业生产者的利润由销售收入减去销售成本、物流费用和平台服务费用。对于电商平台，当入驻平台的商家数量增多时，消费者信息搜索成本降低，且选择更具多样性，整体效用得以提高。

首先，数字化交易平台为农业生产者提供了一个更广阔的市场，使他们能够将产品销售到更远的地方，从而获得更高的利润。平台上的消费者信息搜索成本降低，使得消费者能够更容易地找到自己需要的农产品，提高了消费者的购买意愿和频率。其次，数字化交易平台为农业生产者提供了更多的销售渠道和选择。他们可以通过平台向更多的消费者展示和销售自己的产品，提高了产品的销售机会和销售额。同时，平台上的消费者选择更具多样性，满足了消费者的个性化需求，提高了消费者的满意度和忠诚度。

对于电商平台，当入驻平台的商家数量增多时，消费者信息搜索成本降低，且选择更具多样性，整体效用得以提高。电商平台通过提供更多的商家和产品选择，吸引了更多的消费者，提高了平台的用户黏性和市场份额。同时，电商平台可以通过数据分析等技术，更好地了解消费者的需求和喜好，为农业生产者提供更有针对性的销售建议和推广策略，帮助他们实现利润最大化。

消费者的效用最大化函数为：

$$\max u_b = (A_b - p - tr_b + m)(a - t) - f_b \tag{6-1}$$

对于商家的利润最大化函数为：

$$\max \pi_s = (p - \omega - l - tr_s)(a - t) - f_s \tag{6-2}$$

农产品消费者在数字化交易平台中更容易满足需求差异，减少物流时间的损耗，更容易获得时令优质农产品。农产品消费者的效用为商品的总效用减去商品价款和平台服务费。

平台的利润最大化函数为：

$$\max \pi_p = f_s + f_b + (tr_s + tr_b)(a - t) - c_{ps} - c_{pb} \tag{6-3}$$

物流企业利润最大化函数为：

$$\max \pi_l = (l - A_l)(a - t) \tag{6-4}$$

## 二、农产品消费者行为和生产者行为

### （一）最优决策求解

电商平台市场各方的决策博弈遵循以下时序：（1）平台确定双边用户的交易收费；（2）物流商确定对电商的单位商品物流收费；（3）电商决定商品的售卖价格；（4）买家决定平台的交易量。按逆向归纳法的操作原理，电商平台市场各方的子博弈精炼纳什均衡的求解顺序与决策顺序相反。

一是农产品消费者的最优决策。农产品消费者的最优决策，根据决策均衡及得益的求解，将 $Ab=\xi-q$ 代入公式（6-2），求 $q$ 的偏导数，得：

$$\frac{\partial u_b}{\partial q}=\xi-p-tr_b-2q。\quad \frac{\partial u_b}{\partial q}=0，得：$$

$$\max\pi_s=(p-\omega-l-tr_s)(a-t)-f_s \qquad (6-5)$$

因为 $\frac{\partial^2 u_b}{\partial p^2}=-2$，所以公式（6-5）是买家效用最大的购买量。

二是农业生产者的最优决策。农业生产者的最优决策理应为，把公式（6-5）代入公式（6-1）得 $\pi_s=\dfrac{(p-w-l-tr_s)(\xi-p-tr_b)}{2}-f_s$。对 $\pi_s$ 求 $p$ 的导数，得 $\dfrac{\partial \pi_s}{\partial p}=\dfrac{\xi+\omega+l+tr_s-tr_b}{2-p}$。令 $\dfrac{\partial u_s}{\partial p}=0$，得：

$$p=\frac{\xi+\omega+l+tr_s+tr_b}{2} \qquad (6-6)$$

因为 $\frac{\partial^2 \pi_s}{\partial p^2}=-1$，所以公式（6-6）是使电商利润最优的售价，将公式（6-6）代入公式（6-5），得：

$$q=\frac{\xi-\omega-l-tr_s-tr_b}{4} \qquad (6-7)$$

三是物流的最优决策。物流企业以利润最大化为决策目标，其利润大小由其对电商用户收取的物流费收入（包括运输费、仓配费、流通加工费等）减去物流服务成本，将公式（6-7）、$t=a-q$ 和 $At=\eta-t$ 代入公式（6-4）得 $\pi_t=\dfrac{(4a-w+5l+tr_s+tr_b-\xi-4\eta)(\xi-w-l-tr_s-tr_b)}{16}$。对 $\pi_t$ 求关于 $l$ 的导数，

得 $\dfrac{\partial \pi_l}{\partial l} = \dfrac{3\xi + 2\eta - 3\omega - 5l - 3tr_s - 3tr_b - 2a}{8}$。令 $\dfrac{\partial \pi_l}{\partial l} = 0$ 得：

$$l = \frac{3\xi + 2\eta - 3\omega - 3tr_s - 3tr_b - 2a}{5} \tag{6-8}$$

因为 $\dfrac{\partial \pi l^2}{\partial l^2} = -\dfrac{5}{8}$，所以公式（6-8）是使物流利润最优的定价。将公式（6-8）代入价格（6-6）中，可得：

$$p = \frac{4\xi + \eta + \omega + tr_s - 4tr_b - a}{5} \tag{6-9}$$

$$q = \frac{a + \xi - \eta - \omega - tr_s - tr_b}{10} \tag{6-10}$$

**（二）平台的决策结果**

从决策均衡与收益来看，可得各方的决策均衡（如表 6-1 所示）。可知平台对双边用户的最优交易收费定价与农产品消费者的基本需求、商品的基本效用呈正相关，而与农业生产者、物流的基本物流成本及另一侧用户的交易收费水平呈负相关；电商的最优商品定价、商品的基本效用、农业生产者的生产价格、物流的平均物流成本及平台对农业生产者的交易收费呈正相关，而农产品消费者的基本需求和平台对农产品消费者的交易收费呈负相关；物流对双边用户交易商品的最优单位物流收费定价与商品的基本效用、物流商的平均物流成本呈正相关，而与农业生产者生产价格和农产品消费者的基本需求呈负相关；农产品消费者的最优购买量与农产品消费者的基本需求、商品的基本效用呈正相关，而与农业生产者生产价格、物流的基本物流成本呈负相关。

表 6-1 农产品交易数字化多主体均衡

| 决策方 | 决策均衡 |
|---|---|
| 平台 | $tr_s^* = \dfrac{\xi - \eta - \omega + 2m}{2} - tr_b^*$，$tr_b^* = \dfrac{\xi - \eta - \omega + 2m}{2} - tr_s^*$ |
| 农产品生产者 | $p^* = \dfrac{3\xi + 5\eta + 5\omega - 2m}{8} + tr_s^*$，$p^* = \dfrac{7\xi + \eta + \omega + 6m}{8} - tr_b^*$ |
| 物流 | $l = \dfrac{\xi + 3\eta - \omega - 2m}{4}$ |
| 农产品消费者 | $q^* = \dfrac{\xi - \eta - \omega + 2m}{16}$ |

　　将上述决策均衡代入各方的目标函数，可得各方的最优得益（如表6-2所示）。由表6-2可知，平台、农业生产者、物流和农产品消费者的最优得益水平均与农产品消费者的基本需求、商品的基本效用呈正相关，与农业生产者生产价格、物流的基本物流呈负相关，即电商平台市场各方的均衡得益随农产品消费者的基本需求和商品的基本效用的增加而增加，随农业生产者生产价格和物流商的基本物流成本的增加而减少。因此，提高网购商品的质量和农产品消费者的网购偏好，降低农业生产者生产成本和物流商的基本物流成本应是增加电商平台市场各参与主体得益水平的着力方向。

表6-2　农产品交易数字化多主体均衡

| 决策方 | 决策均衡 |
|---|---|
| 大平台 / 小平台 | $\pi_p^* = \dfrac{(\xi - \eta - \omega + 2m)^2}{32} + f_s + f_b - c_{ps} - c_{pb}$ |
| 农产品生产者 | $\pi_s^* = \dfrac{(\xi - \eta - \omega + 2m)^2}{128} - f_s$ |
| 物流 | $\pi_l^* = \dfrac{(\xi - \eta - \omega + 2m)^2}{64}$ |
| 农产品消费者 | $u_b^* = \dfrac{(\xi - \eta - \omega + 2m)^2}{256} - f_b$ |

　　在农业交换环节，数字化发展将科技和数据融入农产品交换中，数字技术高效链接生产者和消费者信息，减少中间交易环节成本，将更多的生产收益留在农业生产环节，客户为需求差异进行选择和消费，从终端影响农业生产，最终扩大农业产业经济的规模。本节讨论了农产品市场数字技术的参与，数据要素与交易成本的下降，数字化发展、农业生产者收益和消费者需求差异，以及市场主体行为对农业产业经济增长的影响。

　　首先，数字技术在农业交换环节的应用，通过电子商务平台、移动支付等数字化工具，简化了交易流程，提高了交易效率，降低了交易成本。这使得农业生产者能够更快速地将农产品推向市场，同时消费者也能够更方便地获取农产品信息，根据自己的需求和喜好进行购买。

　　其次，数字技术的发展也促进了数据共享行为的发生。通过大数据分析等技术，农业生产者可以了解消费者的需求和喜好，从而调整种植结构和生产计划，生产出更符合市场需求的产品。同时，消费者也能够根据自己的口味、营养需求等，选择不同品种、不同产地的农产品。

最后，数字技术的发展还提高了农业生产者的信心。农业生产者通过数字技术可以更好地了解市场需求，调整生产计划，生产出更符合消费者需求的产品。这有助于提高农产品的市场竞争力，增加农业生产者的收益。

这些因素共同作用，形成了农业数字化的规模经济效应。农业生产者行为的信心增加、农业消费者行为的购买增加以及农业交换环节的成本减少，都促进了农业经济的增长。农业经济更高质量的发展反过来影响数字技术的资本投入，从而改进数字技术，提高生产者生产积极性。

## 第二节　农产品交换数字化发展对农业经济发展的影响分析

农产品交换的数字化发展对于农业经济发展产生规模效应有两条影响路径，一条是升级交易环节，降低流通成本，影响农业经济发展；另一条是通过提高农业生产者的收益和满足农产品消费者的差异化需求，影响农业经济发展。上一节讨论数字平台使用可以有效降低农产品交换流程的成本，形成规模效应，使用频率越高，收益就越高。农业产业链下游的数字化主要是农产品电商平台的数字化，也包含农产品质量安全追溯平台。本节将进一步论证农产品交易环节数字化提高农业生产者的收益，形成规模效应，影响农业经济发展的影响路径。因此本节将使用我国经验数据，采用计量经济学结构模型分析农产品交换环节数字化对于农业生产者和农业经济发展的影响。

### 一、模型设定

（一）数据来源

数据来源是农业农村部信息中心的全国县域数字农业农村发展水平数据库（2018 年）和我国农业科学院的全国农业农村经济基础资料数据库。前者数据由县（市、区）农业农村部门填报、省级农业农村部门信息中心审核把关，涵盖 2094 个县，44.31 万个行政村（约占全国总数的 80%）。评价指标除了农业生产数字化程度指标，同时包括县域水平的农业总产值、农产品网络零售额、农产品交易额和实现农产品质量安全追溯的农产品交易额等。后者数据库中使用了其中的县级农业机械总动力、农业从业人员和农用化肥用量等数据。

（二）统计描述

本书从农业平台数字化发展情况到农业经济发展的理论分析思路，使用几个关键变量构建结构模型：一是农产品交换环节数字化，用来反映农产品交换环节的数字化程度，是模型的核心解释变量；二是农业生产者情况，用来反映农业生产者行为；三是消费者购买力，用来反映消费者行为；四是农产品交易额，用来反映农业经济发展。

研究使用变量主要包括农业产值、要素投入和中间品投入。一是交易额 Y，表示该县域的农业产业经济情况，采用指标为县域农产品交易额（万元）。二是交换环节数字化 DE，表示该县域使用数字技术进行农产品交换的情况，采用指标为农产品销售数字化程度（%），该指标是县域农产品网络零售额（万元）和农产品交易额（万元）的比值。三是生产者 L，表示该县域参与农业生产经营的人数，采用指标是县域农业从业人员（人）。四是消费者购买力 PCDI，表示该县域消费者整体的消费能力，采用指标是人均可支配收入（元）。

## 二、农产品交换数字化影响的结构模型分析

在均衡模型的分析过程中发现，农产品交换市场的数字化发展会通过消费者和生产者的行为产生影响。因此下文使用农产品交换数字化指标、生产者信心指标、消费者购买能力指标与农产品交易额构建模型。模型主要分析各指标对农产品交易额的影响情况。构建基准模型方程如下：

$$Y=f\ (DE,\ L,\ PCDI) \tag{6-11}$$

在基准模型的基础上进一步思考几个变量对于解释变量的影响，形成结构模型。分别拟合农产品交换数字化指标、生产者信心指标和消费者购买能力指标与农产品交易额之间的关系。农产品交换数字化规模效应机制可以反映为，在数字技术引入时，其改进了交换环节的流程，减少了交易成本；同时，数字技术也在促进数据共享行为的发生，使得农业生产者获得新客户、

把握老客户的能力提高，也满足了农业消费者的需求，对于农业生产者而言使其信心增加，农业消费者而言购买力增加，以三种方式影响着农业数字化的规模经济效应，最终影响农业经济发展。农业经济更高质量的发展反过来影响数字技术的资本投入，从而改进数字技术，提高生产者生产积极性。

模型结果显示，农产品市场数字化发展对于农产品交易额的影响在 10% 水平上显著，系数为 0.36，农产品市场数字化程度每上升 1 个单位，农产品交易额增加 0.36 个单位。农业生产者对于农产品交易额的影响在 10% 水平上显著，系数为 0.23，农业从业人口每上升 1 个单位，农产品交易额增加 0.23 个单位。消费者购买能力对于农产品交易额的影响在 1% 水平上显著，系数为 0.03，农业从业人口每上升 1 个单位，农产品交易额增加 0.03 个单位。模型中设定的几个对农产品交易额有影响的指标都呈现正向的显著性。

## 第三节　农业生产者和消费者中介效应影响分析

### 一、生产者和消费者行为对农业经济规模的影响

从结构模型进一步分析影响因素之间的关系，构建中介效应模型，将农业生产者和农产品消费者购买力作为模型的中间变量。中介效应可以将结构模型延伸为更复杂的关系（如图 6-2 所示）。

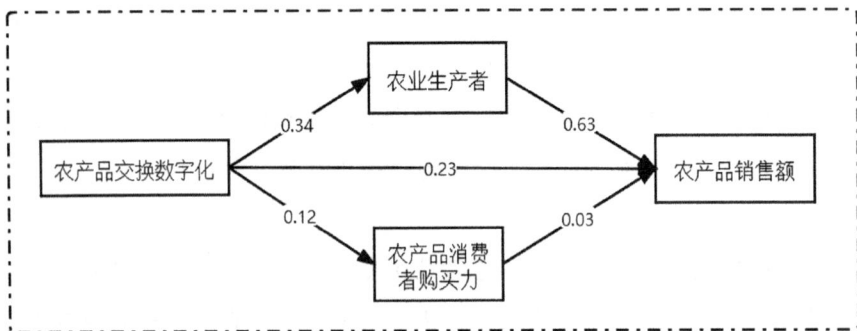

图 6-2　农产品交换数字化影响系数图

影响机制一是从农产品交换的数字化到农产品销售额之间。影响系数为 0.23，说明农产品交换的数字化每上升 1 个单位，农产品交易额增加 0.23

个单位。农产品交换从原有的直线型链状交换，转变为数字化后的发散式多元交换组合，多主体共享数据提高交换效率同时降低交换成本，形成规模效应。

影响机制二是从农产品交换的数字化到农业生产者，再到农产品销售额之间。农产品交换数字化和农业生产者之间的系数为 0.34，说明农产品交换数字化每上升 1 个单位，农业从业人员的信心增加 0.34 个单位。农业生产者和农产品销售额之间的系数为 0.63，说明农业生产者每上升 1 个单位，农产品交易额增加 0.63 个单位。数字技术带来电子商务的蓬勃发展提供了农产品销售的平台，在线直播、在线订购、网上预订等方式提高了农户手中的农产品销售成功的概率。对于农户而言，对电子商务平台进行精细管理还能够稳定新增加的客源，把握物流运输的节奏，建立有保障的信任桥梁。

影响机制三是从农产品交换的数字化到农产品消费者购买力，再到农产品销售额之间。农产品交换数字化和农产品消费者购买力之间的系数为 0.12，说明农产品交换数字化每上升 1 个单位，农产品消费者购买力增加 0.12 个单位。农产品消费者购买力和农产品销售额之间的系数为 0.03，说明农产品消费者购买力每上升 1 个单位，农产品交易额增加 0.03 个单位。农产品市场数字化发展前景广阔，能够吸引到更多优质的生产者、消费者、第三方服务机构等参与其中，构成可持续的循环生态环境。

## 二、中介效应模型检验

在使用结构模型对农产品交换平台数字化、农业生产者、农产品消费者购买力和农产品交易总额之间的相互关系进行拟合后，本节进一步对模型结果进行检验。中介效应的检验，主要通过多次模拟产生，因此检验结果落在 95% 置信区间内，是结果真实有效的依据。模型测试了标准置信区间、有偏置信区间以及有偏和累积置信区间，其中以有偏置信区间的结果最为可靠。整体来看劳动者信心、消费者购买力和总的中介效应检验结果都具有较好的检验结果，中介效应成立。

结果显示，劳动者信心具有较强的中介效应，而消费者购买力的中介效应较弱。劳动者信心的中介效应数值为 0.10，而消费者购买力的中介效应数

值为 –0.04。因此，在两类中介变量都存在的情况下，劳动者信心对于农产品交易额具有更强的影响力。数字化发展与农业生产者收益之间的关系从经济学角度来解释，"微笑曲线"两端表示产品的附加，而农户收入处于"微笑曲线"的低端，需要在产业链的下游中增加收益。数字经济带来的电子商务发展能够帮助农户缩短曲线的后半段，将更多利润空间让渡给了农户。数字技术带来了电子商务的蓬勃发展提供了农产品销售的平台，在线直播、在线订购、网上预订等方式提高了农户手中的农产品销售成功的概率。对于农户而言，对电子商务平台进行精细管理还能够稳定新增加的客源，把握物流运输的节奏，建立有保障的信任桥梁。同样地，农户对于农业数字技术的应用，可以通过更加科学、更加高效、更加低碳的方式对农产品进行培养，对于整个农事活动可以进行无人化监测，减少劳动力资源浪费，农户可以选择进行更多高附加值的活动，从而增加整个农村家庭的收入，优化了农村资源的配置。农产品市场数字化对于农产品交易额的整体影响中，中介效应整体的占比为 12.2%。农产品市场数字化发展带来的农产品交易额的改变，其中 12.2% 是由劳动者和消费者的中介效应影响带来的，剩下 87.8% 的影响是农产品市场数字化本身带来的。可以发现，农产品市场数字化带来的交换环节的变革和升级，进一步带来的交易费用的减少，才是农产品交易额增长、形成规模效应的主要原因。与此同时，农产品交易数字化发展带来的农业生产者的生产行为和农产品消费者购买行为的改变也同样成为影响农产品交易额的增长的部分原因。

## 本章小结

本章是使用农业销售数据实证分析农业数字化的规模效应影响。农产品交换的数字化发展对于农业经济发展产生规模效应有两条影响路径：一条是升级交易环节，降低流通成本，影响农业经济发展；另一条是通过提高农业生产者的收益和满足农产品消费者的差异化需求，影响农业经济发展。本章首先从农业生产者与农产品消费者的行为来分析，通过农业生产者、农产品消费者、电商和物流商四大利益相关群体构建博弈模型，结果显示，数字平台使用可以有效降低农产品交换流程的成本，形成规模效应，使用频率越高，收益就越高。其次，通过计量经济学结构模型基准模型分析了农产品交换数字化发展对农业经济的影响，得出数字技术也在促进数据共享行为的发生，使得农业生产者获得新客户、把握老客户的能力提高，也满足了农业消费者的需求，以三种方式影响着农业数字化的规模经济效应，最终影响农业经济发展。紧接着，通过将农业生产者和农产品消费者购买力作为模型的中间变量进一步分析了农产品交换的数字化到农产品销售额之间的影响关系，结果显示劳动者信心具有较强的中介效应，而消费者购买力的中介效应较弱。在两类中介变量都存在的情况下，劳动者信心对于农产品交易额具有更强的影响力。本章研究主要得出了以下两点研究结果。

一是在农业交换环节，数字化发展将科技和数据融入农产品交换中，减少中间交易环节成本，将更多的生产收益留在农业生产环节，客户为需求差异进行选择和消费，从终端影响农业生产，最终扩大农业产业经济的规模。通过对农业生产者、农产品消费者、电商和物流商四大利益相关群体构建博弈模型，求解行为模式的最佳均衡解。得出建议，提高网购商品的质量和农产品消费者的网购偏好，降低农业生产者生产成本和物流商的基本物流成本应是增加电商平台市场各参与主体得益水平的着力方向。

在农业交换环节，数字化发展通过电子商务平台、移动支付等数字化工具，简化了交易流程，提高了交易效率，降低了交易成本。这使得农业生产者能够更快速地将农产品推向市场，同时消费者也能够更方便地获取农产品信息，根据自己的需求和喜好进行购买。这种模式下，农业生产者、消费者、电商平台和物流商四大利益相关群体之间的行为模式和最佳均衡解，可以通过构建博弈模型来求解。

博弈模型可以帮助我们分析这四大利益相关群体之间的行为策略和最佳均衡解。例如，电商平台可以通过提供高质量的服务和商品，吸引更多的消费者，提高消费者的网购偏好。同时，电商平台也可以通过降低物流成本，提供更加高效和便捷的物流服务，从而降低农业生产者的生产成本。

最终，通过提高网购商品的质量和农产品消费者的网购偏好，降低农业生产者生产成本和物流商的基本物流成本，可以增加电商平台市场各参与主体的得益水平，实现共赢。这不仅有助于提高农产品的市场竞争力，增加农业生产者的收益，还能够满足消费者的需求，提高消费者的满意度。

二是进一步论证农产品交易环节数字化提高农业生产者的收益，形成规模效应，影响农业经济发展的影响路径，使用几个关键变量构建结构模型。农产品交换环节数字化，用来反映农产品交换环节的数字化程度。农业生产者情况，用来反映农业生产者行为。消费者购买力，用来反映消费者行为。农产品交易额，用来反映农业经济发展。

从结果路径来看，农产品交换数字化规模效应机制可以反映为，在数字技术引入时，其改进了交换环节的流程，减少了交易成本；同时，数字技术也在促进数据共享行为的发生，使得农业生产者获得新客户、把握老客户的能力提高，也满足了农业消费者的需求，对于农业生产者而言使其信心增加，对于农业消费者而言购买力增加，三种不同的方式影响着农业数字化的规模经济效应。

同时，农业经济更高质量的发展反过来影响数字技术的资本投入，从而改进数字技术，提高生产者生产积极性。这意味着，农业经济的增长和发展，会促进数字技术的进一步发展和应用，形成一个良性循环。

为了进一步论证农产品交易环节数字化对农业生产者收益的影响，我们可以使用几个关键变量构建结构模型。这些关键变量包括农产品交换环节的数字化程度、农业生产者的行为、消费者的购买力和农产品交易额。通过这些变量，我们可以分析农产品交易环节数字化如何通过改进交换环节的流程、促进数据共享和提高农业生产者的信心等方式，影响农业经济的发展。例如，农产品交换环节的数字化程度可以通过电子商务平台的使用率、移动支付的普及率等指标来衡量。农业生产者的行为可以通过他们的生产决策、销售策略和市场定位等来反映。消费者的购买力可以通过他们的收入水平、消费习惯和购买偏好等来衡量。农产品交易额可以通过电商平台上的销售数据、物流商的服务数据等来反映。

通过构建结构模型，我们可以分析这些关键变量之间的关系和相互作用，从而得出农产品交易环节数字化对农业生产者收益的影响路径。这有助于我们更好地理解数字化在农业经济发展中的作用，并为政策制定者和农业生产者提供有价值的参考。

从三条影响路径的结果来看，劳动者信心具有较强的中介效应，而消费者购买力的中介效应较弱。劳动者信心的中介效应数值为 0.10，而消费者购买力的中介效应数值为 –0.04。结果显示，农产品市场数字化发展对于农产品交易额的影响在 10% 水平上显著，系数为 0.36，农产品市场数字化程度每上升 1 个单位，农产品交易额增加 0.36 个单位。农业生产者对于农产品交易额的影响在 10% 水平上显著，系数为 0.23，农业从业人口每上升 1 个单位，农产品交易额增加 0.23 个单位。

概而言之，本章研究发现：（1）在交易流通环节中，农业生产者和农产品消费者在数字化交易的过程中可以寻求利润最大化和效应最大化的均衡解。（2）在收益与需求差异满足中，农产品交易数字化对于农产品交易额的影响为 36%。（3）农产品交易数字化对于农产品交易额的影响中 12.2% 是由生产者和消费者的中介影响带来的。说明农产品市场数字化对于农产品交易额影响最大，其中 87.8% 的影响是农产品市场数字化本身带来的。农产品市场数字化带来的交换环节升级，进一步带来的交易费用的减少，才是农产品交易额增长、形成规模效应的主要原因。

# 第七章 农业数字化发展的路径和趋势

前两章从微观和宏观两个视角思考了数字化发展对于经济的影响，以及数据要素在其中的重要作用。本章从未来发展的视角展开思考，讨论如何促进数据要素增长，以及数字化发展如何影响农业转型展开讨论。首先讨论未来农业数字化发展的影响因素，探讨思考制度、政策和技术发展等因素对数据要素发展的影响力。其次以政府投资为例，量化该影响因素对于农业数字化发展的影响。最后对未来农业数字技术的宏观经济影响进行模拟，进一步预测农业数字化发展方向、农业数字经济规模趋势、乡村农业人口转型趋势和农业产业转型趋势。

## 第一节 未来农业数字化发展的影响因素分析

从上文可知，数据要素可以促进微观经济升级和宏观经济增长。本节讨论影响未来农业数字化发展的因素，政府和市场都可以影响数字化发展，具体体现在制度、政策和技术三个方面。制度是数字化发展的基础保障，政策是数字化发展的激励手段，技术是数字化发展的支撑动力。

### 一、数字化发展的制度基础保障

制度是国家约定俗成的部分，良好的制度将成为数字化发展过程中各市场主体共同的保障和基础。制度可以进一步划分为经济制度和社会制度。经济制度是市场主体的生产行为规范，是经济活动和经济关系的基础。数字化发展的经济制度主要体现数据要素交换流通的机制设计，包括数据所有权、数据使用权、数据交换规则等方面。社会制度是个人活动的价值观，成为人与人关系的基石。数字化发展需要提高社会对于知识和产权的尊重，包括尊重数据的所有权、使用权和交换规则。良好的社会制度可以促进数字化发展，减少数据交换中的纠纷和矛盾，提高数据交换的效率和质量。

经济制度提供数据交换的有效保障，使得市场主体能够在数据交换中实现共赢。例如，数据所有权可以明确数据的生产者对数据的控制权，数据使用权可以明确数据的消费者对数据的访问和使用权，数据交换规则可以明确数据交换中的交易方式和条件。社会制度教导社会群体使用数据思维开展工作，使得社会群体能够更好地理解和应用数据。例如，数据思维可以帮助社会群体更好地理解和应用数据，提高决策的科学性和准确性，提高工作的效率和质量。

经济制度可以保障经济活动有效开展，一方面，不同时间阶段具有适应经济发展模式的制度；另一方面，不同经济体具有和文化社会相匹配的经济制度。在数字经济时代，首先是创造出大量使用数字技术的生产环境和氛围，其次是形成数字经济时代较为特有的数字劳动保障机制，最后是为数据要素流通提供制度保障。

在数字经济时代，经济制度需要适应数字技术的发展和应用。这包括制定相关政策法规，提供资金支持，推动技术创新和人才培养等方面。经济制度需要创造一个有利于数字技术发展的环境和氛围，鼓励企业和个人投资和应用数字技术，推动数字经济的发展。

同时，数字经济时代也带来了一些新的问题，如数字劳动的保障、数据要素的流通等。这需要形成数字经济时代较为特有的数字劳动保障机制，确保数字劳动者的权益得到保护，促进数字劳动的公平和高效。

最后，经济制度需要为数据要素流通提供制度保障。数据要素的流通是数字经济发展的基础，需要制定相应的政策法规，明确数据要素的所有权、使用权和交换规则，保障数据要素的流通和利用。"约定俗成"是制度本身隐含的意义，在数字经济发展的新契机下，形成相匹配的经济制度为发展提供了充足的土壤养分。这意味着，在经济制度的设计和实施过程中，需要充分考虑数字经济发展的新特点和新需求，形成与之相匹配的经济制度，为数字经济的健康发展提供制度保障。

因此，全球和我国都在积极布局数据制度的建设。通过制定标准、推进立法、加强建设等，构筑数字经济防线，提高"新基建"安全能力。数据是数字经济的核心，数据碎片化、"信息孤岛"等问题亟待破解。目前，我国在大数据发展和应用方面已具备一定基础，拥有市场优势和发展潜力，但也存在政府数据开放共享不足、产业基础薄弱、缺乏顶层设计和统筹规划、法律法规建设滞后、创新应用领域不广等问题，亟待解决。全球和我国都在积极布局数据制度的建设，以应对数字经济的挑战和机遇。通过制定标准、推进立法、加强建设等，我们可以构筑数字经济防线，提高"新基建"安全能力。数据是数字经济的核心，因此我们需要解决数据碎片化、"信息孤岛"等问题，以便更好地利用和保护数据。

我国在大数据发展和应用方面已具备一定基础，拥有市场优势和发展潜力。但是，我们也面临一些问题，如政府数据开放共享不足、产业基础薄弱、缺乏顶层设计和统筹规划、法律法规建设滞后、创新应用领域不广等。这些问题需要我们积极解决，以便更好地推动我国大数据的发展和应用。为了应对这些挑战，我们需要加强数据制度的建设。这包括制定标准、推进立法、加强建设等，以便更好地利用和保护数据。同时，我们也需要解决数据碎片化、"信息孤岛"等问题。

此外，农业产业是保障国计民生的第一大产业，长期以来农产品价格一直保持在满足国民温饱需求的低水平阶段。面对低水平的农产品价格市场，农业产业的发展也较为滞后，不利于资本要素以及数据要素的投入。农业产业发展数字经济离不开制度的有效构建。

在数字经济时代，农业产业的发展需要资本和数据的双重投入。然而，由于农产品价格长期处于低水平，农业生产者的收益有限，这使得他们在资本和数据要素的投入上面临困难。资本要素的投入需要大量的资金，而数据要素的投入则需要一定的技术能力和知识水平。

在这种情况下，农业产业发展数字经济离不开制度的有效构建。良好的制度可以为农业产业发展提供支持和保障，促进资本和数据要素的投入。具体来说，良好的制度可以提供资金支持，如政府补贴、税收优惠等，鼓励农业生产者投资数字技术。同时，良好的制度也可以提供技术培训和知识普及，帮助农业生产者提高数字技能和知识水平，以便更好地利用数据要素。良好的制度还可以提供法律和政策保障，确保农业生产者在数据要素的使用和保护方面得到合理的权益。例如，制定相关的法律法规，明确数据的所有权、使用权和交换规则，保护农业生产者的数据权益。

政策是政府行为的体现，政府行为始终围绕激励和监管展开。在不同经济阶段，政府角色有所不同，政策也随之相应调整。数据要素和政府在，数字经济发展的不同阶段角色、不同数字经济的发展，存在四个阶段特征（见图7-1）：嵌入化阶段是数字经济技术的涌现阶段；改进化阶段是数字技术在产业中得到合理运用和广泛推广的阶段；转型化阶段是数字技术变革传统产业结构和生产关系，突破原有产业发展方式，实现产业网络化、数字化和智能化的阶段；融合化阶段是数字经济发展到一定阶段后非经济指标代替国民收入成为主要统计量的阶段。政府制度对农业数据要素存在一定程度的效率损失，在数字经济发展的不同阶段，对农业产值发展形成制约。在认识到数字经济效用的情况下，各地政府以政务指标为目标开展农业数字经济发展。然而政府进入农业数字经济领域并带动社会资本，这一过程容易产生主观判断，缺少市场和时间客观规律的检验，缺乏数据要素的流动机制设计，从而产生政府投入的效率损失。

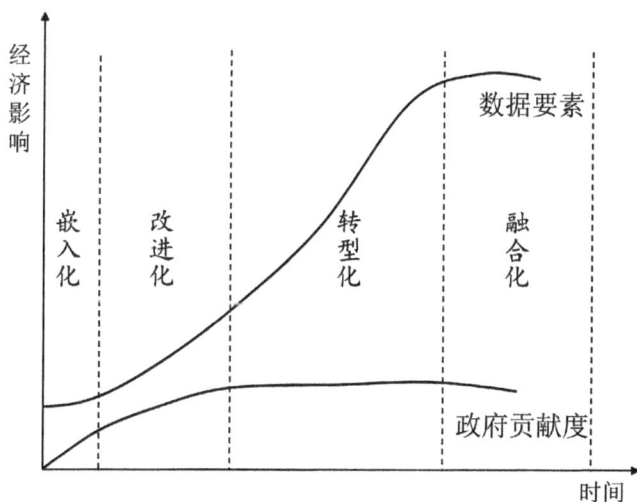

图7-1　政府贡献与数据要素的动态影响图

在嵌入化阶段，数字经济技术大量的涌现阶段。数字技术识别是该阶段的重要发展路径，快速识别有效数字技术对于企业占领发展高地具有重要作用。市场存在优胜劣汰的客观机制，会在发展过程中筛选出适合经济发展的有效技术，并刺激有效技术不断进行改进和发展。由于数字技术的演进，数字经济在被关注到之前，就已经有了一定程度的发展。在工业和服务业领域，市场发展较为成熟，已存在成熟的有效技术和商业模式；然而农业产业一直处于发展滞后状态。制度影响农业数字经济存在两个问题：一是政府获取市场经济信息的滞后性，带来了实际生产需求与政府政务指标的效用错配；二是政府农业数字经济项目的边界模糊性和性能聚焦性，从而造成了项目成果和有效资源的不可共享性。

在转型化阶段，数字技术变革传统产业结构和生产关系，突破原有产业发展方式。数字经济发展转型阶段的产生是建立在大数据充分发展、数据产生了迭代，以及数据呈现指数形式增长基础上的。该增长方式是数字经济技术成为宏观创新技术，并区别于微观创新技术的原因。转型时点的产生同样说明数据要素市场规模化的形成，此时市场具备充分发挥市场"看不见的手"效用的能力。数据要素在这一阶段打破了原有的生产关系，无法继续作为独立的生产要素促进经济增长；相反，与已有的资本和劳动要素形成了一定的替代关系。以政务为目标的政府投入，无法充分识别宏观创新技术和市场需求，从而形成了政府投入农业数字经济的二次损失机制。

## 二、数字化发展的政策激励手段

数据要素发展过程中政府形成了主导型政府、引导型政府和服务型政府的转变。在数据要素市场发展早期，政府直接参与的份额较大，即主导型政府。在数据要素市场发展中期，政府直接参与的份额逐渐下降，即引导型政府。在数据要素市场发展后期，政府直接参与的份额进一步下降，最终形成市场主导、政府服务的格局。随着数字的迭代和发展，政府制度带动农业数据要素的提升具有不可持续性，在某个时点存在效益下降的趋势，因此存在政府退出市场的合理时点，形成服务型政府。

在数据要素市场发展的早期阶段，政府需要直接参与市场，以确保数据要素的发展和应用符合国家的宏观经济目标和战略规划。政府可以通过制定相关政策法规、提供资金支持、推动技术创新和促进人才培养等举措，促进数据要素的发展和应用。在这个阶段，政府更多的是通过政策引导和市场激励，促进数据要素市场的自我发展和完善。政府可以提供一些政策支持和指导，但更多的是让市场自行运作和发展。

到了数据要素市场发展的后期阶段，政府直接参与的份额进一步下降，最终形成市场主导、政府服务的格局。这主要由于在数字技术的迭代与发展过程中，政策带动农业数据要素的提升具有不可持续性（框里的第二段内容）推动农业产业的现代化和智能化。在这一阶段，市场在数据要素的发展和应用中起到主导作用，政府更多的是提供服务和保障，确保数据要素市场的健康发展。

目前，我国农业数字化发展处于早期快速发展阶段，财政政策在农业数字化发展中会产生显著影响。财政主要通过补贴和政府购买两种方式提高数字化发展的广度和深度（如图7-2所示）。补贴的范围涵盖农业产业全产业链的数字化发展，包括农、林、牧、渔的各个方面。政府购买侧重于基础设施的建设，包括达到数字技术使用标准的通信基础，以及数据要素流通交换的平台基础。

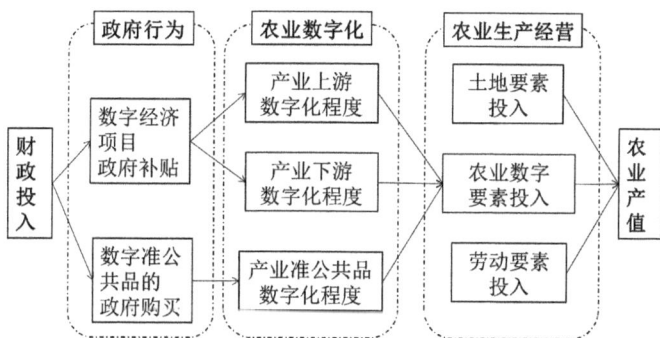

图7-2 农业数字经济发展中财政投入实现农业增长机制图

农业数据要素市场仍然需要财政政策的参与，财政政策同样符合政府贡献度边际效用递减的整体趋势。财政政策可以改善农业数字化市场积极性和规范性的问题。市场积极性需要政府打破行业壁垒，吸引社会资本投入，增加中小生产者参与数字化生产经营的自信心。而规范性要求政府规范数据要素市场，保护数据所有者的权益，增加数据市场的流通活性。整体而言，政府政策在农业数字化的发展过程中是必不可少的。

农业数据要素市场的发展需要政府通过财政政策提供支持。政府可以通过提供资金补贴、税收优惠等措施，鼓励农业生产者投资数字技术，提高农业生产的数字化水平。此外，政府还可以通过制定相关政策法规，明确数据的所有权、使用权和交换规则，保护数据所有者的权益，增加数据市场的流通活性。

在市场积极性方面，政府需要打破行业壁垒，鼓励社会资本投入农业数据要素市场。政府可以通过政策引导和市场激励，吸引更多的社会资本投入农业数据要素市场，促进农业数据要素市场的发展。此外，政府还可以通过提供培训和指导，帮助中小生产者了解和掌握数字技术，提高他们参与数字化生产经营的自信心。

在规范性方面，政府需要规范数据要素市场，确保数据要素市场的健康发展。政府可以通过制定相关的法律法规，明确数据的所有权、使用权和交换规则，保护数据所有者的权益，增加数据市场的流通活性。此外，政府还可以通过加强监管和执法，打击数据侵权和非法使用行为，保护数据所有者的权益。

### 三、数字化发展的技术支撑动力

数字技术是数据要素积累的基础，数字技术的平均水平，决定了数字经济的发展程度。数据要素同样需要数据共享技术的发展，数据共享技术决定了经济中数据要素的可流通性，为数据要素充分发挥作用提供基础。

数字技术的发展水平直接影响着数据要素的积累和利用。随着数字技术的不断进步，数据采集、存储、处理和分析的能力得到提升，这为数据要素的积累提供了技术支持。同时，数据共享技术的发展也至关重要，它决定了数据要素在经济中的可流通性，使得数据能够被更广泛地共享和利用。

然而，数字技术需要充分和农业生产场景融合，才能发挥作用，有效形成数据要素的积累。目前大部分数字技术的购置在实际使用阶段无法有效融合生产经营，造成了较大的浪费。这可能是由于农业生产场景的复杂性、技术应用的难度以及生产者的技术水平不足等原因。

数字技术的使用不是数字化发展的结束，仅仅只是开始。在使用数字技术的过程中，农业生产者需要通过获取数据要素，赋能于生产。这包括利用数字技术采集和分析农业生产数据，以优化生产决策，提高生产效率和产品质量。最后，将数据要素流通起来，最大限度地发挥数据要素的价值，才真正实现了技术的最大化利用。这涉及数据要素的共享、交易和应用，使得数据能够在不同的生产者和消费者之间流通，产生更大的经济价值。

农业数据在交易过程中存在数据出售方、数据平台和数据购买方（如图7-3所示）。数字的出售方包括农业生产者和农产品购买者等。农业生产者出售生产经营过程中的环境数据、作业数据和产品数据，农产品购买者出售的数据主要包括购买偏好、产品评价和行为规律等数据。数据在数据平台进行加工，通过脱敏、多方计算和联邦学习等技术对农业数据进行处理，保障数据出售方的隐私和数据所有权。数据购买方包括农业生产者和生产技术开发者等。农业生产者通过购买生产经济数据和客户数据可以更快速地优化产品流程、提高技术的使用效率、减少不必要的成本投入、快速找到客户群体等，进一步获得了更大的产值。生产技术开发者是数据购买的另一个群体，在装备技术、生物技术等的开发过程中，在每一个农业生产周期试错，最终形成理想技术。这是开发过程中必不可少的。通过数据的共享，开发实验不再局限于试验田，再更广泛的空间内快速迭代，更加快速地形成有效技术。

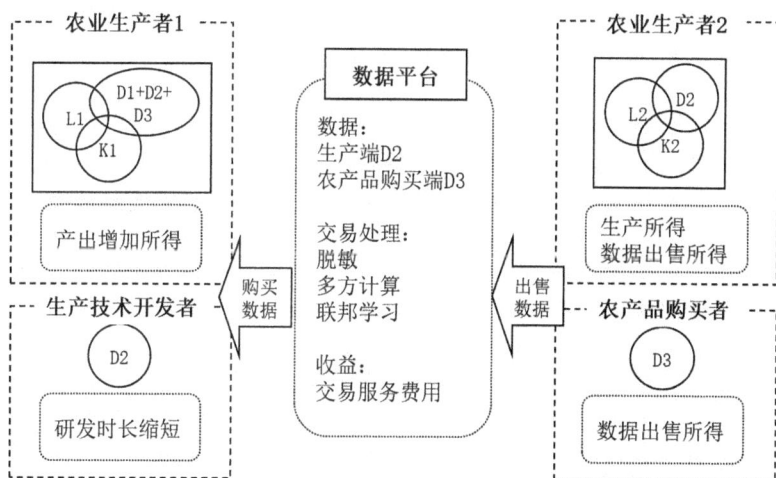

图7-3　数据要素交换机制和技术图

我国数据平台实际可以发挥的作用仍然受限于数据共享技术发展程度。数据平台的构建目前仍然停留于新基建层面，主要原因不仅仅是尚未完善的制度和法律。共享技术在其中是关键环节。

首先，要解决的问题的是保障数据的所有权问题。如果数据单次出售后，就变成公开数据，那么无法在发展中进一步形成有效的价值链条，数据出售方缺乏积极性。为了解决这个问题，需要建立有效的数据所有权保护机制，确保数据出售方在数据交易后仍能享有数据的所有权和使用权，从而激发他们的积极性。

其次，要解决的问题是有效使用问题。数据限制过多，使用者不能获得足够满足使用目的的数据信息量，那么数据购买者也会在数据交易过程中缺乏积极型。为了解决这个问题，需要建立有效的数据共享机制，使得数据购买者能够获得足够的数据信息量，满足他们的使用目的，从而激发他们的积极性。

最后，要解决的问题是社会稳定问题。数据交易中带有大量的隐私问题，大量真实数据的泄密，对于数据所有人带来较大的损失，更有可能造成社会发展中的乱象。为了解决这个问题，数据共享技术需要在保障隐私的情况下实现数据的流通。这需要建立一个有效的数据隐私保护机制，确保数据在流通过程中不会泄露，从而保护数据所有人的权益，维护社会稳定。

数据流通后，其价值需要通过生产经济过程中的数字劳动来实现。数据本身并不具有市场活力，只有通过数字劳动，如数据分析和应用，才能将其转化为实际的经济价值。在数据交易中，围绕数据所进行的数字劳动是至关重要的，它决定了数据交易的质量和效益。

大量农户苦于生产技术的困境，他们可以通过向拥有有效经济模式的领先生产者学习，提高自己的生产技术和管理水平。这有助于他们更好地利用数据，提高生产效率和质量，增加收入。

数据交易的过程为广大农业生产者创造了共建共创共享的生产经营图景。数据交易双方可以通过合作，共享数据和知识，共同创造价值，提高生产效率和质量。这对于双方来说都是增加收入的有效途径。

从宏观角度来说，数据交易有助于减少成本投入和重复劳动，有利于节约社会资本和政府资源。在数字劳动的基础上再次进行数字劳动，本身就加快了生产中的效率和产值。这有助于推动农业生产的现代化和智能化，实现农业经济的可持续发展。

综上所述，数据流通后价值的实现取决于生产经济过程中的数字劳动。数据交易的过程为广大农业生产者创造了共建共创共享的生产经营图景，对于数据交易双方来说是增加收入的有效途径。从宏观角度来说，是对于成本投入和重复劳动的减少，更有利于节约社会资本和政府资源。在数字劳动的基础上再次进行数字劳动，本身就加快了生产中的效率和产值。政府和社会各界需要共同努力，为数字劳动的发展和应用提供支持和帮助，推动农业生产的现代化和智能化，实现农业经济的可持续发展。

## 第二节　未来数字化发展对农业发展的情景设定

本节在前文的基础之上，思考不同驱动影响下数字化发展的情况。先采用 CGE 模型，进行情景设计，讨论了农业数字化发展较快情景和较慢情景下的农业转型。再将农业转型进一步细分为产业数字化部分（农业增长）、数字产业化部分（农业数字化发展对非农产业的经济效应）、农业产业结构和农业劳动力结构展开讨论。

### 一、我国可计算一般均衡模型概述

全球贸易分析项目模型（GTAP）是美国普渡大学开发的一种全球可计算一般均衡模型（CGE）。由于对政策定量分析具有良好效果，能够对政策选择和决策提供具体且较为准确的建议，当今世界主要经济组织如世界贸易组织、国际货币基金组织、世界银行等都采用 GTAP 模型对国际经济进行分析。GTAP 模型通常被用来预测未来经济、开展农业展望，也常用于评价各类技术发展等宏观经济影响，所以采用 GTAP 模型模拟未来农业数字技术的宏观经济影响是合适的。GTAP 模型包括上百个国家和地区，本书选用了其中的我国模块，所以本书将所用模型称为我国可计算一般均衡模型（GTAP-China）。在 GTAP-China 模型中，农业部门包括小麦、大米、油料作物、其他谷物、蔬菜、水果，畜产品和水产品等 22 个农产品，本书主要考察对种植业、畜牧业和渔业三大类农业的影响。

在 GTAP-China 模型中，生产者最小化生产成本，消费者最大化效用，模型均衡时所有产品和投入要素全部出清。在生产端，每种产品的生产采用嵌套的常系数替代弹性（CES）方程，中间投入品是由国内和进口产品通过常系数替代弹性方程复合而成，不同的进口产品按原产地进行分类（阿明顿假设），并通过常系数替代弹性方程复合为单一的进口产品。在要素市场，劳动力是可以自由流动的，而土地在部门间不是完全流动的，所以不同用途的土地价格可以不一致。在消费端，模型只有一个本地账户，所有的税收和禀赋收入都积聚到本地账户，并通过柯布－道格拉斯效用方程，以固定比例将收入分配到私人消费，存款和政府消费。私人部门的效用函数采用 CDE 方程形式，政府的效用方程采用柯布－道格拉斯方程形式。

CGE 模型是研究变量冲击带来经济影响的模型，也可以用于数字技术发展对农业转型的研究。例如，云小鹏（2019）构建了我国能源与环境财税政策的可计算一般均衡模型，揭示了我国能源—经济—环境等相关变量的影响效应。邓光耀（2020）构建了静态和动态多区域水资源的 CGE 模型。王军（2019）使用 CGE 模型分析了是由价格和 CPI 价格指数对于能源经济的冲击。为了模拟未来农业数字化技术的宏观经济影响，本书采用递归动态的思路对未来进行模拟，主要通过 GTAP-China 求解一系列比较静态均衡来模拟未来农业经济发展的动态特性。

## 二、农业数字经济发展情景设计

在 GTAP-China 框架下，根据未来农业数字技术发展的快慢，采用情景分析法模拟未来农业数字技术的宏观经济影响是此类方法的通常做法。首先，根据最近几年农业数字化发展的情况，设定了基准情景，即假设未来延续近几年发展趋势的话，将来农业数字化发展的经济效应究竟怎样。其次，考虑到未来技术发展的不确定性，有可能出现宏观创新技术，加速农业数字技术发展，所以设定"农业数字化发展较快情景"。此外，未来整体经济发展状况不明朗，也考虑到我国小农将长期存在，农业数字化技术的需求可能并不像当前判断的那么乐观，为此设定了"农业数字化发展较慢情景"（如表 7-1 所示）。

表 7-1　数字技术发展对未来农业经济影响的情景设计

| 情景方案 | 情景设定 |
| --- | --- |
| 基准情景 | ·人口总量外生，直接利用联合国经济和社会事务部对我国未来人口预测数据<br>·城镇化率到 2025 年增长到 65%，到 2035 年增长到 73%，到 2050 年增长到 80%；劳动力的变化外生，根据年龄结构和就业率等计算<br>·农业土地供给变化外生<br>·全要素生产率增长率外生，假设延续过去趋势，整体保持在 2% 的水平 |
| 农业数字经济发展较快情景 | 在基准情景基础上，新增以下情景设定：<br>·数据要素积累<br>·2025 年，农业数字化发展由当前重在推广"智能装备"向"智能感知"加快推进，已经积累一定规模的农业数据<br>·2035 年，"智能感知、智能分析、智能控制"基本实现，农业数据规模较大，但数据共享和交易占比较低<br>·2050 年，"智能感知、智能分析、智能控制"全面实现，出现标准化和注重版权的农业数据共享技术，农业数据全面共享和交易，深刻变革农业生产方式<br>·农业 TFP 增长率。数字化对种植业、畜牧业和渔业影响不同；随着数据共享机制健全，数字化主要以数据要素积累，以 TFP 增长率形式表现的占比越来越少。结合第六章设定<br>·劳动力。在第五章微观研究基础上，结合国内外形势整体判断<br>·中间投入。在第五章微观研究基础上，结合国内外形势整体判断<br>·政府投资效率。结合本书附录估计，假定政府投资效率逐步提高<br>·农业数字技术研发投入。在当前水平上，逐年快速提高 |
| 农业数字经济发展较慢情景 | 在基准情景基础上，新增以下情景设定：<br>·数据要素积累<br>·2025 年，农业数字化发展停留在推广"智能装备"阶段<br>·2035 年，"智能感知、智能分析、智能控制"基本实现，农业数据积累刚刚起步<br>·2050 年，"智能感知、智能分析、智能控制"全面实现，农业数据规模较大，但数据共享和交易机制不健全<br>·农业 TFP 增长率。数字化只是对不同生产主体产生有限的影响，农业数据要素主要体现在改变不同产业的 TFP 增长上。结合第六章设定<br>·劳动力。在第五章微观研究基础上，结合国内外形势整体判断<br>·中间投入。在第五章微观研究基础上，结合国内外形势整体判断<br>·政府投资效率。结合本书附录估计，假定政府投资效率逐步提高<br>·农业数字技术研发投入。在当前水平上，提高速度较慢 |

## 第三节　农业数字化发展的模拟分析

**一、产业数字化部分——未来农业数字技术发展对农业增加值的贡献模拟**

根据《数字经济及其核心产业统计分类（2021）》，数字经济产业包括数字产品制造业、数字产品服务业、数字技术应用业、数据要素驱动业、数字化效率提升业等五大类。其中前四类为数字经济核心产业，即"数字产业化部分"，主要包括计算机通信和其他电子设备制造业、电信广播电视和卫星传输服务、互联网和相关服务、软件和信息技术服务业等，是数字经济发展的基础；第五类为"产业数字化部分"，指应用数字技术和数据资源为传统产业带来的产出增加和效率提升，是数字技术与实体经济的融合。

数字产品制造业和数字产品服务业主要指的是生产和提供数字产品的行业，如智能手机、平板电脑、服务器等硬件产品的制造以及相关的软件和系统开发服务。这些行业是数字经济的基础，为其他行业提供了必要的技术和设备支持。

数字技术应用业涵盖了将数字技术应用于各种行业和领域的服务，如智能交通、智能医疗、智能教育等。这些服务行业通过应用数字技术，提高了传统行业的效率和质量。

数据要素驱动业是指以数据为核心的生产和服务行业，如大数据分析、人工智能、云计算等。这些行业通过分析和应用数据，为其他行业提供决策支持和创新动力。

数字化效率提升业是指利用数字技术提高传统产业效率和质量的行业，如智能制造、智慧农业等。这些行业通过数字化手段，实现了生产流程的优化和资源配置的优化。

产业数字化部分是数字技术与实体经济的融合，它通过应用数字技术和数据资源，为传统产业带来了产出增加和效率提升。这包括农业数字化、制造业数字化、服务业数字化等领域。

在农业数字经济领域，2018 年出台的《数字农业农村发展规划（2019—2025 年）》提出农业数字经济占农业增加值的比重由 2018 年 7.3% 提升至 2025 年的 18%。限于当年国家统计局还没有出台数字经济的分类及统计办法，该规划的概念还是有一些模糊。

首先，关于农业数字经济占农业增加值的比重，规划并未明确指出是数字产业化部分、产业数字化部分，还是两者之和。数字产业化部分指的是直接与数字技术相关的产业，如数字产品制造业、数字产品服务业等；而产业数字化部分则是指传统农业通过应用数字技术提高产出和效率的部分。在农业数字经济中，这两部分都发挥着重要作用，因此规划中的比重可能指的是两者之和。

其次，关于农业数字经济与农业增加值的比较，规划并未明确指出是农业数字经济的增加值、产出，还是两者之和占农业增加值的比重。农业数字经济的增加值是指在农业生产过程中通过应用数字技术产生的新增价值，而产出则是指最终生产的农产品数量。在实际计算中，这两者可能存在差异，因此规划中的比重可能指的是两者之和。

为了更准确地评估农业数字经济的发展状况，需要进一步完善相关统计方法和分类标准，为农业数字经济的发展提供更为准确和有效的评估工具。同时，也需要加强对农业数字经济的研究和分析，为政策制定和产业发展提供科学依据。这将有助于推动农业生产的现代化和智能化，实现农业经济的可持续发展。

本书在探讨数据要素理论指导下，模拟未来农业数字化技术发展不同情景方案下农业数据要素对于农业增加值的贡献（即产业数字化的规模）及未来农业数字技术发展不同情景方案下对非农业部门产出的贡献。通过模拟将规避上述规划所探讨农业数字经济规模所用指标的模糊性，同时又具备刻画农业数字经济规模的完整性。

在情景设定基础上，采用我国可计算一般均衡模型（GTAP-China）模拟未来农业数字技术发展对农业增加值的贡献，用农业数据要素对农业增加值的贡献率表征。

比较不同情景方案下农业增加值占一、二、三产业总体 GDP 的比例，在基准情景下，2017 年农业增加值占一、二、三产业总体 GDP 的比例为 7.5%，预计到 2025 年下降为 6.9%，到 2035 年和 2050 年分别下降为 3.8% 和 2%。而在农业数字化发展较慢情景下，由于农业数字技术发展缓慢，农业劳动力需求还比较大，数据要素贡献比较小，换句话说现代农业推进缓慢，为此农业增加值占一、二、三产业总体 GDP 的比例较基准方案较大。在农业数字化发展较慢情景下，预计到 2025 年农业增加值占一、二、三产业总体 GDP 的比例为 7%，到 2035 年和 2050 年分别下降为 4% 和 2%。相反在农业数字化发展较快情景下，由农业数字技术发展迅速，农业劳动力需求较小，部分资本被数字技术替代，数据要素贡献较大，为此农业增加值占一、二、三产业总体 GDP 的比例较基准方案变下。在农业数字化发展较快情景下，预计到 2025 年农业增加值占一、二、三产业总体 GDP 的比例为 6.8%，到 2035 年和 2050 年分别下降为 3.7% 和 1.9%。

## 二、数字产业化部分——未来农业数字经济规模预测

尽管本书探讨数字技术发展的农业经济效应，但农业数字技术发展实际上也会带动非农业部门发展，即数字经济领域所说的"数字产业化"。正如《数字经济及其核心产业统计分类（2021）》所述，数字经济产业的前四类（数字产品制造业、数字产品服务业、数字技术应用业、数据要素驱动业）为数字经济核心产业，主要包括计算机通信和其他电子设备制造业、电信广播电视和卫星传输服务、互联网和相关服务、软件和信息技术服务业等。在农业数字经济领域，近年农业数字化的发展带动了一批农业数字公司的诞生和发展。例如，在计算机通信和其他电子设备制造业领域，各类农用无人机企业、各类智能农用无人车企业、各类畜牧业和渔业传感器企业的诞生都是新鲜事物，实现了农业数字经济产业的从无到有。这些企业的出现，不仅为农业提供了先进的技术装备，还推动了相关产业链的发展，如电子元器件制造、软件开发、数据服务等。

此外，农业数字技术的发展还带动了农业信息化、农业电子商务、农业大数据分析等领域的增长。这些领域的发展，不仅提高了农业生产的效率和质量，还促进了农业与市场的对接，扩大了农产品的销售渠道，提高了农业

的经济效益。

因此，农业数字技术的发展不仅对农业本身产生了积极的影响，还带动了相关非农业部门的发展，实现了数字产业化。这种发展模式有助于形成一个良性的产业生态系统，促进经济的全面发展。

政府和社会各界需要认识到农业数字技术发展的重要性，并采取措施促进农业数字技术的发展。这包括加大对农业数字技术研发的投入、鼓励企业投资农业数字化项目、提供政策支持和资金补贴等。同时，也需要加强对农业数字技术人才的培养，提高农业生产者的技术水平，以更好地利用数字技术提高农业生产效率和质量。

### 三、未来农业数字化发展对农业人口发展的经济效应模拟

农业数字技术的发展就是要促进农业现代化发展，主要标志就是促进农业转型。农村人口占比和农业产业结构是农业转型的两个重要衡量指标。

关于农村人口占比的解释如下，农业数字技术发展节约了农业劳动力，促进农业劳动力转移为非农业劳动力。只有当农业劳动力和非农业劳动力的效率接近时候，即完成了农村转型。当农业就业人员减少时，居住在农村地区的人口也会减少，完成农业人口转为城镇人口，提高城镇化率，完成农业转型。

关于农业产业结构的解释如下，随着人口增加，食物在提供基本的能量基础上，高价值农产品（非粮食农产品）对于人们追求营养必不可少。同时，高价值农产品的发展对于提高农业从业者收入意义重大。因此，一个国家高价值农产品（非粮食农产品）在农业产值中占比的高低，代表一个国家农业转型的进程。

农业数字技术的发展可以促进农业转型，主要表现在以下几个方面：

一是提高农业生产效率：通过数字技术，如农业物联网、大数据分析、人工智能等，农业生产者可以更精准地掌握作物生长状况，及时调整种植和养殖策略，提高农产品的产量和质量。二是优化农业产业结构：数字技术可以帮助农业生产者更好地了解市场需求，调整生产计划，生产出更符合消费者需求的高价值农产品，从而提高农业产值。三是促进农村劳动力转移：农

业数字技术的发展可以减少对传统劳动力的依赖，促进农业劳动力向非农业劳动力转移，提高城镇化率。四是提高农业从业者收入：通过生产高价值农产品，农业从业者的收入可以得到提高，从而改善他们的生活水平。

在农业数字技术发展对改变农业就业人口占比方面，本书先对比了低收入国家、中高收入国家、高收入国家和我国从1991年到2017年农业就业人员占比和农村人口占比上的规律（如图7-4所示）。无论哪种类型的国家，都呈现从事农业工作的人员占一、二、三产业就业人员总数的比重在下降，与此同时居住在农村的人口占总人口的比重也在降低。但越是发达的国家，从事农业工作的人员占一、二、三产业就业人员总数的比重越低，居住在农村的人口占总人口的比重越低。比如，低收入国家的农业就业人员占比在过去近30年从76%下降到68%，农村人口占比从76%下降到68%。但高收入国家的农业就业人员占比在过去近30年从7%下降到3%，农村人口占比从25%下降到18%。对我国而言，过去近30年，农业就业人员占比从55%下降到17%，农村人口占比从73%下降到42%。从过去30年各国农业转型看，大多数国家农村人口占比下降到20%左右时几乎无法继续下降，也有学者称农村人口占比接近20%时即完成了农业转型。所以我国农业转型仍需要时间。

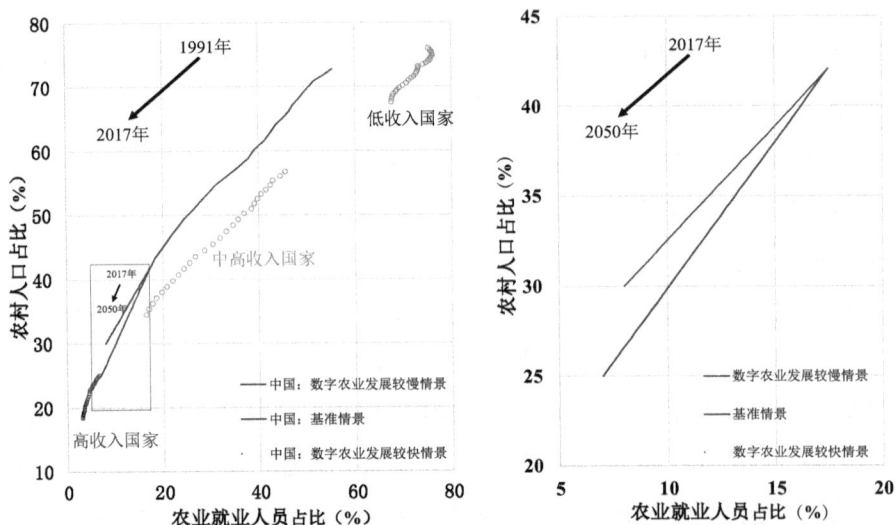

图7-4 未来农业数字技术发展对改变农业就业人口占比中的贡献

未来农业数字化技术发展，大大节约劳动力。根据三大情景的设定，采用 GTAP-China 模拟，结果表明在基准情景方案下，我国农业就业人员比重预计能从 2017 年的 17.5% 下降到 2025 年的 15%，到 2035 年有望下降到 12%，到 2050 年有望下降到 7%。同时，我国农村人口占比预计能从 2017 年的 42% 下降到 2025 年的 37%，到 2035 年有望下降到 33%，到 2050 年有望下降到 25%。在农业数字化发展较慢情景下，到 2025 年，我国农业就业人员占比比基准情景略高，但是农村人口占比高 1%。到 2035 年，我国农业就业人员占比比基准情高，农村人口占比高近 3%。到 2035 年，我国农业就业人员占比比基准情高 1%，农村人口占比高近 5%。在农业数字化发展较快情景下，到 2025 年，我国农业就业人员占比比基准情景略低，但是农村人口占比高 1%。到 2035 年，我国农业就业人员占比比基准情低 1%，农村人口占比低近 3%。到 2035 年，我国农业就业人员占比比基准情低 2%，农村人口占比低 5%。

## 四、未来农业数字化发展对农业产业发展的经济效应模拟

鉴于经济作物、畜牧业、渔业等非粮食作物产业的经济效益好，农业数字技术会优先向这些产业聚集。根据作者的实际调研，也发现非粮食作物产业的农业数字化技术采用种类更多、使用程度也更深。对比历史农业产业结构演变的规律可以得出，改革开放以来，种植业产值占农业总产值的比例从 1978 年的 80% 下降到 2017 年的 53%；而畜牧业产值占农业总产值的比例从 1978 年的 15% 上升到 2017 年的 27%，渔业产值占农业总产值的比例从 1978 年的 2% 上升到 2017 年的 11%（如图 7-5 所示）。

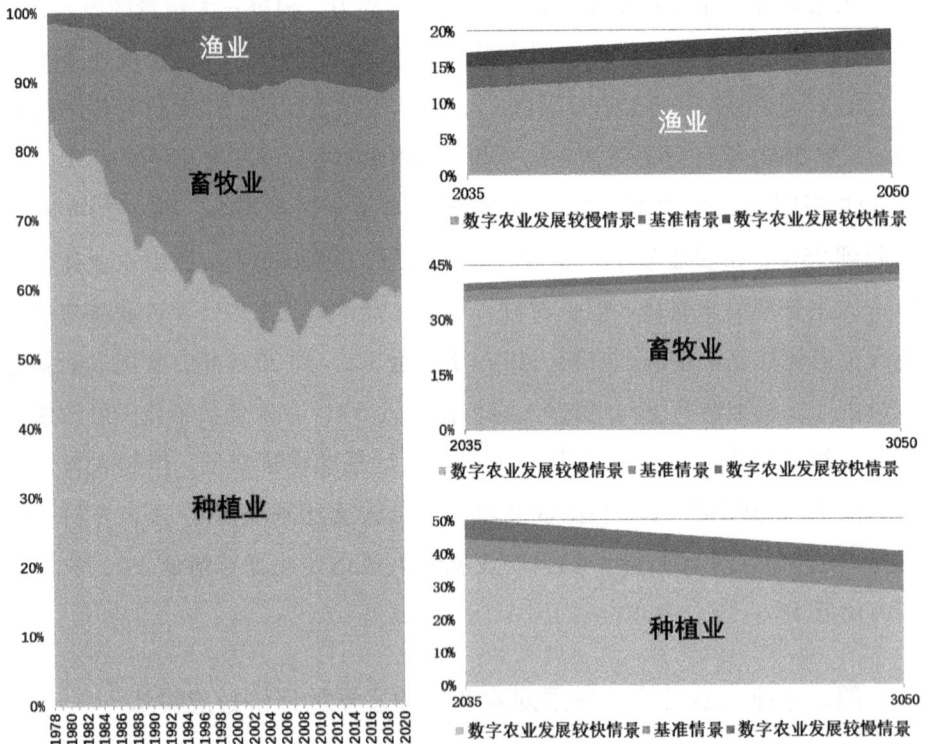

图7-5  未来农业数字技术发展对促进农业产业结构中的贡献

未来农业数字化技术发展，会进一步优化农业产业结构。根据三大情景的设定，采用GTAP-China模拟，结果表明对于种植业，在基准情景方案下，其占比到2035年会下降到42.4%，到2050年会下降到35%；在农业数字化发展较慢情景下，种植业占比较高，到2035年达48.5%，到2050年达40%；在农业数字化发展较快情景下，种植业占比最低，到2035年达38.3%，到2050年达28%。对于畜牧业，在基准情景方案下，其占比到2035年会上升到38%，到2050年会上升到42%；在农业数字化发展较慢情景下，畜牧业占比下降，到2035年为35%，到2050年为40%；在农业数字化发展较快情景下，畜牧业占比上升，到2035年达40%，到2050年达45%。对于渔业，在基准情景方案下，其占比到2035年会上升到15%，到2050年会上升到17%；在农业数字化发展较慢情景下，渔业占比下降，到2035年为12%，到2050年为15%；在农业数字化发展较快情景下，渔业占比上升，到2035年达 17%，到 2050 年达 20%。农业产业结构的优化也进一步满足了消费者随着收入提高其消费倾向的变化（如图 7-5 所示）。

## 本章小结

本章是从未来发展视角出发，探讨促进数据要素发展的路径，预测未来农业数字化发展的不同情景以及未来经济转型的趋势。本章首先讨论未来农业数字化发展的影响因素，思考制度、政策和技术等因素对于未来农业数字化发展的影响。其次，讨论量化驱动因素的影响情况，讨论驱动的高质量发展阶段，以财政政策为例。最后，对未来农业数字技术的宏观经济影响进行模拟，预测农业数字化发展趋势、农业数字经济规模、农业劳动人口和农业产业的转型发展。本章研究主要得出以下三点研究结果。

一是制度、政策和技术三大驱动因素分析。

（1）制度是数字化发展的基础保障，从经济制度和社会制度两个方面产生影响。经济制度为市场主体的生产行为规范，是经济活动和经济关系的基础。数字化发展的经济制度主要体现在数据要素交换流通的机制设计，包括数据所有权、数据使用权、数据交换规则等方面。社会制度则是个人活动的价值观，成为人与人之间关系的基石。数字化发展需要提高社会对于知识和产权的尊重，包括尊重数据的所有权、使用权和交换规则。数据共享制度的形成对于数字经济发展具有重要作用，可以促进数据要素市场的流通和利用。（2）政策是数字化发展的激励手段。在数据要素发展过程中，政府形成了主导型政府、引导型政府和服务型政府的转变。由于市场失灵，农业数字经济发展缓慢，政府有必要参与到农业数字经济发展中来。政府可以通过制定相关政策法规，提供资金支持，推动技术创新和人才培养等方面，促进数据要素的发展和应用。财政投入农业数字经济有两种方式：其一是数字经济项目政府补贴，其二是数字准公共品政府购买，这可以鼓励农业生产者投资数字技术，提高农业生产的数字化水平。（3）技术是数字化发展的支撑动力。主要是数字技术的发展和数据共享技术的成熟。数字技术是数据要素积累的基础，数字技术的平均水平决定了数字经济的发展程度。数据共享技术决定了经济中数据要素的可流通性，为数据要素充分发挥作用提供基础。数字技术需要充分和农业生产场景融合，才能发挥作用，有效形成数据要素的积累。政府和社会各界需要共同努力，为数字技术的发展和应用提供支持和帮助，推动农业生产的现代化和智能化，实现农业经济的可持续发展。

二是数字化发展存在量化的高质量驱动阶段。以财政政策为例，研究结果显示，财政投入存在边际效应递减的特征。在单门限模型中，当数字化程度小于门限值 34.7 时，财政投入的影响系数为 51.1。财政投入存在高质量峰值阶段。在多门限模型中，门限值分别为 34.7 和 25.5。在两个门限值之间时，财政投入的影响显著，且影响系数为 154.2。

三是不同情景方案下农业增加值占一、二、三产业总体 GDP 的比例不同，不同情景方案数据要素对农业增加值的贡献率不同。在基准情景下，按照 2017 年可比价计算，预计农业数字经济规模有所增长，农业数字经济占总体数字经济规模的比重也有所增长。我国农业就业人员比重、我国农村人口占比转型加快。鉴于经济作物、畜牧业、渔业等非粮食作物产业的经济效益好，农业数字技术会优先像这些产业聚集。近期（2025 年左右），数据要素对农业增加值的贡献达 6.8%；数字经济规模为 1.05 万亿元，年均增速 8.9%。中期（2035 年左右），数据要素对农业增加值的贡献达 17.3%；数字经济规模为 2.51 万亿元，年均增速 9.1%。远期（2050 年左右），数据要素对农业增加值的贡献达 25.7%；数字经济规模为 11 万亿元，年均增速 10.4%。在数字农业发展较快情景下，会对经济转型形成倍增效应，数据要素发展较快情景相较于数据要素发展较慢情景能让农业产业提前完成转型。

概而言之，本章研究发现：（1）制度、政策和技术是促进数据要素发展的驱动因素，驱动本质上是政府和市场对于财富增长的共同作用。（2）数字化发展存在量化的高质量驱动阶段，促进数据要素发展需要掌握阶段性特征，减少资源的无效浪费。（3）未来数字化发展中，数据要素发展的快慢，会进一步影响农业经济的转型。数据要素发展较快情景相较于数据要素发展较慢情景能让农业产业提前完成转型。总之，在未来视角下，促进数据要素发展，可以有效实现农业经济转型。

# 第八章 研究结论和政策建议

数字经济发展的大趋势已经形成，农业数字化转型发展是农业产业未来的发展方向。农业数字化转型发展是农业产业在运用数字技术的过程中，数字技术的作用是至关重要的。通过运用数字技术，农业生产者可以提高生产效率，优化资源配置，降低生产成本，提高农产品的质量和市场竞争力。同时，数字技术还可以促进农业产业链的延伸和拓展，如农产品深加工、品牌建设等，进一步提高农业产业的附加值。数字技术在农业中的应用，可以形成提高生产效率的结构效应。例如，通过精准农业技术，农业生产者可以实现对农作物的精准管理，提高资源利用效率，降低资源浪费。同时，数字技术还可以帮助农业生产者更好地了解市场需求，调整生产计划，生产出更符合消费者需求的产品。数字技术在农业中的应用，还可以形成拓展市场需求的规模效应。通过数字技术，农业生产者可以扩大销售渠道，提高农产品的市场覆盖率。例如，通过电子商务平台，农业生产者可以将自己的产品销售到更远的地方，吸引更多的消费者。将科技和数据融入经济财富的生产、分配、交换和消费环节，形成提高生产效率的结构效应和拓展市场需求的规模效应，最终赋能农业经济的转型发展路径。为了更深入地探究农业数字化转型发展的内在逻辑与实践路径，我们将从以下几个关键方面展开详细阐述。

一是本书从理论层面阐述农业数字化发展加入经济生产、分配、交换和消费环节的理论框架，讨论数据要素发展的政治经济学解释，分析农业数字化发展中生产环节的结构效应和交换环节的规模效应；从现实层面分析农业数字经济的现状、典型事实和典型案例。

二是从农业生产效率视角展开对农业数字化发展的结构效应的论证，分析数据要素和其他要素以及全要素生产率的关系，探讨数字化对宏观农业经济增长的影响。具体研究内容包括构建基准模型和测算数据要素投入两类生产函数模型，讨论数据要素对于其他生产要素、全要素生产率和产值的影响。

三是从农产品市场拓展视角展开对农业数字化发展的规模效应的论证，分析农产品交换数字化对农产品交易额的影响，讨论农业生产者和农产品消费者在数字化转型发展中的作用。具体研究内容包括探讨农业生产者和农产品消费者在市场交易数字化中的博弈均衡解，求解农产品交换数字化对于农产品交易额的结构模型，测算农业生产者和农产品消费者在数字化转型发展中的中介效应。

农业数字化转型发展已经成为今后发展趋势，在理论分析和实证检验的基础上，本章围绕上文各章节的分析结果，总结研究结论，提出政策建议。

## 第一节　研究结论

### 一、理论视角

从理论视角来看，农业数字化转型发展通过将科技和数据融入经济财富的生产、分配、交换和消费环节，形成提高生产效率的结构效应和拓展市场需求的规模效应，最终赋能农业经济的转型发展路径。数字经济是工业经济的升级，产生增量价值。生产目的从剩余价值向增量价值转变。劳动者成为增量资本价值的创造者和所有者。农业数字经济的成型存在时间推演和程度积累，是一个动态发展的过程。

农业生产环节数字化发展可以产生数据要素，调整生产环节的各要素，促进全要素生产率，形成结构效应。在农产品交换中数字化发展和数据共享可以调整农业交换流程，减少交易成本，提高生产者和生产者的交易行为，形成规模效应。

在农业数字化转型过程中，数据要素的产生和应用是关键。数据要素的产生需要将数字技术应用于农业生产过程中，通过数据采集、处理和分析，形成有价值的数据资源。这些数据资源可以用于农业生产决策支持、资源配置优化、生产效率提升等方面。

数据要素的应用可以促进农业生产的全要素生产率，提高农业生产效率和质量。通过数据分析和应用，农业生产者可以更好地了解市场需求，调整生产计划，生产出更符合消费者需求的产品。同时，数据要素的应用还可以帮助农业生产者优化资源配置，减少资源浪费，提高资源利用效率。

在农产品交换中，数字化发展和数据共享可以调整农业交换流程，减少交易成本，提高生产者和生产者的交易行为。数字化平台可以提供便捷的交易渠道，降低交易成本，提高交易效率。同时，数据共享可以促进生产者和生产者之间的信息交流，帮助双方更好地了解对方的需求和供给，提高交易成功率。

## 二、实际运用视角

从实际运用视角来看，数据要素在数字技术的使用过程中逐渐成为一个单独的要素发挥价值，数字技术的使用过程会对生产经营产生如下影响：

（一）数据要素的形成和数字技术设备的使用密切相关，本质是资本要素在经济发展过程中的积累达到一定程度，劳动逐渐升级成为数字劳动的过程。

（二）使用数据要素的无人机变量喷洒充分利用智能感知和数据分析，开展智能控制，与不使用数据要素的无人机匀量喷洒相比，农药将进一步节约 85% 的用量，充分体现了数据要素的价值。

（三）我国农业产业的数字化发展大部分还停留在装备购置阶段。

## 三、生产效率视角

从生产效率视角来看，当数据要素成为一个要素加入生产经营中，挤占原有要素投入的贡献程度，促进全要素生产率提高，赋能农业产值的如下增长：

（一）数据要素的形成与原有农业经济发展紧密相关，数据要素是经济发展到一定阶段自然产生的新的增长点。整体发展呈现出三梯队特征，第一梯队是长江中下游产区和华南产区，第二梯队是东北产区、黄淮海产区、西南产区和西北产区，第三梯队是青藏产区。

（二）数据要素有效赋能全要素增长率，农业经济可以形成有效增长点，数据要素对于产值的贡献为024%。数据要素促使其他投入要素向可持续增长方式转变。

（三）各产区的要素和生产率贡献程度与全国水平保持较为一致的趋势，但是产区之间也由于经济发展水平和自然区位优势差异而存在要素配置的不同特征。

## 四、市场需求拓展视角

从市场需求拓展视角来看，数据共享改善农产品市场的信息不对称，降低交易成本，农业生产者和农产品销售者都可以获得最大利润与效用，赋能农产品市场的扩大如下：

（一）在交易流通环节中，农业生产者和农产品消费者在数字化交易的过程中可以寻求利润最大化与效应最大化的均衡解。

（二）在收益与需求差异满足中，农产品交易数字化对于农产品交易额的影响为36%。

（三）农产品交易数字化对于农产品交易额的影响中122%是由生产者和消费者的中介影响带来的。说明农产品市场数字化对于农产品交易额影响最大，其中878%的影响是农产品市场数字化本身带来的。农产品市场数字化带来的交换环节升级，进一步带来的交易费用的减少，才是农产品交易额增长，形成规模效应的主要原因。

## 五、其他因素

从制度等因素来看，农业数字化转型发展离不开制度、政策和技术的驱动，农业数字化发展是未来乡民、农业和农村发展的突破点，数据要素发展的快慢决定农业产业转型的时间跨度周期如下：

（一）制度、政策和技术是促进数据要素发展的驱动因素，驱动本质上是政府和市场对于财富增长的共同作用。

（二）数字化发展存在量化的高质量驱动阶段，促进数据要素发展需要掌握阶段性特征，减少资源的无效浪费。

（三）未来数字化发展中，数据要素发展的快和慢，会进一步影响农业经济的转型。数据要素发展较快情景相较于数据要素发展较慢情景能让农业产业提前完成转型。

## 第二节　政策建议

本书研究农业数字化发展的经济效应，期望在研究过程中可以解析数字经济的理论和系统性评估农业数字化发展。但是在研究过程中，依然存在不足之处。本书的探索研究是在现有的实践经验、研究数据和研究方法的基础上进行的，所以仍存在局限性。首先，随着数字经济的发展和研究的推进，未来对于数字经济的思考和研究更为深入。其次，本书研究评价的指标体系同样有进步的空间，有待未来进一步发展。最后，数字经济数据量的增加，以及海量数据的整合方法和分析模型，同样有待未来进一步研究拓展。

我国农业数字经济是数字经济发展的短板产业，在实际进程中出现了"三二一"产业逆向渗透的趋势。我国农业长期以来形成的小农经济制度，农业生产者层次多样化，数字技术推广无法有效深入广大中小农户层次，推广现状反映出农业生产者对于农业数字化发展微观层面带来的经济效应不理解，对于数字化发展的接纳积极性不高。推广和研发数字技术的农业企业长期依赖于政府补贴，整体对于农业数字化发展的模式探索不到位，社会投资行为呈现观望态势。数字技术供给体现出市场对于农业数字化发展宏观产业层面的经济效应不明确、数字化发展信心不充分。国家对于未来农业数字化发展方向需要更加明确细化，相关政策支持需要再加强。未来研究的过程中可以在此基础上，提出以下几点政策建议。

### 一、国家层面

国家需要建立农业数据要素建设和使用标准，明确数据所有权，构建数据共享规范，形成数据的有序和有效流通。数据产生凝结了无差别的数字劳动，增量价值归劳动者所有。从这一点出发来看，我国数据要素发展和应用方面已具备一定基础，拥有市场优势和发展潜力，但却存在数据开放共享不足、产业基础薄弱、缺乏顶层设计和统筹规划、法律法规建设滞后、创新应用领域不广等问题。

可以采取以下措施：建立数据资源产权、交易流通、跨境传输和安全保护等基础制度和标准规范，推动数据资源开发利用。这包括明确数据的所有权和使用权，建立数据交易市场，规范数据跨境传输，加强数据安全保护等措施。扩大基础公共信息数据有序开放，建设国家数据统一共享开放平台。这有助于提高数据的利用效率，促进数据资源的共享和开放，同时保障国家数据安全，加强个人信息保护。提升全民数字技能，实现信息服务全覆盖。通过教育培训，提高全民的数字技能和知识水平，使更多的人能够更好地利用和应用数字技术。积极参与数字领域国际规则和标准制定。通过参与国际规则和标准制定，我国可以在全球数字经济发展中发挥更大的作用，提高我国在国际数字领域的地位和影响力。

## 二、生产经营者层面

包括企业在内的生产经营者需要积极使用数字技术进行生产经营，理解数据要素形成的周期性，耐心有效地构建适合生产经营的数据要素，加强数字技术运用的深度和广度。现阶段发展主要是装备农业，还没有达到数字农业的高度。

为了解决这些问题，可以采取以下措施：积极使用数字技术，生产经营者应积极采用数字技术，如农业物联网、大数据分析、人工智能等，提高生产效率和质量。理解数据要素形成的周期性，生产经营者需要理解数据要素的形成是一个周期性的过程，需要耐心有效地构建适合生产经营的数据要素。加强数字技术运用的深度和广度，生产经营者需要加强数字技术在生产经营中的应用，不仅要购买设备、收集数据，还要对数据进行分析和运用，充分发挥数据的价值。提升相关产业大数据资源的采集获取和分析利用能力，生产经营者需要提升对大数据资源的采集、获取和分析利用能力，充分发掘数据资源支撑创新的潜力。带动技术研发体系创新、管理方式变革、商业模式创新和产业价值链体系重构，通过数字技术应用，生产经营者可以推动技术研发体系创新、管理方式变革、商业模式创新和产业价值链体系重构。推动跨领域、跨行业的数据融合和协同创新，生产经营者需要推动跨领域、跨行业的数据融合和协同创新，促进战略性新兴产业发展、服务业创新发展和信息消费扩大。探索形成协同发展的新业态、新模式，生产经营者需要探索形成协同发展的新业态、新模式，培育新的经济增长点。重点围绕数据收集和数据分析，在推广数字化与农业装备、农机作业服务和农机管理融合应用的同时，生产经营者还应强调数字经济发展中无形资产的建设，重点围绕数据收集和数据分析。

### 三、中小农户层面

中小农户需要积极参与市场数据共享，使用数据要素和数据平台拓展生产规模，利用好数据资源提高个人收益。同时，推动各区域、各产业发展创造性数字技术与生产经营的融合。

为支持中小农户在数字化发展中发挥更大作用，可以采取以下措施：教育和培训，加强对中小农户的数字技能培训，提高他们对数字技术的认识和应用能力，帮助他们更好地利用数据资源提高个人收益。市场数据共享：鼓励中小农户参与市场数据共享，通过共享数据资源，获取市场信息，优化生产决策，提高市场竞争力。数据平台使用：引导中小农户使用数据平台，如农业电子商务平台、农业大数据分析平台等，拓展生产规模，提高生产效率和质量。创造性数字技术与生产经营的融合：推动各区域、各产业发展创造性数字技术与生产经营的融合，通过数字技术应用，提高农业生产效率和质量。信息技术与农业的深度融合：加快推广云计算、大数据、物联网、人工智能在农业生产经营管理中的运用，促进新一代信息技术与种植业、种业、畜牧业、渔业、农产品加工业全面深度融合应用，打造科技农业、智慧农业、品牌农业。数字技术与农业技术的融合：提倡多种数字技术与原有农业技术的融合，为系统性农业数字化发展提供解决方案。农业智能装备研制推广：促进新一代信息技术与农业装备制造业结合，研制推广农业智能装备，提高农业生产效率。信息化与农业装备、农机作业服务和农机管理的融合：推动信息化与农业装备、农机作业服务和农机管理融合应用，提高农业装备智能化水平。

试点推广：在试点中拓宽农业数字化发展思路，各试验区要坚持新发展理念，坚持推动高质量发展，结合各自优势进行结构转型。

## 四、各方协力

政府、企业和农户需要明确未来农业数字化发展转型的价值和趋势，积极参与农业数字化发展，利用数字经济红利增长期高效撬动农业经济增长。首先，政府在农业数字化发展程度较低的地区，应当通过政府财政投入的手段刺激市场资本进入低水平地区，拉动当地农业发展的数字化水平，形成品牌效应和经济模式，加快农业增长，实现乡村振兴。其次，政府农业数字化发展程度已经形成规模的地区，应该调整政府财政投入结构，乡级和街道政府转而形成服务角色，放权于地方企业、放权于民，通过市场进行调节，为经济发展提供扶持，构建良好的营商环境。同时要进一步提高投资效率，更多向大数据等无形资产投入，让数据真正成为一种生产要素。最后，政府在发展过程中应当把握好促进新业态向市场化发展的标杆，减少过度的财政投入、形成财政投入的无效资源浪费，要优化政府和市场投资的资源配置，让市场在资源配置中起决定性作用。充分发挥数据要素发展较快情景产生的倍增效应，提高数据要素贡献程度，提升农业数字经济规模，加快农业数字经济向高质量发展阶段的转型。加快数字化发展，发展数字经济，推进数字产业化和产业数字化，推动数字经济和实体经济深度融合，打造具有国际竞争力的数字产业集群。按照 2019 年中共中央办公厅、国务院办公厅印发《数字乡村发展战略纲要》的战略目标，"到 2035 年，数字乡村建设取得长足进展。城乡'数字鸿沟'大幅缩小，农民数字化素养显著提升。""到本世纪中叶，全面建成数字乡村，助力乡村全面振兴，全面实现农业强、农村美、农民富。"

# 附录 A：我国数字经济及农业数字经济政策演变和发展重点

本书第七章的预测模拟建模情景分析中考虑政府财政政策在未来农业数字化发展过程中的驱动影响。由于模型内容过多，影响行文的框架内容，因此将财政政策对于农业数字化发展的影响分析放在附录中进行讨论。

## 一、数字经济相关政策演变

数字经济发展和政策的演变息息相关，在不同阶段政府的政策导向不同。第一阶段是 2015 年年初到 2017 年，大数据技术引发政府对于科技和数据的思考，中央文件认为"大数据成为推动经济转型发展的新动力"，"数据已成为国家基础性战略资源"。第二阶段是 2018 年年初至 2020 年，数字经济的发展框架逐步成型。特别是从 G20 杭州峰会开始，数字经济受到政府部门的广泛关注。中央文件对数字经济的理解逐步深入，政策方向从"数据驱动"发展为"数据要素"，数字经济产业框架划分为"数字产业化"和"产业数字化"两大部分。第三阶段是 2021 年以来，数字经济的定义划分和测算标准明确。中央文件认为"数字经济是指以数据资源作为关键生产要素、以现代信息网络作为重要载体、以信息通信技术的有效使用作为效率提升和经济结构优化的重要推动力的一系列经济活动"。数字产业化和产业数字化对应的具体统计科目已有较为完善版本。

亚洲国家的数字经济涉及通过技术创新、政府增长政策和数字创业来改革商业流程（KaiLia Dan et al.，2020）。为了适应以持续的数字转型为特征的新的创新时代，越来越多的行业正在利用数字创新来实现其可持续的业务增长（Sultana et al.，2021）。近年来数字经济发展出现新机遇，市场需求变化和政府治理能力提升需求。为了适应以持续的数字转型为特征的新的创新时代，越来越多的行业正在利用数字创新来实现其可持续的业务增长（Sultana et al.，2021）。我国应坚持以理论创新为先导、以文化创新为底蕴、以技术创新为动力和以制度创新为保障的综合式创新，以理论创新、文化创新、技术创新和制度创新的合力来推动数字经济健康有序地创新发展（张森等，2020）。

政策支持同样可以有效影响经济发展。我国数字经济产业发展取得了较好的绩效，为进一步实现数字经济增长潜能，经济政策的重点应当是增强技术基础，促进数据开放共享，维护市场有效竞争和保证数据隐私安全。数字化一直是覆盖广泛可共享的资源（共享的技术方面）和超越小组和个人关系的限制（共享的社会方面）的运作的动力。这种双重的数字转变使在协调资源获取方面取得了前所未有的效率。它创造了传统共享和形式市场经济之间的空间共享的新模式和做法；导致了一种新的资源分配系统的出现，我们称之为"数字共享经济"（DSE）（Maria et al.，2021）。

## 二、农业数字经济相关政策演变

我国农业领域的数字化发展也有其相应的政策支持，同样具有阶段性特征。

第一阶段是 2015—2018 年，农业数据资源重视度提高，中央文件提出"农业资源部要素数据共享"。第二阶段是 2019—2020 年，产业数字化转型纳入政策引导范围，中央文件提及"农业数字化转型"和"现代农业发展"。第三阶段是 2021 年以来，农业数字化纳入国家统计局测算范畴。中央文件将产业数字化命名为"数字化效率提升业"，农业数字化的被进一步细分统计为"智慧农业、数字化设施种植、数字林业、自动化养殖、新技术育种、其他智慧农业"。在具体生产经营过程中，中央文件强调推进"智慧农业"发展、加大"智能农机"补贴、支持"高端智能农机"研发。

# 附录 B：我国财政政策对农业数字化发展的激励驱动量化分析

## 一、数据来源和变量解释

下文继续使用本书第五、第六章采用的数据库数据。同时，增加县级农业产值、农业和农村信息化财政支出、农作物种植面积、农村人口等指标。将数字化程度扩大到种植业、设施农业、畜牧业、渔业、农业销售、农业全产业链质量安全和农业基础设施数字化程度。全面描述了农业、林业、畜牧业和渔业服务的总体数字化程度。

实证研究中所使用的变量：第一个是阈值变量 $DIG_i$，它表示农业数字化的程度，基于此本书通过投影寻踪模型将农业农村部信息中心公布七大产业数字化程度拟合成一维数据。第二个是本书的控制变量，指农业生产过程中主要的生产要素，本书的指标采用该县农村人口数量（人）和该县农作物种植总面积（公顷），农业包括劳动力要素 $L_i$ 和土地要素 $S_i$。第三个是解释变量 $Y_i$，本书的指标采用全县农业总产值（万元），用来表示全县农业产业经济。第四个是核心解释变量 $PFE_i$。本书的指标采用县域农业和农村信息化财政支出（万元），表示政府对农业数字经济发展的投入和贡献。四个变量的相关描述。

## 二、门限回归模型设定

本书构建线性方程（B-1）作为阈值模型的基础，来分析政府农业数字经济发展投资对农业产值的影响。其中，$j(j=2)$ 为控制变量数；$i(i=0,1,2\cdots n)$ 代表全国 31 个省（自治区、直辖市）的县级行政区域；$\beta_0$ 为常数项；

$\gamma_1$、$\gamma_2$ 分别变量中的土地要素 $S_i$ 和劳动要素 $L_i$ 的回归系数；$\beta_1$ 为解释变量的回归系数；最后 $\varepsilon_i$ 为随机扰动项。

$$Y_i = \beta_0 + \beta_1 PFE_i + \gamma_1 S_i + \gamma_2 L_i + \varepsilon_i \qquad B（1）$$

门限回归（Threshold regression）是一个模型（Hansen，2000），它将整个样本分成若干个子样本，分别进行参数估计和假设检验，从而合理地验证本书的研究内容。上述理论机制表明，政府投入对于农业数字化发展的驱动具有高质量阶段。因此，围绕"农业数字经济发展中，政府投入效率和效率损失阶段"的研究机制，构建门限回归模型如公式 B（2）所示。旨在围绕农业数据要素分析财政投入子样本与农业产值之间的不同相关性。

$$Y_i = \beta_0 + \beta_1 PFE_i \cdot I(DIG_i \leqslant \delta) + \beta_2 PFE_i \cdot I(DIG_i > \delta) + \gamma_1 S_i + \gamma_2 L_i + \varepsilon_i \qquad B（2）$$

其中，$i$ 是指本书中全国 31 个省区市的县级行政区域，$\delta$ 为未知门限值，$I(\cdot)$ 为 $PFE_i$ 的指标函数，$j(j=2)$ 是控制变量的个数，$\varepsilon_i$ 为随机扰动项。公式 B（2）为单门限值模型，将整体模型划分为两个门限值区系统，当 $DIG_i > \delta$ 时，政府的贡献影响着农业经济用 $\beta_2$ 表示；当 $DIG_i \leqslant \delta$ 时，政府贡献对于农业经济的影响程度为 $\beta_1$。

此外，本书还在双门限之外，设置多门限模型（如公式 B3 所示）。

$$Y_i = \alpha_0 + \alpha_1 PFE_i \cdot I(DIG_i \leqslant \delta_n) + \alpha_2 PFE_i \cdot I(\delta_n < DIG_i \leqslant \delta_m)$$
$$+ \alpha_3 PFE_i \cdot I(\delta_m < DIG_i) + \theta_1 S_i + \theta_2 L_i + \xi_i \qquad B（3）$$

其中，根据门限值增加相应类推，本书研究的对应检验过程中门限出现的次序的值是 $\delta_n$ 和 $\delta_m$ 中的 $m$、$n$，$\delta_1$ 是首先出现的门限，然后是标为 $\delta_2$。$\alpha_0$ 作为常数项，$\alpha_1 \alpha_2 \alpha_3$ 为解释变量 $PFE_i$ 的回归系数，$\theta_1 \theta_2$ 是控制变量的回归系数，$\xi_i$ 是随机扰动项。

### 三、数字化发展高质量阶段的形成

根据上述模型的设定，这一部分详细分析财政政策对农业数字经济的驱动情况。在上一节的分析中，政府贡献对于数据要素的形成呈现出边际效用递减的趋势。因此，模型主要比较单门限和多门限模型中财政政策影响系数的变化情况。

财政投入存在边际效应递减的特征。在单门限模型中，门限值求解得

34.7，当数字化程度小于门槛值时（$DIG_i \leq \delta$），财政投入（PFEi）的影响系数为51.1，结果在1%显著水平下显著。当数字化程度大于门限值时，财政投入的影响不显著，如下表附2-2所示。因此，当数字化程度小于门限值时，财政投入具有较高的影响力；之后财政投入的影响力减弱，无法有效影响农业生产。财政投入存在高质量峰值阶段。在多门限模型中，门限值分别为34.7和25.5。当数字化程度小于第一个门限值时，财政投入的影响不显著；当数字化程度大于第二个门限值时，财政投入的影响同样不显著。只有在两个门限值之间时，财政投入的影响显著，且影响系数为154.2。因此，财政投入不仅仅存在边际效用递减的情形，而且还存在高质量发展阶段。在高质量发展阶段，财政投入对农业数字经济的驱动能力达到了最大值，有效实现财政政策对数字化发展的驱动。

与此同时，模型显示，2018年，63.4%的县域低于第一个门限值，29.3%的县域高于第二个门限值，都属于无效驱动。只有7.3%的县域在两个门限值之间，达到了每万元财政投入，驱动产值增长154.2万元的数字经济高质量驱动阶段。实现驱动要素的高质量发展，是资源有效配置的必然要求。

# 参考文献

［1］白永秀，宋丽婷.数字经济对经济活动影响的政治经济学分析［J］.兰州大学学报（社会科学版），2021（8）.

［2］陈兵，顾丹丹.数字经济下数据共享理路的反思与再造——以数据类型化考察为视角［J］.上海财经大学学报，2020（2）.

［3］陈富良，郭建斌.数字经济反垄断规制变革：理论、实践与反思——经济与法律向度的分析［J］.理论探讨，2020（6）.

［4］大卫·李嘉图.政治经济学及赋税原理［M］.1951年版.郭大力，王亚南，译.北京：商务印书馆，2021.

［5］戴天柱.财政投融资：政府配置资源的重要实现途径［J］.经济问题，1996（12）.

［6］邓光耀.我国多区域水资源 CGE 模型的构建及其应用［J］.统计与决策，2020（14）.

［7］邓洲.基于产业分工角度的我国数字经济发展优劣势分析［J］.经济纵横，2020（4）.

［8］丁曼.数字经济与日本网络空间治理战略［J］.现代日本经济，2020（1）.

［9］杜雪锋.数字经济发展的国际比较及借鉴［J］.经济体制改革，2020（5）.

［10］范周.数字经济变革中的文化产业创新与发展［J］.深圳大学学报：人文社会科学版，2020（1）.

［11］费方域，闫自信，陈永伟，等.数字经济时代数据性质、产权和竞争［J］.财经问题研究，2018（2）.

［12］冯居易，魏修建.数字经济时代下我国信息服务业的投入产出效应研究［J］.情报科学，2020（5）.

［13］龚斌磊，张书睿，王硕，等. 新中国成立 70 年农业技术进步研究综述 [J]. 农业经济问题，2020（6）.

［14］郭晗，廉玉妍. 数字经济与我国未来经济新动能培育 [J]. 西北大学学报（哲学社会科学版），2020（1）.

［15］郭周明，裘莹. 数字经济时代全球价值链的重构：典型事实、理论机制与我国策略 [J]. 改革，2020（10）.

［16］韩晶，孙雅雯，陈曦. 后疫情时代我国数字经济发展的路径解析 [J]. 经济社会体制比较，2020（5）.

［17］何帆，刘红霞. 数字经济视角下实体企业数字化变革的业绩提升效应评估 [J]. 改革，2019（4）.

［18］M.C. 霍华德，J.E. 金. 马克思主义经济学史（1883—1929）[M]. 常庆欣，刘和旺，鲍金红，等，译. 北京：中央编译出版社，2014.

［19］黄建辉，林强. 保证保险和产出不确定下订单农业供应链融资中的政府补贴机制 [J]. 我国管理科学，2019（3）.

［20］纪宏，张宝学，任韬，等. 建设新经济统计，赋能数字经济，助力智能时代——关于开展新经济统计研究与实践的思考 [J]. 数理统计与管理，2020（5）.

［21］焦勇. 数字经济赋能制造业转型：从价值重塑到价值创造 [J]. 经济学家，2020（6）.

［22］荆文君，孙宝文. 数字经济促进经济高质量发展：一个理论分析框架 [J]. 经济学家，2019（2）.

［23］李海舰，赵丽. 数据成为生产要素：特征、机制与价值形态演进 [J]. 上海经济研究，2021（8）.

［24］李永红，黄瑞. 我国数字产业化与产业数字化模式的研究 [J]. 科技管理研究，2019（16）.

［25］林海，任慧. 中美农产品贸易收益核算及贸易摩擦的影响分析 [J]. 国际经贸探索，2020（1）.

［26］刘平，孙洁. 日本以"互连产业"为核心的数字经济发展举措 [J]. 现代日本经济，2019（4）.

［27］刘淑春. 我国数字经济高质量发展的靶向路径与政策供给 [J]. 经济学家，2019（6）.

［28］卢梭. 政治经济学 [M]. 北京：商务印书馆，2018.

［29］М.И. 杜冈－巴拉诺夫斯基. 政治经济学原理 [M]. 赵维良，桂力生，王湧泉，译. 北京：商务印书馆，1987.

［30］马香品. 数字经济时代的居民消费变革：趋势、特征、机理与模式 [J]. 财经科学，2020（1）.

［31］潘晓明. 国际数字经济竞争新态势与我国的应对 [J]. 国际问题研究，2020（2）.

［32］齐俊妍，任奕达. 东道国数字经济发展水平与我国对外直接投资——基于"一带一路"沿线 43 国的考察 [J]. 国际经贸探索，2020（9）.

［33］戚聿东，刘翠花. 数字经济背景下互联网使用是否缩小了性别工资差异——基于我国综合社会调查的经验分析 [J]. 经济理论与经济管理，2020（9）.

［34］戚聿东，刘欢欢. 数字经济下数据的生产要素属性及其市场化配置机制研究 [J]. 经济纵横，2020（11）.

［35］乔晓楠，郗艳萍. 数字经济与资本主义生产方式的重塑——一个政治经济学的视角 [J]. 当代经济研究，2019（5）.

［36］曲昊月，庄丽娟，刘曼琴. 基于投入产出法的农业生产服务要素配置测度 [J]. 统计与决策，2019（24）.

［37］沈丁心，李永强. 中日数字经济合作的困境与前景分析 [J]. 现代日本经济，2020（2）.

［38］孙杰. 从数字经济到数字贸易：内涵、特征、规则与影响 [J]. 国际经贸探索，2020（5）.

［39］孙康勇. 数字经济时代的企业创新 [J]. 财经问题研究，2019（3）.

［40］唐要家. 数字经济赋能高质量增长的机理与政府政策重点 [J]. 社会科学战线，2020（10）.

［41］王开科，吴国兵，章贵军. 数字经济发展改善了生产效率吗 [J]. 经济学家，2020（10）.

［42］王梦菲，张昕蔚. 数字经济时代技术变革对生产过程的影响机制研究［J］. 经济学家，2020（1）.

［43］王文. 数字经济时代下工业智能化促进了高质量就业吗［J］. 经济学家，2020（4）.

［44］王文倩，金永生，崔航. 移动互联网产业价值转移研究的演进与展望——从工业经济到数字经济视角［J］. 科学管理研究，2019（2）.

［45］汪阳洁，唐湘博，陈晓红. 新冠肺炎疫情下我国数字经济产业发展机遇及应对策略［J］. 科研管理，2020（6）.

［46］温涛，陈一明. 数字经济与农业农村经济融合发展：实践模式、现实障碍与突破路径［J］. 农业经济问题，2020（7）.

［47］温珺，阎志军，程愚. 数字经济驱动创新效应研究——基于省际面板数据的回归［J］. 经济体制改革，2020（3）.

［48］吴晓怡，张雅静. 我国数字经济发展现状及国际竞争力［J］. 科研管理，2020（5）.

［49］熊惠君. 增值税收入分配效应与福利效应研究［D］. 南昌：江西财经大学，2020.

［50］续继，唐琦. 数字经济与国民经济核算文献评述［J］. 经济学动态，2019（10）.

［51］逄健，朱欣民. 国外数字经济发展趋势与数字经济国家发展战略［J］. 科技进步与对策，2013（8）.

［52］亚当·斯密. 国富论［M］郭大力，王亚楠，译，北京：商务印书馆，2017.

［53］易宪容，陈颖颖，位玉双. 数字经济中的几个重大理论问题研究——基于现代经济学的一般性分析［J］. 经济学家，2019（7）.

［54］严若森，钱向阳. 数字经济时代下我国运营商数字化转型的战略分析［J］. 我国软科学，2018（4）.

［55］云小鹏. 基于CGE模型的能源与环境财税政策协同影响效应研究［J］. 经济问题，2019（7）.

［56］张鹏. 数字经济的本质及其发展逻辑［J］. 经济学家，2019（2）.

［57］张森，温军，刘红. 数字经济创新探究：一个综合视角［J］. 经济学家，2020（2）.

［58］张于喆. 数字经济驱动产业结构向中高端迈进的发展思路与主要任务 [J]. 经济纵横，2018（9）.

［59］张伯超，沈开艳. "一带一路"沿线国家数字经济发展就绪度定量评估与特征分析 [J]. 上海经济研究，2018（1）.

［60］张良，戴扬. 经济转型理论研究综述 [J]. 开放导报，2006（6）.

［61］张文昌. 我国制造业全要素生产率测算与分解 [D]. 武汉：中共湖北省委党校，2019.

［62］钟春平，刘诚，李勇坚. 中美比较视角下我国数字经济发展的对策建议 [J]. 经济纵横，2017（4）.

［63］祝合良，王春娟. 数字经济引领产业高质量发展：理论、机理与路径 [J]. 财经理论与实践，2020（5）.

［64］Aijaz A，Shaikha R，Sharmab H K. Digital innovation & enterprise in the sharing economy: An action research agenda[J]. Digital Business，2020（9）.

［65］Amber M，Michael D，Jean B et al. Australian farmers left behind in the digital economy−Insights from the Australian Digital Inclusion Index，Journal of Rural Studies，2020（12）.

［66］Boas T，Dunning T，Bussell J. Will the Digital Revolution Revolutionize Development? Drawing Together the Debate[J]. Studies in Comparative International Development，2005（2）.

［67］Chihiro W，Nasir N，Pekka N. Digital solutions transform the forest−based bioeconomy into a digital platform industry−A suggestion for a disruptive business model in the digital economy[J]. Technology in Society，2018（8）.

［68］Elena G，Popkovaa B S，Sergib. A Digital Economy to Develop Policy Related to Transport and Logistics[J]. Predictive Lessons from Russia，Land Use Policy，2020（12）.

［69］Gazzola P，Colombo G，Pezzetti R，et al. Consumer Empowerment in the Digital Economy: Availing Sustainable Purchasing Decisions[J]. Sustainability，2017（5）.

［70］Guo S.，Ding W.，Lanshina T. Digital Economy for Sustainable Economic

Growth[J]. International Organisations Research Journal, 2017（4）.

［71］Godwin M, Mehmet K, Justus H. Digitalization and economic growth: A comparative analysis of Sub−Saharan Africa and OECD economies[J]. Telecommunications Policy, 2020（4）.

［72］Grigore G, Molesworth M, Miles C, et al.（Un）resolving digital technology paradoxes through the rhetoric of balance[J]. Organization, 2020（1）.

［73］Grimes, Seamus. The digital economy challenge facing peripheral rural areas[J].Progress in Human Geography, 2003（2）.

［74］Jackson N C, Dunn−Jensen L M. Leadership succession planning for today's digital transformation economy: Key factors to build for competency and innovation[J]. Business Horizons, 2021（3）.

［75］Li X, Cao J, Liu Z, et al. Sustainable Business Model Based on Digital Twin Platform Network: The Inspiration from Haier's Case Study in China[J]. Sustainability, 2020（12）.

［76］Justin, Yifu Lin. Rural Reforms and Agricultural Growth in China[J]. The American Economic Review, 1992（3）.

［77］Miao Z. Digital economy value chain: concept, model structure, and mechanism[J]. Applied Economics, 2021（2）.

［78］Kai L D J, Kimb K R. Langc Robert J, Kauffmande M N. How should we understand the digital economy in Asia? Critical assessment and research agenda[J]. Electronic Commerce Research and Applications, 2020（11）.

［79］Maria J, Pouri L, Hilty M. The digital sharing economy: A confluence of technical and social sharing[J]. Environmental Innovation and Societal Transitions, 2021（4）.

［80］Myung J C, Michael H. What drives visitor economy crowdfunding? The effect of digital storytelling on unified theory of acceptance and use of technology[J]. Tourism Management Perspectives, 2020（4）.

［81］Myriam E B. The rise of the digital economy: Thoughts on blockchain technology and cryptocurrencies for the collaborative economy[J]. International

Journal of Innovation Studies, 2019（12）.

[82]Nicole C, Jacksona L M, Dunn-Jensenb. Leadership succession planning for today's digital transformation economy: Key factors to build for competency and innovation[J]. Business Horizons, 2021（3）.

[83]Peris-Ortiz M. A cognition-driven framework for the evaluation of startups in the digital economy: Adding value with cognitive mapping and rule-based expert systems[J]. Management Decision, 2020（1）.

[84]Rudra P. Pradhana M B, Arvinb et al. Short-term and long-term dynamics of venture capital and economic growth in a digital economy: A study of European countries[J]. Technology in Society, 2019（5）.

[85]Shen Z, Balezentis T, Ferrier G D. Agricultural productivity evolution in China: A generalized decomposition of the Luenberger-Hicks-Moorsteen productivity indicator[J]. China Economic Review, 2019（7）.

[86]Sultana S, Akter S, Kyriazis E, et al. Architecting and Developing Big Data- Driven Innovation（DDI）in the Digital Economy[J]. Journal of Global Information Management, 2021（3）.

[87]Zhao F, Wallis J, Singh M. E-government development and the digital economy: a reciprocal relationship[J]. Internet Research Electronic Networking Applications & Policy, 2015（5）.